아르키메데스와 우리

아르키메데스와 우리

발행일	2022년 11월 24일 초판 1쇄
지은이	니클라스 루만
옮긴이	김건우
기획	김현우
편집	우하경·오혜진·이영주
디자인	남수빈
제작	영신사
펴낸곳	일다
등록	제300-2015-43호. 2015년 3월 11일
주소	(04035) 서울시 마포구 양화로11길 64, 401호
전화	02-6494-2001
팩스	0303-3442-0305
홈페이지	itta.co.kr
이메일	itta@itta.co.kr

ISBN 979-11-89433-56-7 04000
ISBN 979-11-89433-15-4 (세트)

책값은 뒤표지에 있습니다.
잘못된 책은 구입하신 서점에서 바꿔 드립니다.

이 책의 본문에는 '을유1945' 서체를 사용했습니다.

아르키메데스와 우리 ― 니클라스 루만 대담집   김건우 옮김

이단

일러두기

1. 이 책은 Niklas Luhmann, *Archimedes und wir: Interviews* (Merve Verlag, 1987)를 우리말로 옮긴 것이다.

2. 외국 인명·지명·작품명·독음은 국립국어원 외래어표기법을 따르되 관용적 표기와 동떨어진 경우 절충하여 실용 표기를 따랐다. 과거 출간된 도서의 지은이 이름은 현행 외래어표기법과 일치하지 않아도 출간 당시 표기를 준수하여 적었다.

3. 원어는 본문과 주석에서 각기 처음 나올 때 병기하되 필요에 따라 예외를 두었다.

4. 단행본·논문집·잡지·일간지 등 정기간행물은 《 》로, 논문·단편·강연·대담 제목은 〈 〉로 묶었다.

5. 원문을 분명히 하기 위해 옮긴이가 부연할 경우 [ ] 안에 넣었다.

6. [원주]로 표시한 것을 제외한 모든 주는 옮긴이 주이다.

1984년 12월, 연구실에서 © IMAGO / teutopress

1988년 7월, 인터뷰 중인 니클라스 루만 © IMAGO / teutopress

편집자 서문
조형적인 비대칭

대담은 대화가 아닙니다. 대담은 대화와 달리 서로의 근본적인 비대칭을 수용하며 고유의 테크닉을 펼칠 수 있는 토대를 활용합니다. 그 테크닉은 주제를 급작스럽게 변경하여 답변자가 우위에 있는 지식을 무마할 수 있고, 시간적으로는 내용적인 면에서 암시적으로만 파악될 수 있는 것을 답변자에게 주목하면서 지금 직접 드러나게 합니다. 그 테크닉은 그동안 충분히 알려지면서 점점 섬세해졌습니다. 가령 질문하는 사람은 특정한 시도들을 계속하고, 그와 동시에 질문받는 사람은 매우 많은 관점으로 그런 시도들에 대처하며 새로운 질문을 계속 시작하면서 질문자를 당황하게 하는 식입니다. 우리는 니클라스 루만Niklas Luhmann에게서 커뮤니케이션은 언제나 서로 도달할 수 없는 사람들 간의 관찰 작동이라는 것을 배울 수 있습니다. 대담은 어떤 형식보다 더 이를 생생하게 보여줍니다. 두 사람을 직접 연결하려는 시도는 더 이상 대담이 아니기 때문입니다. 대담은 질문이나 대답이 아니라 질문과 대답의 차이에서 말할 수 있는 것입니다. 장 파울 Jean Paul이 "선한 사람들 간에는 [안과 밖의 차이를 모르는] 어떤 기압계도, 안에서 의도된 모든 것을 밖에 그대로 옮기는 좌식 피아노도 덧붙일 수 없다"라며 아쉬워한 불가능성을 벗어날 수 있는 출구가 대담에 있습니다. 충분히 역설적으로 대담은 질문의 우발성에 기반합니다.[1]

소크라테스Σωκράτης의 대화에서는 완전히 다릅니다. 여기서도 진행은 대칭적이지 않습니다. 대화에서 역할 교대가 없기 때문입니다. 그러나 질문과 대답은 대담과 다르게 배분됩니다. 소크라테스의 대화에서 철학자는 묻고, 현자는 지금까지 문제되지 않았던 '독사doxa'를 겨냥한 질문과 마주하게 됩니다. 의견에서 지식으로 인도되는 젊은이의 대답은 '에피스테메episteme', 즉 참된 지식을 촉구하는 형식 부여의 조형적인 질료일 뿐입니다. 그러나 [소크라테스처럼] 아는 것이 없다는 것을 이미 알고 있는 사람이 없다면, 이런 대화 형식은 성립하지 않습니다. 근대 학문에서는 아무도 소크라테스의 대화 형식을 통해 인식에 도달할 수 있다고 생각하지 않습니다.[2] 말로 의견을 주고받을 때는 너무 많은 것이 가능하기 때문에 실제로는 너무 적은 것만 가능할 뿐입니다. 하버드 대학교에서 루만이 탤컷 파슨스Talcott Parsons와는 완전히 다른 방식의 기능 개념에 대한 근거를 설명했을 때 파슨스는 이렇게 답했습니다. "아주 멋지게 들어맞는군It fits quite nicely."[3] 그렇게 루만은 자신의 고유한 이론을 구축하기로 결심했습니다. 여기서 보듯이 공동의 이론 작업은 가능하지 않습니다.

학문은 상당히 자의적이면서 상황에 지배받는 대화로부터 벗어날 수 있는 저술과 강연이라는 출구를 갖습니다. 그에 따라 학문은 정확성을 비롯해, 자신에 의해 조정되는 질문 연관이라는 유연성을 획득합니다. 또한 학문은 자신의 대답을 모색하는 독자와 청중의 자유를 인정합니다. 그럼에도 말로 하는 학문 활동은 항상 존재하며 고유한 위치를 갖습니다. 말로 하는 학문 활동이 없다면, 학문에 종사하도록 사람을 끌어들일 수 없다는 추정도 가능합니다. 학문을 연구하는 사람들의 사회화, 진입 허가, 포함은 그런 활동을 경유하기 때문입니다. 말로 의견을 주고받으면서 학문 활동을 하지 않고 단지 읽고 쓰기만 하는 경우 독학자로 불리며, 또 그럴 수밖에 없습니다. 독학자는 자신을 돋보이게 드러낼 수 있지만 소개되지는 못합니다. 소개는 어느 정도 제약을 받으면서 정해진 경로에 의한 대화 형식에 따릅니다. 또한 소개된 자 역시 간명하고 번뜩이면서 부수적인 것을 부각시키는 스타일로 말할 때면 그렇지 않을 경우 불가능했을 도약으로 세계가 움직인다는 것을 알게 됩니다. 말로 대화를 나누다 보면 암시를 낳습니다.

이런 상황에 대한 만족을 뛰어넘는 대담만의 장점이 있습니다. '배후를 알기 위해' 자신의 작업을 시작하는 독자는 대담을 통해 암시의 궤도에 진입합니다. 대화에 참여하지 않은 다수의 사람을 고려하기 때문에 대담은 사회화와 진입 허가 그리고 대면적인 포함을 넘어서 확장합니다. 그 작용 효과가 미흡하더라도 '현장에' 있을 수 없는 이들과 그렇게 연결되는 것입니다. 여기서 매혹적인 일이 벌어집니다. 소크라테스의 대화가 갖는 비대칭이 전도되는 것입니다. 현자만 질문에 답해야 하는 것이 아니게 됩니다. 오히려 의도되지 않은 우발적인 질문에 대한 대답은 이미 주어진 것으로 간주되는 형식을 자극하는 조형적인 질료를 제공한다는 점이 더 중요합니다. 이제 '에피스테메'에 따라 '독사'를 묻지 않으며, 세간에 통용되는 의견 가운데 최소한 하나는 확실한 지식에 대해 묻습니다. 다시 말해 체계적으로 발생하며, 잘못되었다고 할지라도 '적어도 올바르게 잘못된'[4] 지식에 대해 묻는 것입니다. 그런 의견은 통용되는 의견을 화폐처럼 찍어내는 곳, 그리고 태환兌換 가능성과 그 제약을 시험하는 곳으로 되돌아옵니다. 오히려 대담이 은밀히 바라는 것은 비대칭의 전도입니다. 이렇듯 고집스럽게 질문하고 집요하게 도발하는 '독사'의 '목적telos'은 도발의 전도라는 비개연적인 전도입니다. 언제나처럼 우리, 독자는 대담에서 우리만의 권리를 갖습니다. 돌로 뒤덮인 땅에서 기꺼이 우리의 길을 찾아낼 것입니다. 우리는 저작들을 통해 있는 그대로 저자의 몇몇 이념에 접근할 수 있습니다. 우리는 가능성의 공간에서 정찰의 기회를 추구할 수도 있습니다.[5] 또한 읽지 않고도 배울 수 있다고 말할 수 있습니다. 이런 점에서 위대한 저작[6]을 직접 읽지 않더라도 여기에 모아놓은 작은 대화들을 통해 그 저작의 중심 논점을 만나게 됩니다. 이 대화들은 다른 사회학과 달리 사태를 실험적으로 다루는 사회학에 접근할 수 있는 실험적인 진입로입니다.

      텍스트의 수록을 허락해준 우정에 대해 이탈리아, 스위스 그리고 독일의 대담자들께 감사의 인사를 전합니다. 이 작은 대담집을 루만의 60세 생일을 기념해 헌정합니다.

빌레펠트, 1987년 11월

디르크 베커Dirk Baecker[7] · 게오르크 슈타니체크Georg Stanitzek[8]

1장

정치적인 것의 개념[1]

진행 · 안젤로 볼라피Angelo Bolaffi[2]

두 차례의 세계 대전 이후 영미권 국가와 마찬가지로 서독에서도 갈등 현상의 존재를 체계적으로 논박하는 사회이론이 지배하게 되었습니다. 계급 투쟁이 극복되었을 뿐 아니라 사회가 완전히 평화로워지면서 모든 '위기'로부터 자유로워졌습니다. 저는 선생님의 이론이 사회 발전에 대한 어떤 조화로운 관찰 방식을 거부한다는 인상을 받습니다. 선생님께 갈등은 잠재적이지만 언제나 현재화되며, 조화로운 사회는 나쁜 유토피아일 뿐입니다.

맞습니다. 분명히 적지 않게 중요한 [다음과 같은] 제약이 따르게 됩니다. 저는 단순히 '갈등이냐 합의냐', '갈등이냐 협력이냐', '갈등이냐 체계냐' 하는 양자택일의 이론 모델을 따르지 않습니다. 행위는 갈등 상황에서 상호 연관되어 있기 때문에, 일반적인 수준에서 갈등을 사회적 체계로 간주합니다. 말하자면 갈등은 체계적으로 나타납니다.[3]

16

그 개념은 게오르크 지멜Georg Simmel의 《사회학 *Soziologie*》
에 기초한 것이고, 그의 후계자인 랄프 다렌도르프Ralf
Dahrendorf 에서 루이스 코저Lewis Coser까지도 마찬가지입
니다.[4]

그렇습니다. 지멜의 관점에서 또는 미국에서 두드러지는 심
리학의 특성상 경쟁자에게 기대가 쏠릴 때 사회적인 갈등
체계가 형성됩니다. 체계이론의 주요한 이론 도구로 보면
'갈등이냐 협력이냐'라는 질문은 부차적입니다. 이것은 탤
컷 파슨스와 대결한 다렌도르프의 논쟁과 저를 구별하는 점
이기도 합니다.[5] 그리고 저는 사회적 계층이란 개념이 오늘
의 사회에 타당한지 회의적이기 때문에, 우리 사회의 주요
한 갈등이 계급에서 온다는 이념에 동의하지 않습니다. 오
늘날 사회는 더 이상 단순히 계층화된 사회가 아닙니다. 사
회는 귀족이나 시민, 예속자나 부하 등과 같은 견고한 위계
집단으로 분리되지 않고, 원리적으로 특정한 유형의 계층을
끊임없이 재생산하는 기능 영역에 따라 분화되었습니다. 즉
경제가 '경제적으로' 잘 기능할 때, 부자와 가난한 자가 구
별됩니다. 교육이 그 자체로 잘 기능할 때, 인구의 한 부분만
이 학교에 '부합할' 뿐이며, 그에 상응해 직업 교육에 따른
위계를 생산합니다. 계층은 기능 체계가 작동한 결과일 뿐,
사회 조정과 같은 특정한 과제를 충족시키는 구조가 아닙
니다. 그렇기 때문에 기능 없는 계층이 문제입니다. 이에 따

라 저는 위계적인 갈등에 관한 우리 사회의 가장 중요한 질
문이 위에서 아래로 또는 그 반대 방향으로 결정된다고 생
각하지 않습니다. 왜냐하면 위계 구조는 이미 지배적인 기능
적 분화에 의해 근본적으로 극복되었기 때문입니다. 새로운
구조에서 갈등은 고유한 기능 체계의 경계에서 발생합니다.
예를 들면 교육학적인 관점으로 최적화된 교육 체계의 경우
에도 직업 교육에 상응하는 고용 기회를 제공해야 한다는 문
제가 생깁니다. 합리적으로 투입될 수 있는 경제의 요구와
교육이 제공하는 것 사이에 갈등이 생기거나 때로 모순이
발생합니다. 이를 어떤 시도로도 바꿀 수 없는 운명으로 볼
지, 아니면 반대로 갈등을 유발하는 것으로 볼지는 경험적으
로만 결정할 수 있는 또 다른 문제입니다.

경제적인 제약에서 벗어나 자유로워진 카를 마르크스Karl
Marx의 계급 개념은 근대사회의 동학을 분석하는 데 여
전히 원칙적으로 타당하다고 생각할 수도 있습니다. 반대
로 정치적인 의미를 부과해 자본이라는 범주를 풍부하게
하고 자본을 결정 능력으로, 다른 사람에게 명령할 수 있
는 권력의 소유로 사유하기 위해 마르크스의 계급 개념이
제2인터내셔널이든 제3인터내셔널이든 간에 자본 범주를
사적 소유 범주로 환원한 전통적인 관찰 방식의 해체를 전
제하는 것은 분명합니다.

저는 계급 개념을 사용하기가 망설여집니다.[6] 여기서 주의해야 할 현상이 적어도 두 가지는 있다고 생각합니다. 첫째, 기능적으로 분화된 사회는 귀족이나 시민, 농부이더라도 사회적인 의미에서 개인이나 가족을 강하게 구속하지 않습니다. 그 대신 사회의 기본 구조에 따라 모두가 교육받으며, 부와 경제적 자원에 접근할 수 있고, 정치적인 권리를 행사할 수 있고, 유권자로서 투표할 수 있고, 피선거권자가 될 수 있습니다. 간단히 말해 모든 사람은 모든 기능 영역에 참여할 수 있어야 한다는 것입니다. 최종적으로 이것이 시민적인 질서에서 자유와 평등이라는 위대하고 전통적이며 역사적인 개념의 기반이 됩니다. 전체 인구의 일부는 개별적인 기능 영역에 참여할 수 없고, 경제적으로 최소한의 생존을 벗어나지 못하며, 직업 교육을 받지 못하거나 정치적 영향력을 행사할 기회가 없고, 예술에 대해 판단할 수 없는 상황에 놓였다고 생각할 수도 있습니다. 사회적 집단의 전체적인 주변화라고 할 수도 있겠지요. 뉴욕을 가보는 것만으로도 미국 역시 마찬가지임을 볼 수 있습니다. 아마도 이는 계급 개념으로 기술될 것입니다. 그러나 계급 개념은 적어도 그 본원적인 정식화에서는 사회 전체를 기술하는 것으로 규정되어 있었습니다. 두 번째 현상은 엘리트 구조와 마찬가지로 사회의 지배 구조에서 학문적 지위, 정치적 영향력, 거대하게 조직화된 기구의 경영 간에 의심할 나위 없이 이른바 '접촉 네트워크'가 있다는 점입니다. 그러나 두 현상을 보다 정확하게 보면, 45세에서 65세 사이에 위신 있는 자리를 차지하지만 이 20년은 생애의 4분의 1일 뿐이어서 이런 특권화된 조건을 자신의 가족 구성원에게 이양할 기회가 없는 사람들이 문제라는 것을 알게 됩니다. 특권층 자녀가 그들의 부모 세대보다 더 큰 기회를 갖는다는 것은 분명하지만, 그 자녀들이 그 기회로 많은 것을 이룬다는 것은 비개연적일 뿐 아니라, 경력에 따라 사회에 어떻게 포함되는가에 달려 있습니다. 계층 개념과 마찬가지로 계급 개념은 한 사람의 전체 인생을 지칭하지만 그 정점은 짧은 기간 동안만 영향을 미칩니다. 이 모두를 계급으로 정의하고자 한다면, 지금까지 계급 개념으로 기술하고자 했던 것과는 근본적으로 다른 것이 문제라는 점을 알아야 합니다. 특정한 계층은 기능 영역에 참여하는 데 배제됩니다.

선생님께서는 저작에서 자주 '사회적 복잡성' 개념으로 돌아갑니다. 이 개념은 무엇을 의미하나요? 그리고 이 범주의 이론적이고 정치적인 결과가 무엇인가요?

이 개념은 두 가지 층위를 갖습니다. 더 이상 모든 요소가 다른 모든 요소와 결합할 수 없을 때 그리고 인물, 행위, 역할 간에 성립되어야 하는 관계가 가능성의 한 부분만을 성찰할 때 체계 및 사회는 복잡하다고 할 수 있습니다. 자기 스스로를 제한해야만 하고, 모든 것과 모든 것을 결합하기 위해서 너무 많은 요소들을 갖는 체계는 복잡합니다. 이로부터 선택, 선별의 강제라는 두 번째 층위가 따라 나옵니다. 이 층위에서 제가 올바른 선별 능력으로 명명하고자 하는 구조 문제가 발전합니다. 그렇게 되면 체계는 복잡하지만 행위를 조직할 수 있고 그 환경에 영향을 줄 수도 있습니다.

막스 베버Max Weber의 저작과 마찬가지로 마르크스의 저작을 특징짓는 인간주의적이고 계몽주의적인 전통의 범주로는 이런 현실을 이해할 수 없지 않나요?

그렇습니다. 마르크스와 베버 모두 복잡성 문제를 성찰했지만 전적으로 인식과 관련해서 그랬을 뿐입니다. 반면 사회학자는 현실 자체가 이미 복잡성을 단순화하거나, 제 방식대로 표현하자면 환원하도록 강제된다고 봅니다. 따라서 인식 문제뿐 아니라 초기 종교적 전통에서처럼 신과 천사의 무한성을 인간의 유한성과 비교하는 관계가 중요한 것이 아닙니다. 질료에서 고도로 복잡한 사회적 체계에 이르기까지 현실 자체를 구축하는 문제가 중요합니다.

마르크스의 이론은 결국 조야한 역사철학에 불과하다는 이유로 종종 비판받습니다. 이런 비판은 역사철학자가 아닌 베버에게도 타당한지요? 두 이론의 차이와 유사성은 어디에 있습니까?

선생님은 마르크스와 베버를 각각 특별한 방식으로 단순화했습니다. 마르크스의 경우 주로 경제적인 현실, 다시 말해 근본적으로 생산 과정을 따르는 구조로 사회를 제시했다는 것에 근거한 단순화입니다. 오늘날 토론에서는 단순화가 중요합니다. 예를 들면 마르크스의 이 개념에서 정치 자율성은 과소평가되지 않았는지, 덧붙여 오늘날 여전히 사회학에서 저평가되는 교육과 복잡한 교육 체계에 대해서도 마찬가지가 아닌지 묻는 경우에 그렇습니다. 마르크스의 이론에서 보자면 경제 체계는 언제나 중요하지만 경제 체계가 아닌 다른 기능 체계들의 중요성을 지적하는 것 역시 중요합니다.[7]

베버의 경우 종교적인 지향이든 후기의 합리성 모델이든 문화의 매우 직접적인 영향을 개별적인 사회 작동으로 간주한 것이 문제입니다. 오늘날 금욕, 계산 가능성 또는 합리성을 논점으로 문화적 내용을 행위 동기로 서술하는 것에 더욱 신중할 필요가 있습니다.[8] 그 대신 한편으로는 기능 영역으로 분할된 형식을 갖는 사회의 분화 유형, 다른 한편으로는 사회의 의미론으로 명명하는 설득력을 갖춘 이념 간에 관계가 있다고 말하고자 합니다.[9] 만약 근대사회의 출현을 탐구한다면, 그에 따른 경제의 화폐화에 주목해야 합니다. 다만 그것이 이런 역사적인 현상에 대한 유일한 설명이 되어서는 안 됩니다. 이념과 현실의 관계가 베버의 생각보다 복잡하다는 것을 안다면, 베버의 생각에 동의하면서 이념 변동의 중요성도 강조해야 합니다.

22

선생님의 이론에 따르면 사회는 상이한 하위 체계로 분할 되어 있고, 그중 정치는 특정한 기능과 절차를 갖는 하위 체계에 불과합니다. 그렇다면 근대사회에서 정치의 개념 과 역할에 대해 말할 수 있을까요?

정치를 학문, 경제, 교육 등과 기능적으로 구별하기 때문에 상대적으로 제한된 정치 개념에서 출발합니다. 정치 체계 의 중요한 점은 결정을 받아들이는 사람뿐 아니라 결정하는 사람에게도 타당한, 집단적으로 구속력 있는 결정이라는 목 표를 갖는 물리적 폭력의 독점화에 있습니다. 이 대목은 베 버와 의견이 같습니다. 적어도 법이 효력을 갖는 시대에는 정치인 역시 자신이 만든 법률에 구속됩니다. 집단은 집단 속 한 부분의 결정에 따라 구속되지만, 집단의 다른 부분들 도 동의에 기반을 두려면 마찬가지로 투표에 의거할 수 있 는 가능성, 극단적인 경우에는 반대자에게 강제할 가능성도 갖는 하나의 절차입니다. 다른 식으로 결정하기란 불가능할 것입니다. 역사적인 사례를 들면, 모두가 갖는 거부권이 임 의적인 결정을 무력화하거나 방해할 수 있었고 모두가 그 결과를 아는 폴란드 의회의 역사를 생각해볼 수 있습니다. 게오르크 헤겔Georg Hegel이 법철학에서 정식화한 것이나 아 리스토텔레스Aristoteles에게 정치가 가졌던 중요성과 비교한 다면,[10] 이것은 제한된 정치 개념입니다.

선생님의 정치이론과 토머스 홉스Tomas Hobbes나 장자크 루소Jean-Jacques Rousseau의 '사회계약론' 같은 고전적인 이론 간에는 어떤 관계도 없을까요? 오늘날 비관적인 인류학을 배경으로 정치적인 민주주의의 가능성을 회의적으로 평가하거나 적어도 제약하려는 경향이 있습니다. 하지만 그것보다는 복잡해 보입니다. 홉스와 루소의 정치이론은 주권과 제도 개념에서 공통점이 많지만 그 기반이 되는 인간상에서는 서로 대립한다는 것을 보면 이를 알 수 있습니다. '피통치자'와 '통치자'의 암묵적인 상호 의존 관계에 대해서는 《사회학》의 한 장에서 지멜이 제시한 테제가 다시 출현하는 것이 아닌가 싶습니다. 그 장이 홉스의 주권과 계약이론에 대한 분석에서 시작하는 것은 우연이 아닙니다.

먼저 제 입장과 고전적인 전통의 입장을 분리하는 차이점을 강조하고 싶습니다. 홉스와 루소는 정치를 인간과 시민의 이해관계가 집약된 정점이자 정치적으로 정의된 사회라는 고전적인 전통의 범위 안에서 사고했습니다.[11] 그러나 그것은 적어도 마르크스 이래 더 이상 가능하지 않습니다. 정치가 여전히 필수적이고 본질적이라 하더라도, 사회 기능들의 전체 복합체와 비교하면 부분적인 기능일 뿐이기 때문입니다. 둘째로 저는 민주주의를 국가 형식의 문제가 아니라, 고전적인 저자들에게 군주제가 그렇듯이 자명한 것이라고 생각합니다.[12] 오늘날 정치는 다음의 문제를 제기할 뿐입니

다. '어떤 정치로 강제 수단에 의존하지 않고 동의를 유지할
수 있는가? 무엇보다 결정을 내릴 때 그리고 의무를 받아들
일 때 특정한 사회 집단만 지속적으로 우대받고 다른 집단은
차별받는 것을 어떻게 피할 수 있는가? 또한 민주적인 정치
가 이해 구조로 변해버리는 것을 어떻게 피할 수 있는가?'라
는 문제입니다. 그런 이유에서 프로그램을 갖고 기회에 따르
는 사고를 할 수 있는[13] 기예가 중요합니다. 역시 홉스나 루
소와 구별되는 지점이지요.

> 정치의 그런 '기회에 따르는opportunistische' 기능은 카를
> 슈미트Carl Schmitt의 작업이 그렇듯 정치적인 사고가 정치
> 의 기능이라고 하는 방식과 근본적으로 다릅니다. 슈미트
> 에 따르면 친구/적의 구별에 따른 연관이 정치의 토대가
> 됩니다. 그 구별에 따라 대립 전선이 정해지고 예외 상태
> 에서 결정하는 자에게 주권이 있습니다.[14]

사실 저는 슈미트의 이론이 설득력 있다고 생각하지 않습니
다.[15] 저는 적을 최소한으로 만들면서 현실화하는 능력을 최
대한으로 만드는 정치가 좋은 정치라고 생각합니다. 정치는
반대자와 패자를 설득하려고 하며, 그에 따라 영원한 반대
자도 영원한 패자도 없습니다. 반면 친구/적 도식에서는 한
번 적은 언제나 적으로 간주합니다.[16] 국제 관계에서는 이 도
식이 때때로 타당할지도 모르겠습니다. 저는 진정한 주권자

란 예외 상태가 계속되는 것을 저지할 수 있는 자라고 생각합니다. 예외적인 조건에서 통치하도록 강제된다면, 적어도 정치인으로서는 이미 실패한 것이기 때문입니다.

> **'기회에 따르는' 정치에 대한 상을 현재에 적용할 수 있을까요? 오늘날의 상황, 특히 이른바 '통치 불가능성의 위기'를 어떻게 판단하시나요? 선생님께서는 '권력의 인플레이션Inflation der Macht'을 말씀하셨습니다. 이는 몇 해 전 삼극위원회The Trilateral Commission에서 정식화된 주제,[17] 즉 정치 체계의 현실적인 결정 능력이 '너무 많은' 민주주의와 1960년대 내내 그랬던 권력의 과도한 사회화에 의존한다는 주제를 공유하신 것은 아닌지요?**

저는 민주주의라는 형식적인 질문이 문제라고 생각하지 않습니다. 권력의 인플레이션이 화폐의 인플레이션과 유사하다고 말한 것은, 형식적으로 볼 때 개별 권한이 실제로 실행될 수 있는 것보다 더 많은 결정 가능성을 다룰 수 있기 때문입니다. 이론적으로 우리는 주권 국가를 가졌고, 모든 법률은 개정될 수 있으며, 어떤 일이든지 일어날 수 있습니다. 그러나 현실적으로 작용한다는 의미에서 권력은 거의 사용되지 않기 때문에, 실제로 일어나는 것은 사실상 드뭅니다. 가능하다고 할지라도 강제하는 것은 피합니다. 이는 재정적인 인플레이션과 유사하게 정치에서도 그 사용을 단념하는 방식이 상당히 증가한다는 것을 의미합니다.[18] 우리는 거대한 공약을 들어도 그것이 실현된다고는 믿지 않지요. 분명히 정치인의 선한 의지와 좋은 의도를 인정하더라도, 정치인이 그 제안을 현실화한다고 믿는 경우는 거의 없습니다. 기대에 미리 실망하는 것은 정치 판단에 이미 포함되어 있습니다. 위험이 완전히 없다고는 안심할 수 없는 상황이 문제입니다. 무엇보다 그 상황은 모든 것을 하고자 하고 모든 것을 바꿀 수 있다는 인상을 주는 강한 자에게 기회이기 때문입니다. ◆

2장

저는 카를 마르크스를 택하겠습니다[1]

진행 · 발터 판 로숨Walter van Rossum[2]

규모가 크지도, 특별히 정교하지도 않은 반지성주의라는 사회학적 전통이 있습니다. 저는 막스 베버, 탤컷 파슨스, 아르놀트 겔렌Arnold Gehlen 그리고 헬무트 셸스키Helmut Schelsky 같은 이름을 떠올립니다. 선생님께서는 지식인을 비판하는 이 계열을 어떻게 보시는지요?

우선 이들 모두를 반지성적이라고 할 수 없습니다. 특히 파 슨스는 확실히 아닙니다.[3] 저는 올바른 것을 다른 이에게 깨 우치려는 지성의 어떤 특정한 동기가 증오를 일으켰다고 생 각합니다. 그런 면에서 저도 그런 사람들에 포함됩니다. 즉 자신들이 진리를 발견했고 그 진리를 지금 전달해야 한다고 믿는 사람들에 관해서라면, 저 역시 지성주의에 대해 회의 적입니다. 한편 베버에서 파슨스와 겔렌에 이르는 전통 내부 에는 당연히 한 단어로 정의할 수 없는 중대한 차이가 있습 니다.

지식인에 반대를 표명한 이들이 주로 사회학자라는 사실이 묘합니다. 작가나 예술가는 그보다 적지요. 왜 언제나 사회학자일까요?

사회학자가 지식인의 입장을 출생, 전통, 사회적 지위, 계급 상황 또는 그 밖의 다른 것들과 함께 보는 데 익숙하다는 점, 그래서 긍정하거나 부정할 수만 있는 직접적인 진리 요구에 처음부터 회의적이라는 점이 고려되어야 할 것입니다.

제가 이름들을 언급하기는 했으나 사회학에서 '지식인' 개념에 관한 논쟁은 더 이상 큰 역할을 하지 않는 것으로 보입니다.

그 주제를 사회학적으로 진지하게 다룬 작업에 대해 말해야겠네요. 당연히 지금까지 거명되지 않은 카를 만하임Karl Mannheim이 있습니다. 그는 사회에서 지식인 개념을 통해 관점의 상대화를 지양하거나 극복하고자 노력했습니다. 어떤 사회적인 입장도 필요로 하지 않는 이른바 '자유부동하는 지식인freischwebende Intelligenz'이 있습니다. 자유부동하는 지식인은 타인의 관점을 판정할 만한 판단 능력을 갖추었습니다. 만하임에 따라 그것은 매우 포괄적으로 논의되었지만, 그 시도는 대체로 비판받았습니다. 하지만 사회의 여러 사안에서 직접적인 진리가 갖는 명백함이 부족하다는, 특정하게

29

근대적인 문제 상황에 '지성적'이라는 개념을 소환했다는
점에서 의미가 있습니다.⁴

> 지식인 개념이 미국과 독일에서 그리 높이 평가받지 않는
> 다는 것과 그 개념이 프랑스, 이탈리아, 영국과는 정반대
> 로 사회학자를 비롯한 이른바 지식인 집단 바깥에서 언제
> 나 모욕적인 말로 사용된다는 것 사이에 연관이 있다고 보
> 십니까?

미국에서는 사회과학이나 여타 학문에 반감이 있어서가 아
니라 일반이론에 대한 거대한 요구에 반하는 의구심 때문에
지식인 개념이 우선시되지 않는 것이 분명합니다. 이는 정
치이론과 정치 의견에서 특히 그렇습니다. 명성이 높은 대
학들과 워싱턴 사이의 매우 긴밀한 관계에도 불구하고, '지
성인 티를 내는 지성인Eierköpfe'은 사랑받지 못합니다. 지식
인은 알기 쉽게 표현하고 곧바로 실용적인 것을 말해야 한다
는 기대를 받았습니다. 그러나 이는 지식인의 사회학과는 별
상관이 없습니다. 더구나 미국에는 에드워드 실즈Edward Shils,
파슨스와 더불어 지식인의 위치를 세속화된 사회의 특징으
로 소급하는, 즉 지식인을 일반적인 문제에 대한 제도화된
대변자 또는 학문적인 증거가 있든 없든 간에 상황을 정의
할 수 있는 자로 개념화하려는 시도가 있습니다.⁵ 상황을 정
의하는 이런 기능에 있어 일반적이면서도, 특히 파슨스의 경

우 매우 중심적인 사회의 역할이 대학과 연계되었다는 것을 보게 됩니다. 파슨스가 자기 자신을 이런 의미의 지식인으로 보는지는 확실하지 않은 문제입니다. 하지만 적어도 그의 이론에 따르면 지식인은 사회에서 중요한 기능을 합니다. 단순한 매니지먼트를 넘어서, 고유한 조직에 단순히 구속된 것을 넘어서 공적인 의견을 말하고 영향을 끼칠 수 있습니다.

제가 확인했을 때 선생님의 작업에서 지식인이라는 범주는 거의 등장하지 않습니다. 이 누락된 범주에 대한 질문은 불가능한 '완전함'이라는 문제 제기를 넘어서 유의미하다고 생각합니다. 누락에서 오는 빈틈은 선생님 고유의 이론적인 관심 때문에 기술에서의 공백이 생긴 것이니까요. 다시 말해 지성과 지식인이라는 영역에 선생님 스스로가 위치하지 않는다면, 선생님께서는 고유의 이론적인 이해 관심과 선생님의 지평에 대한 자기기술을 숨기거나 피하는 것이 됩니다. 자신에 관해 무엇인가 써야 한다면 선생님은 무엇을 쓰시겠습니까?

이 두 질문을 엄밀하게 분리하겠습니다. 나는 근대를 분석할 때 지식인 개념에 큰 의의를 부여할 특별한 근거를 전혀 갖고 있지 않습니다. 그리고 그 경우 저나 저의 고유한 작업을 어떻게 제시하는지 묻는 질문과는 아무런 관련이 없습니다. 지식인 개념에 대한 저의 반감은 단순히 그 개념이 인물을 지나치게 재단한다는 것, 즉 지식인을 오직 '어떤einer' 존재로 본다는 점입니다. 특히 연애 문제나 예술에 대한 입장에서 그렇습니다. 예를 들면 지식인은 음악을 들을 때 볼프강 아마데우스 모차르트Wolfgang Amadeus Mozart에 만족하지 않을 것이라고, 지식인이라면 언제나 그러리라고 추정하는 것이지요. 간단히 말하면 제가 문제적이라고 생각하는 삶에 대한 개념의 한 방식이 그 배후에 있습니다.[6] 인물에 따라 재단된 개념으로 근대사회를 파악하고자 하는 태도도 문제라고 생각합니다. 그래서 근대사회가 어떻게 스스로를 기술하고 어떤 단순화된 개념을 적용할지 고려할 때, 저에게는 그야말로 일반화된 개념인 과정적, 구조적, 체계이론적인 개념들이 결정적입니다. 지식인을 우선시하면서 그들이 재단한 개념들은 문제가 되지 않습니다. 이로써 여론이 인물에 대해서는 그렇게 많이 이야기하면서 체계에 대해서는 거의 이야기하지 않는지 질문이 생깁니다.

그렇다면 자신을 지식인이라고 하지 않으실 셈인가요?

네, 그럴 겁니다. 정말로 그럴 거예요. 만약 제가 지식인으로 기술된다면, 기껏해야 '그렇게 기술되었구나' 하고 넘어갈 뿐입니다.

대외적으로 그것을 수용하실지, 반박하실지 궁금합니다.

아니요, 아닙니다. 저는 이렇게 말하겠습니다. "마음대로 생각하세요!"

선생님께서는 자신을 드러내 이론서를 쓰는 것을 기피하지 않으셨나요?[7] '지식인' 범주와 충돌할 테니까요. 꼭 이렇게 기피해야 하는 건 아니지요?

《사회적 체계들: 일반이론의 개요*Soziale Systeme: Grundriß einer allgemeinen Theorie*》에서도 시도했지만, 저는 일반이론의 과제를 이 이론을 수단으로 삼아 자기지시적으로, 자기연관적으로, 자기포함적으로 보여주어야 한다고, 다시 말해 학문 체계, 사회학 체계 안이라는 고유한 위치에서 사회에 대해 체계이론적으로 기술해야 한다고 거듭 강조하겠습니다. 또한 저는 커뮤니케이션 방식, 커뮤니케이션 구조 그리고 관찰자의 체계 구속의 관점에서 체계이론적으로 기술할 것이며, 그것이 어렵다고는 생각하지 않습니다. 문제는 저자라는 인물이 아니라 관심사, 과제, 현재의 학문적인 논의에서 사용되지 않는 특정한 기회와 그에 상응하는 서술 방식입니다.

이러한 자기서술의 소실점은 '중립화된' 학문 기계 방식이라는 상像은 아닌지요? 그리고 선생님께서 사회학을 위해 언제나 자신의 이론적인 관심을 추구한다면, 그것은 부적절하지 않나요? 어째서 이 사회를 매우 추상적이면서 복

잡한 이론의 수준에서, 고도로 구축된 기준에 따라 기술하시는지 궁금합니다. 그 안에 이론적으로 취하지 않은 어떤 관심이 남아 있으신 건 아닌지요?

자, 그에 대해서 전기적인 보고를 할 수도 있지만, 한편으로 이런 의문을 품습니다. '누가 그것에 관심을 갖지?' 저는 제 작업을 전기적으로 읽는 것과 그 작업을 이해하는 과정을 기꺼이 분리하고 싶습니다. 이해하기 위해서는 제가 쓴 것이 필요하기 때문에, 저는 제 작업을 전기적으로 읽을 수 없게 썼습니다.

네, 좋습니다. 하지만 또 다른 질문이 있습니다. 선생님의 이론은 보편성을 띠고, 선생님의 지식에 대한 의욕은 사적인 일이지요. 지적인 자극이나 동기에 무관심할 수도 있을까요? 그것들이 아무런 역할도 못 한다고 말할 수 있는지요? 이 사회에 대한 기술로서 이론은 자기 자신을 위해 존재할까요? 그렇다면 선생님께서 하려는 것이 토론의 대상이 될 수는 없는지 궁금합니다.

그것은 다른 이야기입니다. 물론 저는 당연히 그런 이야기를 할 수 있습니다. 다른 이들은 매료되지 않는 가능성뿐 아니라, 문헌이나 연구에서 간학문적인, 즉 명확하지만 아직 사용되지 않은 이론적이고 종합적인 가능성에도 저는 얼마든지 매료됩니다. 사람에 따라 다르다고 할 수 있겠지요. 동시에 그것은 똑같은 경험을 하는 제2의, 제3의, 제4의 인물이 있을 수 없는 개인적인 경험을 의미합니다. 그래서 저는 자연스럽게 묻습니다. '왜 나지?' 그러고는 다시 묻곤 합니다. '무엇 때문에 내가 이런 일련의 경험을 다른 사람들에게 다시 알려야 하는가?' 그것은 자기경험이면서 특정한 과제에 관여하는 것이기도 합니다. 하지만 그 과제는 다른 사람들에게도 흥미로워야 하겠지요.

> 저는 선생님께서 이론적인 관심을 확립해두었기 때문에 스스로 지식인이 아니라고 말할 수 있다는 인상을 받습니다. 이런 토대를 확보했기에 각각의 '가치 영역'을 분리하고, 작업의 출발점에 있는 가치들의 보편화에 대한 요구로부터 해방될 수 있었습니다. 그것이 지식인에 대한 저와 선생님의 차이 같습니다. 지식인의 작업에 대한 제 관심은 비판의 도구로서 사회 기술에 있습니다. 어떤 의미에서 주관적이어서 보편화하고 싶고, 그런 이유에서 커뮤니케이션 채널로 사회에 내보내는 특정한 삶에 대한 개념을 제시하는 것입니다. 이런 부분이 선생님과의 차별점인지요? 선생님의 주관적인 근거를 보편화하려는 것을 거부하는 데 그 차이가 있는지요?

그렇게 단순한 문제는 아닙니다. 이 부분에서는 제가 맹점을 가질 수 있지만, 개인적 근거를 보편화하는 게 아니라 실제로는 사안에 대한 과제만이 제기될 뿐입니다. 저자라는 이유만으로도 '제가' 한 것으로 과대평가를 받지만, 실제로는 우발적으로 이것 또는 저것과 연결되어 있을 뿐인 가능성의 그물망에 얽혀 있다고 느낍니다. 이런 연관으로 성장한 칠레 생물학자 움베르토 마투라나Humberto Maturana의 이력에 관한 이야기가 그에 대한 분명한 사례가 될 것 같습니다. 그는 이곳 빌레펠트 대학교에 손님으로 와 있었는데,[8] 자신의 이력을 '일련의 우연'이라고 설명합니다.[9] 언젠가 마투라나는 자신의 이력이 시작된 특정한 말을 들었는데, 마침 그의 지도 교수가 자리에 없었고, 그렇기 때문에 그에 관한 실험을 하고, 또다시 처음에는 예상하지 못한 곳으로 진행되고……. 비록 모든 것이 루만의 이름으로 정리되었을지라도, 이는 그 과정에서 벌어진 것을 말하는 관찰자의 단순화로 보입니다. 그에 반해 현실에서 우리는 그 어떤 결합 자체에 얽히게 되는 지적 네트워크에 연루되었다고 해도 무방합니다. 예전의 '천재' 또는 오늘의 '지식인'과 같은 인물화된 개념으로 되돌리는 것은 환상에 빠뜨릴뿐더러, 설명으로서는 큰 가치가 없다고 생각합니다.

우리가 인물을 중심으로 생각하는 것을 포기할 수 있나요? 선생님께서도 아시다시피, 저는 단지 저를 지나쳐가거나 저에게 일어나는 일에 있어서 교차로일 뿐이지요. 그러나

선생님께서는 이러한 교차로이자 선생님께 일어난 일을 인지하십니다. 그것은 단지 선생님께 일어났기 때문이지요.

네, 맞습니다. 커뮤니케이션을 포기하지 않는 한, 사람들은 당연히 인물을 포기할 수 없습니다. 그뿐 아니라 커뮤니케이션 할 때 이름을 지향하는 것 역시 포기할 수 없습니다. 만약 정평이 난 이름으로 출간된다면 두 번째, 세 번째 책 역시 읽게 됩니다. 누군가가 명성을 얻는다면, 그 사람의 책을 출판사에서 출간하는 데 어떤 어려움도 없습니다. 그런 점에서 명성이 명성을 낳는 효과를, 사회학자로서 제가 잘 분석할 수 있습니다.[10] 저에게서도 그 효과를 관찰할 수 있지만, 그렇다고 해서 무조건 이 개념과 저를 동일시해야 한다는 의미는 아닙니다. 저는 사람들이 그렇게 관찰된다는 것을 볼 뿐이고, 저 역시 그렇게 관찰된다는 것을 보며,[11] 그렇게 인물에 주목하는 관찰은 불가피하게 지향을 단순화한다는 것역시 보게 됩니다. 문학계나 여타 예술에서도 마찬가지입니다. 지금은 인정받지 못할 그림만 그리거나 자가 복제하는 화가도 한때는 '좋은' 화가였기 때문에 좋은 화가로 평가받아요. 이런 이름 효과는 사회학적으로 이해할 수 있지만, 오늘날 사회에서 저의 고유한 역할이나 지위가 동일시되는 것은 아닙니다.

'지식인'에 대한 선생님의 비판은 언제나 권력 위치, 잘못

된 배분, 잘못된 첨예화와 결부됩니다. 그러나 이는 긍정적인 가능성을 적극적으로 확립하지 않는 개념에 대한 비판이 아닌가요? 지식인은 항상 단순화를 추구하는 일에 사용되고 소비되고 마는 그런 사람들인가요?

저는 이미 이룬 공적에 그럴 가치가 없는 것들을 첨가하는 증가 메커니즘의 도움으로 명성이나 평판이 얻어진다고 생각합니다. 당연히 인물의 전기에는 교육 효과와 더불어 그 인물과 결부되어 그와 함께 소멸되고 마는 경험이 있다고 말할 수 있습니다. 이론 작업에 대한 내적 인식은 당연히 저자가 다른 사람들보다 크지요. 그리고 저자가 이론을 계속 쓰지 않는다면, 다른 누구도 그것을 할 수 없습니다. 다른 사람들은 2차 분석을 하면서 비판하거나 저자보다 더 좋은 것을 발견할 수도 있습니다. 저자라면 기술할 수 없는 방식으로 그를 기술할 수도 있겠지요. 그러나 이론적인 개념의 타당성에 대한 경험은 쉽게 탈주관화되지 않습니다. 그런 경험은 분명히 인물에 관한 것이기도 해서 탈주관화하기 어려운 성격이야말로 이렇게 인물 귀속을 할 수 있는 핵심일지 모릅니다. 다른 한편으로 인물 귀속은 지나치게 과합니다. 특히 카를 마르크스나 베버를 생각할 때 그렇지만, 이는 '대가'의 경우에 마찬가지입니다. 당대 공공재였기 때문에 마르크스에게 귀속될 수 없는 것들 역시 그의 저작에 담겨 있다는 이유로 그에게 귀속됩니다. 이런 과장 효과가 지식인 개념을 추가적으로 키우는 것입니다.

지식인은 자신의 지식을 넘어 가치를 지향하며 큰 규모에
서든 작은 모임에서든 이런 가치를 보편화하려는 사람이라
고 정의할 수 있습니다. 긍정적이면서도 조심스러운 이 제
안을 어떻게 생각하시는지요? 지식인은 자기 작업의 기초
라고 할 수 있지만, 가치의 선전을 '최종적으로 근거 삼을
수' 없는 지식에 이런 식으로 의지하는 사람입니다.

누군가는 자신이 아는 것을 가치와 연관 짓고, 정치에 대한
충분치 않은 지식을 정치 무대의 가치 평가로 표현합니다.
저는 이것을 아주 평범하고도 일상적인 현상으로 생각하기
때문에 그 말씀에 따를 수 없습니다. 지식인을 다르게 정의
해볼까요. 저는 지식인을 서로 다른 것끼리 비교할 수 있는
능력을 갖춘 자, 서로 다름 속에서 같은 부분이 어느 정도인
지 가늠하는 사람이라고 생각합니다.[12] 즉 상이한 정치적 레
짐, 예술적 급진주의 그리고 정치적 급진주의 같은 것이 그
렇습니다.

그렇다면 지식인의 특성에 관해 질문하겠습니다. 어째서
이런 가능성을 지식인으로 국한하시나요? 실제로 누구나
비교할 능력이 있고 누구나 계속해서 비교할 수 있다고 생
각할 텐데요.

네, 그러나 서로 다른 것을 비교하는 능력은 지성에 따라 형성되었다고 생각합니다. 18세기에 그런 능력을 지칭하는 용어로 '기지'와 '천재'가 있었습니다.[13] 비교할 때는 매우 상이한 것들, 즉 종교와 이데올로기 같은 것에서 공통점을 보는 것이 중요합니다. 그리고 이 능력이 장려된다면, 저는 그 능력이 가치 지향보다 지성을 지칭하는 데 더 중요하다고 생각합니다. 상대적으로 보면 그 역시 일상적으로 벌어질 수 있는 일이지요.

가치 지향을 제외할 수 있을까요? 현실적으로 불가능해 보입니다. 지식은 삶에 대한 결정을 더 이상 감당할 수 없습니다. 그에 따라 어떤 식으로든 삶에 대한 결정을 분명하게 하는 커뮤니케이션이 있어야 합니다. 어떤 지식에서 출발하지만, 그 지식을 넘어 커뮤니케이션 맥락으로 결부될 때 이러한 가치는 기능적 측면에 대한 결정으로 연출됩니다.

네, 저는 확장의 일반적인 중요성은 반박하지 않을 것입니다. 달리 말하면 좋은 이론이 우리 사회를 위해 중요하며 그렇게 평가할 수 있다는 것도요. 만약 이전 예술을 복제하기보다 아방가르드한 예술이 더 좋다고 간주한다면, 어떤 식으로든 평가한 것입니다. 그러나 가치 지향은 저에게 지성이 갖는 특별함에 대해 극히 일부만 알려줄 뿐입니다. 저는 가치 지향을 제외하지 않지만, 그것이 결정적이라고 생각하지 않으며, 어떤 경우에도 제가 지식인에게 매료되는 현상을 좌우한다고 생각하지 않습니다. 그 대신 저는 시 같은 것을 생각해봅니다. 시적인 메타포에서는 비교 방식이 중요하고, 이런 맥락에서 잘 비교하는 것이 중요합니다. 잘 비교하는 것은 오성悟性을 통한 우회 없이, 말하자면 '텍스트로부터' 해명하면서 특정하게 구체화하는 것일 수 있습니다. 여기서는 언제나 낯설게 하는 효과와 다양한 사물들의 합산이 중요합니다. 물론 이를 매우 다양한 관점에서 다시 평가할 수 있습니다. 정치나 이론 개선 또는 제도 지원을 위해 사용할 수도 있습니다. 셸스키가 했던 것처럼 대학을 건립하는 데 사용할 수도 있지요.[14] 그에 대해서는 완전히 다르게 평가할 수 있습니다. 그러나 저에게 결정적인 것은 개념을 통한 이질성의 통제입니다.

지식인에 대한 상당히 낯선 정의네요. 지성에 대해서도 하나의 예를 제시해주시겠습니까?

저는 카를 마르크스를 택하겠습니다.[15] '헤겔' 유형의 구조화된 이론을 사회과학 문헌에서 나타나는 계급 형성 개념과 정치경제학 개념, 즉 화폐 경제에 대한 특정 개념들과 결합하고 그런 결합에 따라 역사적인 비교를 하는 이념을 마르크스에게서 볼 수 있기 때문입니다. 이것은 매우 이질적인

것을 결합하는 천재적인 이론 구성입니다. 게오르크 헤겔의
이론을 정신에서 물질로 고쳐 쓴 다음 그에 따라 정치를 추
구하는 방식이지요. 여기서 선생님과 저의 지식인에 대한 개
념이 하나로 함축됩니다. 그러나 이러한 이론의 상황과 이
론의 결합에 있어 지성이 없었다면, 순수하게 '우리는 노동
자를 위해 무엇인가를 해야 한다'라는 관점으로부터 그러한
결합이 성공할 수 있다고 도저히 상상할 수 없습니다.

**그러니까 지성이라는 것을, 이를테면 지성이 스스로를 구
성하는 과정이라고 이해한다는 말씀인가요.**

네!

**지성은 그 과정에서 다시 나타나나요? 어떻게 그럴 수 있
는지요?**

마르크스의 예가 보여주는 것처럼 현실에서는 두 가지 현상
이 있는 반면, 우리는 지식인 개념으로 오직 '하나'의 현상만
을 파악하려는 데 어려움이 있을 것입니다. 법과 국가와 경
제, 과거 시대와 미래 시대, 계급 구조, 일상 현상 등을 기술
하는 이론 결합 기술, 이론 디자인, 가능성을 구성하는 천재
성이 그 하나입니다. 이런 역량이 정치적으로 진행되는 것이
다른 하나입니다. 여기서 그 차이를 보며 '지식인'이라는 단

어로 이런 점들이 필연적으로 하나로 결합되었다고 관찰할
수 있는지 잘 모르겠습니다.

**오늘날 '지식인'을 말하는 시도가 하나의 동질성을 띤다
고 보시나요? 아니면 따로 분리되어 있나요?**

저에게는 따로 분리되어 보입니다. 지식인 개념은 어떤 결핍
의 지칭으로 보입니다. 다시 말해서 우리가 처한 상황으로부
터 정의될 수 있는 자리의 점유라는 질문을 제기합니다. 그
래서 지식인의 과제 또는 기능을 말할 수 있는데, 확실하게
아는 것을 넘어서 나갈 수 있는가 하는 것입니다. 이런 결핍
은 일반적입니다. 그러나 완전히 다른 방식의 답변들이 나
옵니다. '포스트모던'에 관한 논의가 있고 사람들은 '담론'
으로 만족하긴 하지만, 그와 더불어 메타 서사, 통일적인 세
계 기술의 가능성에 대해 논쟁합니다.[16] 이론, 거대한 이론이
예나 지금이나 통용된다고 여기는 것이죠. 재탕은 물론이고,
대가의 뼈를 알겨먹습니다. 만약 제가 하나의 공통분모 위
에 서로 다른 현상들을 가져오려고 한다면, 현재 상황에 비
추어 사회의 기술이 따라오지 못했다는 인상만을 보일 뿐입
니다.

**'지성'에 대한 선생님의 생각을 보면, 처음에는 '지식인'
비판이 느껴집니다. 선생님께서 되고 싶지 않은 누군가에**

관한 것 같기도 하고요. 어디로 갈지 아는 것처럼 행동하기 때문입니다. 선생님께서도 그렇다는 오해를 받고 싶지 않다는 점이 지식인의 문제입니다.

네, 맞습니다. 사람들은 그것을 '정교하게 다듬다feinhobeln'라고 말할 수도 있겠지만, 저는 이렇게 정리하고 싶습니다. 어디로 갈지 아는 것, 무엇인지 아는 것, 그리고 실재에 도달할 수 있으며 다른 사람들은 그 사람을 따르거나 복종하거나 권위를 받아들여야 하는 것. 이런 것들은 이제 더 이상 우리 사회에 적합하지 않은 오래된 심성입니다. 우리는 사회 또는 하나의 분모로 환원될 수 없는 세계를 일반적으로 관찰할 수 있는 다양한 지식을 가지고 있습니다. 윌리엄 제임스William James는 매우 아름다운 글 〈인간에 있어 어떤 맹목성에 관하여On a Certain Blindness in Human Beings〉[17]에서 이렇게 말하지요. "모두는 관찰자이고, 모두는 더 큰 예리함을 가지고 다른 이들보다 더 잘 보지만, 하나의 맹점을 필요로 한다."[18]

그러나 오늘날 규범적인 지식을 대표하면서 이렇게 요구하는 경우가 있나요? 여전히 지식인 범주에서 이런 요구를 제기하는 진지한 이론가나 작가가 있는지 궁금합니다. 오늘날 지식인은 이미 자신이 놀이판의 말이라는 것을 아는 사람입니다. 지식인은 우리가 보편화할 수 있는 가치를 필요로 한다는 것에서 시작하며, 그에 상응해 자기 자신을 끌어들여 기획하고 제안하지요. 지식인은 어떤 지식, 최종 의무, 계시도 담고 있지 않습니다. 지식인은 자신의 경험 에서 하나의 개념, 시, 음악 작품을 획득하고 제공하지요. 이것이 오늘날 지식인의 상황이 아닐까요.

가장 넓은 의미에서 예술을 예로 들어보겠습니다. 문학이 포 함된다면 저는 선생님의 말씀에 동의하지만, 철학이나 사 회과학에서는 적어도 이론적으로 충분하지 않습니다. 위 르겐 하버마스Jürgen Habermas가 《현대성의 철학적 담론Philo-sophischen Diskurs der Moderne》을 썼을 때, 헤겔이 이마누엘 칸트 Immanuel Kant를 쓴 방식처럼, 자크 데리다Jacques Derrida가 마 르틴 하이데거Martin Heidegger를 쓴 방식처럼, 하이데거가 프 리드리히 니체Friedrich Nietzsche를 쓴 방식처럼, 그런 식으로 하버마스는 썼습니다.[19] 그리고 이 문장이 그 입장을 함축합 니다. "내가 글 쓰는 데 기반이 되는 입장은 근대 언어철학 의 커뮤니케이션 개념에 의해 은폐되어 있다. 나는 아직 일 치를 보진 못했지만, 최소한 어떻게 동의를 구해야 하는지 알고 있다."[20] 그것은 언제나 자신이 취하는 올바른 입장에 대한 유보이며, 다른 사람들이 쓸 수 있는 어떤 것만 매번 쓰 는 것은 아직 이론 자체에 정통한 것이 아닙니다. 각자 맹점 을 가졌고, 그것으로 특정한 사물을 잘 보지만, 보지 않는 것 은 보지 않고, 보지 않는 것을 보지 않는다는 것을 보지 않 는…… 이런 완전한 이론적인 순환성을 이론에 가져오는 것이야말로 무엇보다 저의 관심사입니다. 그리고 이는 지식인으로서 언급된 담론의 복수성에 귀속될지 모르지만, 단순히 자의적인 가능성이 많이 있다는 의미에서가 아닙니다. 오히려 상호 관찰 과정에서 더 좋은 것과 더 나쁜 것이 있으며, 특정한 개념이 다른 개념보다 경험이나 문제 또는 근대사회가 처한 난관을 더 잘 포착할 수 있다는 의미에서 그렇습니다.

> 거기에는 어려움이 따릅니다. 세계는 저에게 복수로 나타나고 저에게 복수의 세계는 당연합니다. 제도, 생각, 프로그램도 복수일 수 있습니다. 하지만 우리 자신, 선생님 자신, 저 자신은 복수가 아닙니다. 우리의 맹점을 둘러싼 지식은 삶을 영위하기 위해서 필요한 확실성 — 비록 확실한 것은 없다는 확실성이더라도 — 을 우리에게 제공하지 못합니다. 맹점에 따라 자신의 등 뒤에서 일어나는 모든 일은 불분명하다고 말하는 것으로는 만족할 수 없습니다.

그 문제를 이론적으로 매우 첨예하게 파악하고자 합니다. 예를 들면 체계와 환경, 현재 저에게 중요한 외부에서 끼치는 위해와 고유한 결정의 계기로서 위험과 같은 특정한 구별을 하는 관찰 도구들이 있습니다. 만약 제가 체계와 환경 또는 진화이론적으로 변이와 선택 또는 커뮤니케이션과 커뮤니케이션의 수용과 같은 개념을 취하고 그에 따라 기술한다면, 저는 이 개념들의 도움으로 제가 볼 수 있는 것만을 볼 수 있습니다. 그리고 저는 이 개념들로 이 개념들을 비판할 가능성을 가지고 있지 않습니다. 저는 개념들을 소진시킬 수 있고, 사람들에게 보여줄 수 있는 것을 보여줄 수도 있습니다. 그리고 이제 다른 사람들은 '좋다, 네가 이런 구별들로, 이런 맥락들로, 이런 개념들로 작업한다면 너에게 세계는 이런 식으로 나타나겠지만, 다르게 구별하는 우리에게 그것은 다르게 나타난다'라고 말할 수 있습니다. 그리고 궁지에서 다른 것을 끌어올리기 위해 '의식적인/의식하지 못하는', '잠재적인/명시적인' 같은 구별로 작업할 수 있습니다. 이는 오랜 회의Skepsis,懷疑 논쟁에서와는 다른 문제입니다. 실제로 세계와 사회에 대한 교훈적이고 정보적인 기술은 상대적으로 그 기술 도구에 따릅니다. 이를 부정하거나 더 좋거나 그와 관련된 가장 좋은 전체 시점을 가지는 어떤 위치도 사회에 없습니다. 실제로 사람들은 관찰 도구들의 수행 능력이 점점 명료해지는 커뮤니케이션 과정에 의존할 수 있을 뿐입니다.

그러면 이런 커뮤니케이션 과정을 이끄는 지식인이 필요하지 않을까요?

네, 선생님이 주체가 필요하고 그것을 '지성적'이라고 명명하고자 하면 그렇습니다. 제가 반대할 이유는 없습니다. 무엇인가를 하는 사람이 있어야 하고 자신의 원고를 정리해 출판사로 보낼 누군가가 있어야 하니까요.

경험을 기획하고 지원하며 커뮤니케이션 채널에 개방하는 누군가는 있어야 하지 않을까요? 이런 제안은 포기할 수 없기 때문입니다. 선생님께서 학문을 연구하시든지 자동차를 구입하시든지 그 모든 것을 위해서는 '가치'가 필요하지 않나요? 가치를 끌어들이는 누군가가 필요하지 않을까요?

네, 그러나 그에 따라 관찰 도식, 관찰 도구 그리고 풍부함의 한계를 흐릿하고 추상적으로 표시할 때 얻는 이득은 무엇인가요? 당연히 우리 사회를 지금까지보다 잘 기술할 가능성에 개입하기 위해, 그리고 체계와 환경의 구별로 기술하든 다른 특정한 구별로 기술하든 하려면 가치 결정이 필요합니다. 그러나 최종적으로 가치 표현이라고 할 때 얻을 수 있는 통찰력은 무엇인가요. 거기서 추가로 더 얻을 것이 있나요? 줄여 말하자면 삭제되고 마는 것입니다. 진보 또는 진보적인 태도의 근대성은 더 나은 명확성과 그것을 가지고 작업하는 도구의 투명성에 있습니다. 개인적인 동기나 저자에 관한 전기를 쓰려는 이들에게 필요한 가치 태도에 있는 것이 아닙니다.

선생님에 대한 그다지 새롭지는 않은 유형의 비판이 있습니다. 이를테면 '루만과 함께라면 나는 차를 살 수 없고, 내 여자 친구와 함께 살아야 하는지 결정할 수 없으며, 훗날 언론인이나 학자나 버스 기사가 될지도 결정할 수 없다'라는 식이지요. 하지만 매일 그런 결정을 해야 합니다. 선생님께서는 '나는 함께하지 않으며, 그것은 내게 아무런 도움이 되지 않고 관심사도 아니다'라고 말씀하십니다. 그러나 선생님의 말에는 사회적으로 제시되는 지식인의 역할이나 그에 상응하는 어떤 요구도 없지 않나요?

지식인으로서든지 아니든지 저는 거절하겠습니다. 저는 각자 자신의 행위에 책임이 있다고 생각합니다. '당신의 여자 친구를 그렇게 정하세요'라거나 '너무 일찍 결혼하지 마세요' 또는 '그에 대해서는 말이야' 또는 '이곳 지역 정치에 참여하거나 차라리 중앙 정치에 참여해라'라거나 '어떤 정당에 가입해라 아니라'라는 둥 책임 소재를 옮기는 것과 같은 것은 지성에 관한 것이 결코 아닙니다. 우리 사회는 삶을 결정하는 데 있어서 과거 어느 때보다 많이 개인화 위에 구축되었다고 생각합니다. 그래서 부모는 자녀의 미래와 관련해 '그것이 맞아, 그것은 틀렸어, 너는 그에 대한 준비를 해야 해, 너는 그것을 무시할 수 있어'라고 단언할 수 없습니다. 자신의 삶에서 책임감 있는 결정의 어느 정도는 거의 계획 없이 내려야 합니다. 이는 또한 지식인에게 하나의 기회입니다. 개인 고유의 책임으로 전도하고 개별화하는 것을 깨부수고서 이렇게 말할 수 있기 때문입니다. 우리 함께 이 길을 가자. 우리에게는 문제가 있다. 원자력이나 화학 또는 핵무기 같은 우리와 연관된 문제 말이다.

> 누구도 이런 지식인을 더 이상 '열렬히 쥐를 잡는 도덕 심판관 rattenrängerischen Sittenrichter'의 방식으로 수용하지 않으리라 생각합니다. 그 대신 직업과 자신의 소명에 따라 어떻게 삶에 대해 생각하는지 말하고 기술하며, 자기 자신에게 몰두한 결과를 보여주는 특정한 사람들이 있습니다. 제가 한때 '신지식인'이라 불렀던 이들은 커뮤니케이션 채널이 장애가 되지 않는다면 누구라도 될 수 있으며 또한 누구라도 되어야 하는 사람입니다. 그들은 처음부터 자신이 틀릴 수 있음을 받아들이고 이 점을 개방적으로 함께 정식화하는 사람입니다.

네, 선생님의 제안을 조금만 약화한다면, 거의 다 동의합니다. 저는 단지 사람들이 특정한 일을 잘할 수 있다고 봅니다. 생업을 잘 꾸려가거나 좋은 경찰이거나 다루기 힘든 상황에서 능수능란하게 행동하거나 좋은 이론을 쓰거나 좋은 예술을 하는 것 등이 이에 속하지요. 그래서 이렇게 묻고 싶습니다. '모범이 되는 행동이 있는가?' 그러나 다른 사람에게 '당신도 그렇게 하세요! Macht es doch auch so!'라면서 부과적이고

과하게 끼어들어 제안하면 다시 문제가 됩니다.

> **그러나 커뮤니케이션하기 위해서, 또 그것이 수용되기 위해서는 모범적인 행동이 상징적으로 준비되어야 합니다. 이러한 학습된 상징 처리는 단순히 '무언가를 잘하는 것'과는 구별됩니다.**

맞습니다. 예를 들면 문서로 제시하는 것에는 존재 양식을 표기하는 간단한 기술이 있습니다. 아이러니하거나 이해하기 어렵거나 도덕적이기만 하거나 특정한 문제와 관련되어 주의해야 하는 불안, 위험, 재난 또는 그와 유사한 것들이 있습니다. 그러나 그것이 특별히 지적인가요? 책임과 생활을 설계하는 결정이 매우 개인화됨에 따라서 우리 사회가 모범을 쉽게 받아들이거나 유혹에 약하다고 전제할 수 있다면, 이는 일상적인 층위에 있는 것으로 지극히 정상이라고 할 수 있습니다. 청소년 문화나 청소년 센터에서도 다른 이들에게 영향을 끼치며 언론과 매체에 연속적으로 노출되어 더 넓은 범위의 지역에까지 영향을 끼치는 사람들이 있습니다. 그래서 더욱 지적으로 될 가능성을 이 문제에 부과할 수 있고, 그렇게 파슨스가 '상황의 정의'라고 말한 그 근방에 도달하게 된다고 말할 수 있을 것입니다.

> **정리하면, 선생님과 지식인 개념은 양가적으로 마주한다**

는 인상을 받습니다. '지성'에 대한 공감과 편향이 있지만, 동시에 의구심도 상당하지요. 사회학 측면에서 지식인을 한 번 더 근본적으로 제시하고 해명할 가치가 있는 대상으로 보지는 않으시지요?

사람들은 많은 일에 몰두할 수 있습니다. 그렇게 자연스럽게 오늘날 지식인의 가능성에 몰두할 수도 있습니다. 저는 우리 사회에 관한 어떤 부분을 지식인의 설명으로 경험할 수 있다는 데 큰 의미가 있다고 보지 않습니다. 반대로 말해보겠습니다. 지식인의 위치를 특정하기 위해서는 사회에 대한 인식을 실제로 가져야 합니다. 거기에는 이미 수많은 판단이 포함되어 있고요. 가령…….

지적인 방식으로요.

그렇습니다. 하지만 너무 까다롭게 말할 필요는 없습니다. 단순하게 이론적인 방식이라고 할 수도 있습니다. 다시 말해 특정한 도구로 작업하기를 바라고 또 할 수 있는지, 이론적인 맥락을 수용할 것인지 거부할 것인지를 확실히 결정하는 것입니다……. 그런 점에서 그 방식은 부차적인 질문일 뿐입니다. 저에게는 지식인을 다루거나 저 자신을 — 바로 그것이지요! 저야말로 마지막일 테지요! — 지식인으로 다루는 것보다 중요한 일이 있습니다. 그보다 우선적으로 처리해야

하고, 역설적으로 말하면 저 역시 지식인의 더 중요한 과제
라고 생각하는 일이 많기 때문입니다. 우리 사회를 비교하는
기술의 가능성을 모두 이용하는 것이 그중 하나입니다. ◆

3장

인간의 삶에 관하여[1]

진행 · 매릴레나 카마르다Marilena Camarda[2]
알레산드로 페라라Alessandro Ferrara[3]
주세페 시오르티노Giuseppe Sciortino[4]
알베르토 툴루멜로Alberto Tulumello[5]

선생님께서는 구유럽 문화 전통에서 인본주의 극복이 필요하다는 테제를 주장하셨습니다. 대의제 민주주의는 인본주의의 측면을 지니지 않았나요?

우리가 해방 개념 또는 해방이라고 상상하는 개념에는 대의제 민주주의를 기능하게 하는 것과 그 성공 조건에 관련해 몇몇 오해가 있다고 생각합니다. 우리가 해방의 주요 흐름과 해방에 관계된 인본주의적인 목적으로 대의제 민주주의를 생각할 때, 이미 그 개념에 대한 전형을 투사하는 것이고 따라서 정치적으로 전체주의의 길에 들어서는 것입니다.

선생님의 의견을 따른다면 대의제 민주주의의 목적은 무엇이어야 할까요? 우리는 가치 전제와 결부된 대의제 민주주의를 생각해야 하지 않을까요?

특정한 의미에서 대의제 민주주의는 얼마나 개방적이고 유연한지 그 상태가 문제일 뿐, 그 목적은 문제가 아닙니다. 근대사회에서는 선택적인 수행을 하는 결정 과정의 가역성, 언제나 새롭고 상이하게 구별할 수 있으며 더욱더 넓은 선택 영역을 유지하는 것을 민주주의라고 말할 수 있을 뿐입니다. 이런 의미에서 민주주의는 관료제와 결정장決定場을 한정하는 정치 경향에 대항하는 메커니즘으로서 대항메커니즘Gegenmechanismus입니다. 지속적인 논의를 새롭게 개시하는 이런 메커니즘이 없다면, 체계는 봉쇄되면서 텅 비기 시작합니다. 이 메커니즘으로 민주주의는 더 어려워지지만, 또한 가능하게 됩니다.

> 선생님께서는 사회적 체계와 심리적 체계가 분석적인 관점에서 서로 환원될 수 없다고 주장합니다. 그에 더해 두 체계의 관계는 언제나 체계와 환경의 관계 형식을 갖는 것이고요. 사회적 체계는 심리적 체계의 환경이고, 심리적 체계는 사회적 체계의 환경이라고 말입니다. 자연과 이 두 체계 간 교환 관계가 무엇을 의미하는지 더 정확하게 말씀해주실 수 있나요?

당연히 이 문제는 여러 관점으로 관찰할 수 있습니다. 그중 하나이자 매우 중요한 것으로 언어가 있습니다. 루트비히 비트겐슈타인Ludwig Wittgenstein과 프리드리히 슐라이어마허

Friedrich Schleiermacher의 맥락으로 볼 때 개인과 심리적 체계의 사고에서 언어의 의미에 관한 포괄적인 논쟁이 있습니다. 작동 양상이 의식인 심리적 체계와 작동 양상이 커뮤니케이션인 사회적 체계 간의 차이를 염두에 두면, 심리적 체계에서 언어의 의미에 대한 다른 접근을 확인할 수 있습니다. 어떤 순간에 어떤 것을 형식적으로 생각할 때 자신의 내면에서 말을 걸어오는 것이 아무것도 없기 때문에, 저는 사고가 실제로 내적인 담론이라고 생각하지 않습니다. 사고는 이런 식으로 곧바로 이어서 생각할 수 있는 것을 한정하고, 바로 다음의 내부 사건을 찾습니다. 사고는 상응하는 구조에 따라 다른 동일성을 따르는 형식적인 발언을 하지 않아도 표상을 통해 이념이나 표상을 재생산하는 기초 메커니즘일 뿐입니다. 의식은 계속해서 나아가고 또 나아갑니다. 그리고 바로 다음 사건을 찾습니다.

사고가 내부 언어를 의미하지 않는다면, 사회와 분리되어 고유한 동일성을 형성하는 개인을 생각할 수 있을까요?

아니요, 적어도 그 자체로 복잡한 동일성을 갖는 개인은 생각할 수 없습니다. 오히려 언어가 커뮤니케이션적인 기능뿐 아니라 내적인 복잡성을 구축하는 기능을 상당히 갖고 있습니다. 언어가 없으면 매우 복잡한 심리적인 과정은 결코 있을 수 없습니다.

그러나 언어는 근본적으로 사회 현상이 아니지 않나요?

네, 분명히 그렇지요. 심리적 체계와 사회적 체계의 분리는 상호 독립성을 의미하지 않습니다. 제가 의식의 '자기생산 Autopoiesis'이라고 명명한 메커니즘은 커뮤니케이션 메커니즘과 구별되며, 거꾸로 커뮤니케이션은 의식의 사실로 환원될 수 없습니다. 타아alter ego로서 다른 이의 의식은 저에게 직접 도달하지 않습니다.[6]

그렇게 결정적으로 관계는 언어에 기반하게 됩니다.

저 역시 그것이 근본적인 지점이라고 생각합니다.

심리적 체계와 사회적 체계 사이의 교환에서 병리적인 형식을 인식하는 것은 가능할까요?

이 문제에 대해서는 여러 답변이 있습니다. 심리적 체계의 관점에서 병리학을 말한다면, 하나의 질문을 제기하는 것이지요. 만약 사회적 체계의 관점에서 병리학을 말한다면, 그것은 또 다른 질문을 제기하는 것입니다.

예를 들어 개인의 관점에서 말한다면······.

가령 정신 분열증이나 이중 구속이 있습니다. 그런 경우 사회적 커뮤니케이션은 개인이 명확하게 결정할 수도 없고, 일관된 정체성을 유지할 수도 없는 이중의 차원이 됩니다.

이중 구속의 경우, 개인에 대립하는 사회적 상황이 지배적인가요?

잘 모르겠습니다. 그러나 분명히 개인은 그런 상황에서 행위를 할 수 없습니다. 그 상황은 개인이 결정을 내릴 때마다 언제나 개인의 고유한 정체성을 위협합니다. 자신의 전기를 쓴다면 고유한 전기를 쓰지 못할 것이며, 쓴다 해도 적어도 일관되게 쓰지는 못할 것입니다. 그러나 이뿐만이 아닙니다. 너무 복잡해 어떤 결정도 하지 못하는 심리적 체계에 대해서도 말할 수 있습니다. 이런 심리적 체계는 사회 생활에 참여할 수 없기에 병리적입니다.

심리적 체계와 사회적 체계 사이의 교환에 대한 질문으로 돌아가보겠습니다. 최적의 교환 관계는 무엇인가요? 그리고 결함이 있는 관계란 무엇을 의미할까요? 가령 그 두 체계의 통합에 대해 말할 수 있을까요?

그에 대해 매우 일반적인 개념으로 답을 하기는 어렵습니다. 예를 들어 상이한 사회적 체계는 상이한 인격 유형을 요구

한다고 말할 수 있습니다. 저는 '사회적 체계와 심리적 체계
의 관계에서 최적의 형식이 무엇인가?'라는 질문에 하나의
답을 찾을 수 있다는 데 회의적입니다. 만약 그렇다면 그것
은 실제로 훨씬 추상적일 것입니다.

> 경험적인 지표의 관점에서 질문을 던지겠습니다. 다양한
> 사회에 직면해 심리적 체계와 사회적 체계 간의 가장 타당
> 한 관계를 원한다면 어떤 지표에 주목하시겠습니까? 심리
> 적 체계가 사회적 체계와 가장 잘 통합된 사회에 대해 묻
> 는다면 새삼 어떤 사회에 주목하시겠습니까?

통합이라는 개념은 여기서 전혀 사용될 수 없다고 생각합니
다. 그것은 사회적 체계와 심리적 체계를 통합한 슈퍼 체계
의 한 방식을 생각할 때 말할 수 있습니다. 오히려 저는 개
인이 더 이상 사회로 통합될 수 없고, 바로 이런 이유에서 체
계 안정화의 어려움을 겪을 수 있는 사회 발전을 생각합니
다. 같은 의미에서 진화의 막다른 골목에 봉착했다는 가능성
이 있습니다. 하나의 사례는 교육 체계의 상황입니다. 개인
은 18세까지만이 아니라 23세까지, 더 나아가 30세까지도
학교에 다닙니다. 수업에 참가하고 필기를 하다가, 그사이
에 성인이 되어 학교와 무관한 것들과 관계하면서 가장 좋은
시간을 흘려보냅니다. 나중에 그들은 현실과 일치하지 않는
기대를 키우게 됩니다. 예를 들어 한 학급 안에서의 전형적

인 경쟁 상황 — 교사가 조절하고 성취가 구별되며 보상이 배분되는 상황 — 은 나중에 현실에서 직면하는 상황과 다르지요. 그렇게 되면 적응하는 것을 배우기가 그리 간단하지 않으며 매우 비판적이거나 매우 낙담하게 되고 이미 낙담했을 수도 있습니다.

체사레 루포리니Cesare Luporini는 《부활Rinascita》의 한 인터뷰[7]에서 다음과 같이 간명하게 주장했습니다. "결정적인 지점은 체계로서의 사회 개념이며, 또한 카를 마르크스에게 있어 체계적인 측면이다. 거기에 루만과의 대립이 있다. 루만은 사회적 신체, 집합체라는 사회 이념을 거부했다. 마르크스가 그 이념을 거부한 것처럼, 그는 그 이념을 거부한 것을 알지 못한 채 그러했다. 사회는 개인들의 집합체가 아니며 관계들의 체계이거나 관계들 전체의 전체이다. 마르크스는 루만과 마찬가지로 개인을 이런 전체로 해소한다고 생각하지 않았다. 개인은 어떤 사회에서든지 환원될 수 없는 어떤 것이다." 선생님께서는 이런 마르크스주의적인 접근을 수용하는지, 그에 상응해 마르크스에게 있어 '체계적 측면'과 개인의 사회로의 환원 불가능성을 말할 수 있는지 알고 싶습니다. 조금 더 일반적으로 선생님의 사회학과 마르크스의 사유는 어떤 관계가 있을까요?

질문의 마지막 부분은 상당히 복잡합니다. 첫 부분과 관련해서는 루포리니가 그의 초기 입장을 변경하면서 수렴하는 지점이 흥미롭습니다. 마르크스는 사회가 집단화된 개인들로 형성된 것이라고 생각하지 않으며, 매우 자주 커뮤니케이션 개념 — 예를 들어 캐나다 인민과 관련해 그는 공간적인 거리와 인격적인 이웃 관계의 결핍을 매우 두터운 커뮤니케이션 네트워크로 보충할 수 있다고 관찰했습니다 — 이라고 생각했습니다. 그럼에도 저는 적어도 개인과 사회를 관찰하는 마르크스주의적인 방식에 놓인 인간주의적인 특징에서 실질적인 차이가 있다고 생각합니다. 제가 올바르게 이해했다면 마르크스는 인간성의 일반적인 과제라는 이념, 어떤 식이든지 인간 본질에 더 잘 상응하는 상태로 발전해야 할 사회의 인간주의적인 목적 — 그 방식이 자동적인지 아닌지, 혁명적인지 아닌지에 대한 논쟁은 분분하지만 — 이라는 이념을 모든 헤겔주의자와 공유하고 있습니다. 이는 《정치경제학 비판 요강Grundrisse der Kritik der politischen Ökonomie》[8]에서 매우 분명히 나타납니다. 사회는 더 큰 보편성으로, 우리 각자의 인간성을 언제나 더욱 충족시키는 보편성으로 발전한다는 것이지요.

그렇다고 하더라도 마르크스의 주장이 사회의 진화를 더 큰 보편성으로의 진화로 여긴 진화이론이라고 주장할 수는 없지요?

보편성, 그렇지요…….

이는 진화이론에서 결정적인 기준이 아닌가요? 그저 우연이라고 할 수만은 없지 않나요?

네, 그러나 거기에는 하나의 차이가 있습니다. 본래 의미에서 진화이론은 복잡성이 증가하고, 비개연적인 사건이 개연적이고 정상적이며 심지어 익숙한 사건으로 전환하는 하나의 차원으로 진화를 이해합니다. 진화이론은 인간 존재가 더욱 행복하거나 더욱 행복해진다고 또는 사회 체계의 최종 산물이 인간성의 의미에 더 적합하다고 말하는 이론이 아닙니다. 이 점에서 마르크스는 찰스 다윈Charles Darwin 이전의 성격을 갖습니다.[9] 오늘날 우리는 복잡성의 증가라는 개념에서만 진화를 관찰할 수 있습니다.

자연 진화에 대한 설명으로 체계이론을 사용하는 것과 사회 진화에 대한 설명으로 체계이론을 사용하는 것 사이에는 근본적인 차이가 있습니다. 자연 진화의 경우, 체계의 성공이나 실패는 환경과의 관계에서 명백하게 한 종種의 생존이나 절멸로 측정될 수 있습니다. 한 사회에서 생존이나 절멸이 무엇을 의미하는지 실제로 명확하지 않은 사회 진화의 경우 논의가 더 복잡해집니다. 재생산하기에 충분한 수의 사회 구성원에게 생존은 필요조건이지만 충분조

건은 아닙니다. 또한 사회의 동일성은 문화적 가치, 그 '생활 세계Lebenswelt'의 무결함에 의존합니다. 이는 인과적인 설명보다 오히려 해석학적인 이해에 상응하는 사태로 보입니다. 선생님의 체계이론에서는 이 문제를 어떻게 다루나요?

사회의 유형학을 발전시키고 체계이론을 여기에 적용하면, 그에 대해 대답할 수 있을지 모르겠습니다. 우리는 분절화된 사회, 계층화된 사회, 또는 기능적으로 분화된 사회에서 사회가 생존하는지 그 차이에 대해 말할 수 있습니다. 그렇게 되면 이제 질문은 더 이상 한 사회가 생존하느냐 아니냐가 아닙니다. 그보다 한 사회가 특정하게 구조적으로 비개연적인 발전 단계에서 어떻게 생존하는가의 여부입니다. 아메리카 대륙 콜롬비아의 원주민 사회처럼 계층화된 사회 단계에서 분절화된 사회 단계로 되돌아가는 사례와 같이 진화에 반하는 경우도 있습니다. 우리의 문제는 다음과 같습니다. 근대사회가 생존할 수 있는가, 근대사회는 기능들 간의 수평적인 분화에 기반한 기능적으로 분화된 사회로서 생존할 수 있는가, 또는 조직에 기반한 계층으로 되돌아가는가 하는 것입니다.

해석학과 의미에 따르는 지향 구조와 관련해 주목하고 싶은 점이 있습니다. 저는 체계 분화의 구조와 제가 의미론이라고 명명한 것에 관계가 있다고 생각합니다. 분절화

된 사회에서 계층화된 사회로, 전통사회에서 근대사회로의
이행에는 의미 구조의 완전한 전환이 있다고 할 수 있습니다. 저의 연구에서 이론적인 매듭 지점 중 하나는, 전통사회에서 근대사회로의 이행이라는 의미론과 진화 간의 유사성입니다. 이런 매듭은 사회의 진화이론으로 풀 수 있습니다.

> 선생님의 생각을 올바르게 이해한다면 '진화 개념에서 진보는 무엇인가?'라는 질문에 답할 수 있습니다. 진화 개념에서 다양한 사회의 분화 표준을 관찰하게 되며, 그 점에서 보면 분절적 분화의 단계로 되돌아가는 사회가 사라졌다고 말할 수 있지요. 하지만 다른 전망에서 이렇게 질문할 수 있습니다. '한 사회의 생존이나 소멸에 관해 분명하게 규정할 수 없을 때, 동어 반복에 빠지지 않고서 어떻게 기능적인 개념들로 하나의 제도나 행위의 표준들을 설명할 수 있는가?' 어떤 제도나 그 밖의 패턴에 과제를 할당하는 각각의 이론적 위치도 순환적입니다. 특히 주어진 제도가 한 체계의 생존이라는 특정한 필요를 충족할 때, 그런 이유에서 그 체계가 존재하며 생존해야 한다고 할 때 그렇습니다. 한 번 더 묻고 싶습니다. 선생님의 이론은 이를 어떻게 설명하나요?

분명히 맞는 지적입니다. 저의 출발점은 이런 막다른 골목에서 하나의 출구를 모색하는 것이었습니다. 기능주의적인

이론의 정식화는 인과적인 설명 방법이 아니라 대안을 모색하는 방법입니다. 한 사회가 생존할 수 있는가 그렇지 않은가 하는 것은 여러 대안 중 하나입니다. 하지만 어떻게 무엇으로 사회가 생존하는가, 즉 계층화된 사회나 절화된 사회 또는 기능적으로 분화된 사회로 사회가 생존하는가를 살펴보는 것 역시 필요합니다. 이는 여러 대안을 비교하는 하나의 기술이지, 적합한 것에 대한 설명이 아닙니다. 최근 작업에서 저는 순환성으로부터 도움을 받고자 했고 그에 따라 자기재생산, 자기생산 이론의 개념에서 순환성을 사회적 체계의 특징으로 간주합니다.[10] 이런 의미에서 사회는 사회적 활동의 재생산이 성공하는 방식에 따라 존재합니다. 특정한 의미에서 사회는 순환하는 체계이며, 그 대상을 재생산하는 체계이자, 그 순환성을 계속 진행하는 체계입니다. 방법론은 이렇게 순환하는 대상에 부합해야 합니다.

사회학자 아킬레 아르디고Achille Ardigò는 다음 내용을 썼습니다. "(초월적이고 윤리적으로 탁월한 통일성의 주체로서 이해된) 인간에서 시작해보면, 루만은 경제적으로 가장 진보되고 가장 복잡한 나라에서 사라져버릴지 모른다면서 인간의 본질을 사물화한다. 또한 이제 그 주체성을 잃고 많은 경험적 주체에 부과되는 규칙들의 연결로 환원하는 개념이 될지 모른다면서 주체를 사물화한다. 그러나 오늘날 사회 체계의 객관적인 기반 안에 있는 지하 저항

세력[11]처럼 규칙 바깥에서 생동감 있고 비밀스러운 많은 경험이 활발히 펼쳐진다는 것을 루만은 모르는가?"[12]

가장 큰 문제는 구체적인 개인의 층위와 개인을 기술하는 학문적이고 철학적인 층위라는 상이한 두 층위 간의 혼동이라고 생각합니다. 당연히 저는 구체적인 개인이 그 자체로 더 이상 존재하지 않는다고, 그런 개인이 사라지거나 없어진다고 말하는 것이 아닙니다. 인간 존재의 자율성이라는 특정한 개념으로 개인을 통일성으로 보는 전통적인 기술이 오늘날 학문의 발전에 더 이상 부합하지 않는다고 말할 뿐입니다. 화학적이거나 유기적인 과정의 복잡성 또는 그 기능 작용에 대해 모호하게만 알고 있는 인간 신체라는 거대한 분자 체를 생각한다면, 그 관계가 매우 복잡합니다. 그 대신 복잡성 환원Reduktion von Komplexität의 관점에서 파악할 수 있는 정신적·유기적·신경물리학적·유전적 체계라는 상이한 체계들 간의 접촉점으로 인간을 개념화해야 합니다. 사회의 기술은 이런 새로운 차원에 적합해야 합니다.

　　윤리적 관점으로 질문을 번역하면 그 말씀은 이마누엘 칸트의 입장과 비교해 토머스 홉스의 입장을 선호하는 듯 보입니다. 즉 '모든 것은 그 대가가 있다'는 홉스의 입장을 '인간을 합리적인 존재로 보면서 언제나 수단이 아닌 목적으로 여긴다'는 칸트의 입장과 비교할 때 그렇지요. 선생

님께서는 첫 번째 입장을 더 선호하는 것 같아요. 아니면 적어도 선생님의 말씀은 홉스와 가까운 진화 유형을 가리키는 것으로 보입니다.

네, 칸트의 정식화와 홉스의 정식화 중에서만 선택할 수 있다면 말이지요. 인간의 삶에 중요한 물질적 기초라는 관점에서 볼 때 그렇습니다. 그런데 적어도 저에게는 이론의 핵심이 아닌 경험적인 것과 초월적인 것의 차이를 수용하는 경우 그 기초는 부정되어야 합니다. 구유럽적 사고와 주체에 관한 인간주의적 이념 사이에서 선택할 때, 중요한 점은 우리가 발전시킬 수 있는 사회학이론의 유형과 관련됩니다. 우리는 개인이나 개인이 될 수 있는 것, 또는 개인이 되고 싶어 하는 개인을 관찰해야 합니다. 그뿐 아니라 그 모든 것의 사회적인 결과 역시 관찰해야 합니다.[13] 사회적 현실의 학문으로서 사회학은 인간 현실을 기술하는 데 적합해야 합니다. 체계이론의 개념으로 보자면 이는 자기생산하는 체계들 사이를 구별하고, 어떻게 한 체계가 다른 체계에 적합한지 바라볼 때 가능하지요.

선생님께서는 개인에 대해 한편으로는 고유성과 '권리들'에 기반하고, 다른 한편으로는 타자의 모방에 기반하는 두 가지 전략을 말씀하셨습니다. 특히 '타자의 복제Kopieren des anderen'가 무엇인지 더 정확하게 설명해주시겠어요?

두 전략은 권리들을 추구하는 것, 그리고 타자를 복제하는 것이지요. 1759년에 초판이 출간된 《독창적 구성에 관한 추론*Conjectures on Original Composition*》을 쓴 에드워드 영*Edward Young*으로 거슬러 올라가는 문학적인 전통이 있습니다. 초판이 출간된 이래로 지금까지 유럽 문화에서 논의되는 저작이기도 하지요. 이 논의에 따르면 복제는 순수한 모방으로 간주되는 반면, 고유한 존재는 실제로 인간적인 존재입니다. 그것은 18세기에 제시된 고유성과 모방 간의 차이이론에 기반하는 자연의 모방이라는 고전적인 형상과 관련됩니다. 19세기에는 인간이 순수한 모방자라는 관념이 지배하게 됩니다. 고대 세계에서는 자기 자신을 형성하는 모델을 사람들이 사용하는 것을 그 누구도 생각할 수 없었지요. 그런 의미에서 '개인주의'와 '복제' 간의 잠재적인 관계가 있습니다. 그것은 개인이 결코 무無에서 자기 자신을 창출할 수 없다는 의혹과 더불어 개인주의와 함께 출현한 이념입니다. 마치 신이라도 된 것 같은, 무에서의 자기창조는 신성 모독이기도 합니다.

이런 사유의 전통에서 유전적인 재생산에 대해 어떻게 생각하십니까?

사회생물학으로 제가 할 수 있는 것은 아무것도 없습니다.

그렇다면 선생님께서는 어떤 사유의 전통에 속하십니까?

독창성의 전통인가요, 모방의 전통인가요?

우리가 복잡한 인격이라는 점을 논외로 하면 모방에 대한
대안은 없다고 생각합니다. 우리가 하고자 하는 모든 모방
은, 원본과 비교할 때 다소 다른 어떤 것이 됩니다. 우리 자
신에게 적응하기 위해 우리는 외부에서 오는 이념을 수용
합니다. 질문은 다음과 같은 것이지요. 가령 마담 보바리
Madame Bovary[14]처럼 누군가가 삶의 전체 체계를 모방하고 전
체 삶을 모방하는 것이 중요한지, 아니면 삶의 체계에서 몇
몇 요소를 모방하는 것이 중요한지 말입니다.

> **선생님께서는 장자크 루소의 "인간은 자유롭게 태어나 어
> 디에서나 쇠사슬에 묶여 있다"라는 구절을 인용하셨습니
> 다.[15] 인간을 모방으로 환원하기 때문에 루소의 생각은 사
> 회에 의해 선고되는 것입니다. 사회에서 그런 일이 벌어지
> 지 않아도 사회는 존재할 수 있나요? 그것은 바람직한 사
> 회일까요?**

이는 타인의 모방과 명확히 대립하면서 개인은 그 자체로 개
인이어야 한다는 18세기의 전형적인 관점에 대한 극단적인
대안입니다. 실제로는 모방하지 않고서는 누구도 살 수 없습
니다. 모방할 수 없는 고유한 존재가 인간이라고 믿는다면,
이는 고유해야 한다는 이념을 모방한 것입니다. 인간이 천

재가 되고자 한다면, 이는 천재라는 존재에 대한 19세기 이념을 모방하는 것이지요. 그에 대해 저는 특히 1960년대와 1970년대의 사회학이론은 이 중 하나의 관점만 받아들이고, 이런 전통에서 다른 하나의 흐름을 고립시켰다고 생각합니다. 저는 해방을, 인간의 자기실현을, 그리고 이를 가능하게 하는 조건을 생각하는 전통인 칸트와 요한 고틀리프 피히테 Johann Gottlieb Fichte를 떠올립니다. 그에 반해 저는 다른 전통 유형도 있음을 환기하고자 합니다. 사회학은 그중 하나의 관점만을 선택했지만 말입니다. 이 두 전통의 결합이 우리에게 더욱 도움이 된다고 생각합니다.

> 최근 작업에서 위르겐 하버마스는 소통적인 행위의 개념과 그 특수한 내적 논리를 정초하고자 했습니다.[16] 선생님께서는 사회적 행위와 사회 변동 과정이 소통적인 행위와 어떤 연관 없이, 즉 전략적 행위에만 기반하여 해명될 수 있다고 생각하십니까? 체계이론의 관점에서 상호 이해하는 직접적인 행위의 개념을 받아들일 수 있나요?

언제나 그것은 중대한 용어상의 문제이자 개념적인 문제였습니다. 매우 일반적인 커뮤니케이션 개념, 사회적인 모든 것을 염두에 두는 개념이 필요하다고 생각합니다. 커뮤니케이션은 사회적인 것의 정수와 같습니다. 직접 정보를 전달하는 커뮤니케이션과 직접 상호 이해로 소급하는 커뮤니케이션을 구별하는 것은 불가능합니다. 당연히 커뮤니케이션 그 자체로 누군가와 상호 이해로 연결된다는 생각은 잘못된 것입니다.

상호 이해 없이 커뮤니케이션한다는 것은 무슨 의미입니까?

이해 개념은 거절 또는 성공에 대한 기대라는 두 수준을 포함합니다. 첫 번째 수준은 커뮤니케이션 과정이 수신자에게 도달하는 가능성과 관계됩니다. 그러나 두 번째 수준에서 커뮤니케이션의 이해는 커뮤니케이션이 받아들여진다는 것을 함축하지 않습니다. 특정한 의미에서 커뮤니케이션 과정은 선택을 다시 가능하게 하거나, 커뮤니케이션을 예상하고 구조화해서 상대가 긍정이나 부정을 말할 수 있도록 하는 과정입니다.

의사소통 행위 또한 전략적인 행위의 한 측면입니다. 그렇다면 말이나 다른 수단으로 성공을 추구하는 것은 부차적인가요?

저는 의사소통 행위가 특별한 유형의 행위라고 생각하지 않습니다. 성공의 개연성을 예상하고, 또한 상대방의 긍정이나 부정이 개연적인지 아닌지 결론짓는 것은 커뮤니케이션에서 본질적입니다. 하버마스의 개념에서 의사소통 행위의 구상 역시 이런 예상을 상정하지요. 어느 정도 동의를 추구하는 것 역시 전략적인 행위입니다.

> 선생님께서는 강연에서 일리야 프리고진Ilya Prigogine의 '산일散逸 구조dissipativen Strukturen'를 제시하셨습니다.[17] 선생님의 '복잡성 환원' 개념과 프리고진의 의미에서 산일 구조를 갖는 열린 체계의 자기조직적인 기능 사이의 연관성을 간략히 설명해주실 수 있나요?[18]

매우 복잡한 질문이네요. 프리고진은 사회과학자에게 모델이 될 만한 유형의 자연과학자에 속하지요. 저는 우리가 자연과학적인 모델을 충분하게 사용할 수 있다고 생각하지 않습니다. 자연과학과 사회과학 간의 유비Analogie라는 의미가 아니라, 자연과학에 고유한 관찰 도식 방법을 사용한다는 의미에서 그렇습니다. 일반적으로 보자면 에너지라는 용어 사용에 문제가 있습니다. 프리고진의 전체 이론은 에너지 개념에 기반하고 있지요. 반면 저는 사회학적인 이론을 의미 개념 위에 근거로 삼고자 합니다. 얼마나 다르든지 간에, 에너지에 의존하는 산일 구조는 의미에 의존하는 산일 구조와 매우 유사할 수 있습니다. 저는 의미를 하나의 잉여이자 지시의 과잉으로 봅니다. 또한 활동의 잉여이자 연결을 놓치는 특정한 위험을 안고 참여할 수 있는 경험의 잉여라고 생각합니다. 행위하기 위해서는 복잡성의 환원이 필요합니다. 저는 의미가 선택성을 강제하며, 선택 영역을 제약하는 구조적 제한을 포함하거나 강제한다고 주장합니다. 이런 점에서 의미에 의존하는 산일 구조는 특정한 방식으로 에너지에 의존하는 산일 구조와 유사합니다. 하지만 당연히 의미는 에너지가 아니며, 에너지 역시 의미가 아닙니다.

의미는 에너지가 아니며 에너지는 의미가 아니지만, 의미는 행위 및 커뮤니케이션과 특정한 방식으로 상관관계가 있거나 있어야 합니다. 에너지 역시 정보 및 커뮤니케이션과 상관관계가 있는 엔트로피entropy와 상관관계가 있습니다. 커뮤니케이션의 애매함을 말할 때 '커뮤니케이션의 비개연성'[19]과 산일 구조로 형성된 질서의 비개연성의 관계를 생각하셨나요?

사회적 체계이론에서 엔트로피라는 이념을 커뮤니케이션과 의미 개념에 기반해 재구성할 때, 저는 그 안에서 모든 의미가 동등하게 개연적인 상태를 엔트로피라고 말합니다. 모든 것은 구별 없이, 다른 것보다 개연적인 어떤 것이 되지 않고 생길 수 있습니다. 모든 임의의 미래 사건은 다른 모든 것과 마찬가지로 개연적입니다. 커뮤니케이션의 기능은 가능성의 공간을 열고, 동시에 상대에 의해 일관성을 지닌 행위의 결과로 관찰될 수 있는 결정으로 행위들 간의 결정 영역을 제한하는 것입니다. 엔트로피라는 용어는 특히 정보이론에서 양적으로 사용됩니다. 반면 저의 복잡성 환원은 질적인 이론이기에, 이 용어 사용을 주저하게 됩니다. ◆

4장

시칠리아에서의 인터뷰[1]

진행 · 델리아 파리넬로Delia Parrinello[2]

이 대담은 인터뷰라기보다 고무보트를 타고 섬 위에 높이 솟은 '니클라스 루만'이라는 거대하고 난해한 '이념 요새Ideenfestung'로 향하는 노 젓기이다. 이렇게 고도로 복합적인 인물에 정박할 만한 장소를 찾는 일은, 이해를 방해하는 이중 번역이라는 거품과 파도 속에 있다. 활짝 트인 봄 하늘 아래, 루만이 참가했던 학술회의 '개인, 집합성 그리고 국가'가 열린 몬델로[3]에 위치한 팰리스 호텔의 한 테이블에는 독일인 한 사람, 이탈리아인 한 사람, 그리고 통역자 한 사람이 있었다.

사람들은 매우 교활하고 부유한 기독교민주주의자인 한 사람의 이론가를 바라지만, 루만은 아방가르드-보수주의자Avantgarde-Konservativer이다. 그는 구유럽에서 태어났지만 사유의 광년光年을 통과한 보기 드문 신합리주의자이다. 하지만 루만은 독일 기독교민주연합Christlich Demokratische Union(약칭 기민당)에 동의한다는 것을 인정하지 않았다. 적어도 아직은 아니다. 왜냐하면 그는 이 정당이 오늘날까지 조직적이고 구조화된 어떤 프로그램도 정식화하지 않았다고 말했기 때문이다.

선생님께서 '구유럽'이라고 명명한 것은 무엇과 구별됩니까?[4]

무엇보다 저는 구유럽의 인간중심주의에 비판적입니다. 급진적인 전환점이 된 18세기에 근대가 출현했습니다. 우리에게 이런 변화를 계속 진행할 능력이 있습니까? 다시 말해 어떻게 그토록 자주 변화하는지를 과거의 개념들로 파악할 수 있을까요? 21세기에도 여전히 우리가 자연·인간·도덕·이성과 같은 개념으로 말한다면, 우리는 전체의 '의미'를 상실하게 됩니다. 그것이 우리의 위기입니다. '의미의 상실 Sinnverlust' 말입니다.

그렇다면 사랑 역시 구유럽적인 개념입니까? 선생님께서는 사회학자 프란체스코 알베로니Francesco Alberoni[5]의 저작《사랑에 빠지기와 사랑Innamoramento e amore》이 보여주는 사랑에 대한 지중해적인 테제를 기각하고, 친밀성이라는 상징적 코드를 제안한 책을 쓰셨습니다. 선생님께 사랑이란 무엇인가요? (루만은 거의 겁게 그을렸다. 태양과 온화한 기후 때문에 그가 조금 더 인간적으로 보였다.)[6]

사랑은 상대방의 눈으로 세계와 자기 자신을 체험하고, 그

에 상응하게 행위하는 능력입니다.[7]

친밀성의 코드는 무엇입니까?

사회학적인 관점에서 보자면, 사람들은 그들이 사랑에서 무엇을 기대해야 하는지 알아야 합니다. 사람들은 사랑의 상황에서 어떻게 행동해야 하는지 배울 수 있는 소설이나 영화, 문화적 제도로부터 얼마간 기대해야 할 것이 무엇인지 알고 있습니다. 사람들은 감정이 아니라 신호화되고 커뮤니케이션되는 태도와 언어로 사랑을 영위합니다. 저는 학생들과 행동 유형에 대해 토론한 적이 있습니다. 예를 들어 자신의 애인이 외투를 입을 때 도울 필요가 있는지에 관한 것이었습니다. 저는 그렇다고, 남자가 숙녀를 도와야 한다고 주장했습니다. 학생들은 아니라고, 그런 동작은 권력의 한 표현으로서 지배로 정의된다고 말했습니다. 그 토론은 계속되었고 코드화된 모든 형식이 분류되었습니다. 그럴 경우 사람들은 어떻게 사랑의 표지를 보여줄 수 있을까요? 우리는 사랑의 표지가 될 수 있는 것을 보여주는 것 외에는 다른 어떤 것도 없다는 결론에 도달했습니다. 몇몇 표준화되지 않은 형식을 발견하기는 했지만, 언제나 상대에게 도움이 되는 형식이 중요했습니다.

"바라는 것과 가치면 충분하다." 이것은 선생님의 문장입

니다. 선생님의 바람과 가치는 무엇입니까?

저에게는 영역별 개념에 구속되지 않는 간학제적인 접근, 추상적이고 이론적인 접근의 발전이 중요합니다. 이것이 저의 의무이며, 저의 가치입니다.

그렇다면 바라는 것은 무엇인가요? (루만은 먼바다를, 독일의 봄이 그렇듯이 너무도 찬란한 봄을 바라보았다.)

이번처럼 학술회의에 자주 초대받는 것 외에 달리 바라는 것은 없습니다. ◆

5장

그러므로, 사랑[1]

진행 · 디르크 베커[2]

선생님은 일종의 우수에 젖어 17~18세기에도 여전했던 귀족적 사랑의 세련미를 관찰하셨습니다. 사랑의 역사는 상실의 역사인지요?

아닙니다. 오히려 사랑의 역사는 고대사회에서 그리 기대할 수 없었던 세련미와 마찬가지로 섬세함이 구축된 역사입니다.

선생님께서는 어느 정도 연민을 가지고 이런 세련미가 오늘날에는 더 이상 존재하지 않으며, 또 오늘날의 사랑을 본질적으로 더 단순하게 보면서 완전히 다르게 실천된다고 보지 않으셨나요?

저는 사람들이 실제로 사랑을 더욱 단순하게 보는지는 확신하지 못합니다. 각 경우마다 문화적인 규정과 그에 따라 상상할 수 있는 것, 어떻게 사랑을 시작해야 하고 무엇을 기대할 수 있고 무엇을 바랄 수 있는지와 같은 사랑의 코드는 누구라도 고려할 수 있게 통속적이어야 하며 귀족적인 요소에서 벗어나야 한다고 단호하게 말하겠습니다. 문해력의 증가, 학교 교육의 증가, 대중화된 언론 등과 더불어 전체 인구에서 통상적인 심리적 섬세함이 증가되었지요. 그렇기 때문에 17세기나 18세기보다 오늘날에 낮은 계층에서도 더욱더 문제로 느낄 수 있는 감수성과 역사적으로 새로워 보이는 상호 관계 양상을 발전시킬 수 있다는 점을 보아야 합니다.

사랑의 역사, 특히 섹슈얼리티의 역사는 종종 19세기를 20세기와 비교하면서 기술되었습니다. 그로부터 성적인 해방이라는 테제를 획득했지요. 이를 고려할 때 선생님의 시도가 갖는 장점은 무엇일까요?

우선 저의 작업은 역사적으로 과거로의 이동이지요. 낭만적 사랑을 말하면서 더 이상 소설처럼 황당한 사랑이 아니라 19세기 초반의 낭만주의자들이 소개한 것과 같은 사랑을 말하는 것으로, 사람들은 19세기를 여러 관점에서 지나치게 강조했습니다. 하지만 사랑의 코드에서 결정적인 새로움은 이미 17세기 중반부터 문화적인 표상으로 관철되었으며, 섹슈얼리티 문제는 특히 18세기에 중요해졌다는 인상을 받습니다. 또한 이런 표상은 길고 변화 가득한 역사를 가지며, 이런 역사는 주로 계층에 따라 분화된 귀족적인 사회로부터의 분리와 연관된다는 점을 명확히 하는 데 역사적인 탐구의 장점이 있습니다.

> 선생님의 이론에서 정신분석적인 이론은 어떤 역할도 하지 않습니다. 이는 경계 설정이라는 사회학자의 필요성 때문인가요? 아니면 정신분석이 사랑의 의미론의 발전을 기술할 방법이 있나요?

우선 저는 정신분석가가 아니라 사회학자입니다. 우리가 말하고 있는 《열정으로서의 사랑: 친밀성의 코드화 *Liebe als Passion: Zur Codierung von Intimität*》에서는 사회라는 관계점이 결정적입니다. 즉 무엇보다 개별 인물이 사랑에 빠졌을 때 느끼고 생각하는 것을 다루지 않습니다. 또한 심리학적으로 주어진 것은 중요하지 않으며, 개별 인물이 바라보는 세계 역시 중요하지 않습니다. 그 대신 사태에 대한 사회의 기술과 사회가 제공하는 해석의 제안이 중요합니다. 정신분석적인 상담을 요구할 수 있고, 정신분석이 의견을 확장하는 방식일 수 있으며, 이것이 우리가 오늘날 사랑에 대해 생각하는 방식과 방법에 영향을 끼치지 않는 것은 아닙니다. 이 사실을 제외하면 심리학과 마찬가지로 정신분석 역시 어떤 역할도 하지 못합니다.

82

정신분석과 심리학이 사랑의 의미론에 유익하다고 보시는지요?

저는 그렇게 볼 수 있는지 모르겠습니다. 사랑의 의미론에 영향을 끼친 것은 확실하지만, 정신분석가의 해석과 오랜 문화적인 전통을 비교한다면 심리학과 정신분석이 어떤 이득을 가져다주었는지에 대해서는 회의적입니다.

사랑은 커뮤니케이션 매체입니다. 그럼에도 사랑은 비개연적인 커뮤니케이션을 기대하게 하지요. 그러나 사랑에는 커뮤니케이션 불가능성 역시 발견됩니다. 함께 이야기를 나누며 상대를 이해할 수 있는 가능성에 대해 우리가 갖는 커다란 희망의 관점에서 보자면, 이런 발견은 무엇으로 이어지고, 어떤 결과를 가져올까요?

18세기에야 완전히 그런 상황이 되었지요. 진실하다고 생각한 것을 전달하는 데 어려움을 겪거나, 질적인 판단의 커뮤니케이션 불가능성과 개인의 실제 경험의 커뮤니케이션 불가능성을 발견한 시점이 바로 18세기입니다. 특히 사랑의 의미론 영역에서 이 문제가 분명해졌습니다. 무엇보다 진실하다고 생각한 것을 실제로 어떻게 전달할 수 있는가, 또는 그것을 어떻게 설득할 수 있는가 같은 질문이 제기된 것입니다. 그와 관련하여 '진실함은 진정 커뮤니케이션이 될 수 있는가?'를 의심하면서 매우 깊게 파고든 흥미로운 문헌들이 18세기에 있었습니다. 달리 말하자면 진정한 사랑과 사랑으로 꾸며진 사랑 같은 것들을 다르게 볼 수 있는가, 즉 진정한 비사랑Nicht-Lieben 또는 꾸며낸 자기은폐와 꾸며낸 비사랑만이 커뮤니케이션될 수 있는가, 이런 차이는 단지 그때그때 경우에 따라 합의되어야 하는가 같은 것이지요. 그에 반대되는 것이 있는데, 실제로 이는 정신분석으로 되돌아가는 것이기도 합니다. 이런 정신분석과는 다른 "진실하기만 하면 곧 모두 좋아질 것입니다"라고 단순하게 말하는, 매우 피상적일 뿐인 치료적 처방이 오늘날 유행하고 있습니다. 이런 유행을 받아들이는 것에 대해서는 그 반대를 호소하는 방식이나 역사적인 반대 증거를 제시하고 싶습니다. 오늘날 우리의 도덕 표상에 매우 부합하더라도 저는 그런 처방이 매우 의심스러워 보입니다.

왜 커뮤니케이션 불가능성이 그렇게 곤란한 문제인가요? 사랑에 대해 진실하게 커뮤니케이션할 수 없을까요? 이 지점에서 연인들이 우회해야 하는 결정적인 곤경은 무엇인가요?

우선 일반적으로 커뮤니케이션은 다르게 발생할 수도 있는 정보를 전달합니다. 커뮤니케이션은 새로운 어떤 것이 되어야 하거나, 이전에는 확실하지 않았지만 이후에는 확실한 어떤 것이 되어야 합니다. 바로 이런 자기얽힘의 네트워크selbstgestrickten Netz에서 진실한 커뮤니케이션이 요청됩니다. 질적인 커뮤니케이션은 어떻게 가능할까요. 가령 잼을 두고 최상급 천연 과일에서 선별해 만든 제품이라고 말한다 한들, 우리는 그것이 좋은 잼이라는 데 여전히 확신을 갖지 못합니다. 진실한 사랑 역시 그렇습니다. "나는 너를 진심으로 사랑해"라고 말한다면, 이미 의심이 시작되는 것입니다. 그것은 표현 가능성으로 다시 강화될 수 없습니다. 커뮤니케이션에서 간단히 해결될 수 없는 설득의 문제이기 때문입니다.

선생님께서는 사랑의 절대성 요구에 반해 이성은 17세기에 그 보편성 요구를 더 이상 관철할 수 없다고 쓰셨습니다. 많은 독자가 이 분석을 사랑에 합리적으로 접근하는 전형적 사례로 이해할 것입니다. 학문적인 진리를 의도한 선생님의 분석이 이성과 어떤 관계가 있다고 보시나요?

우선 이성과 사랑 간의 갈등이 다루어지는 지점은 사랑을 철저하게 합리적인 어떤 것으로 다루어온 오랜 전통과 연관됩니다. 가정 안에서, 또 이성적인 근거 위에 운위되어야 하는 공동체 안에서 각자의 삶이 의존하고 있는 연대가 그랬던 것처럼 말입니다. 사랑의 비합리성이나 수동성 또는 감정적인 점에 대한 근대적인 강조는 이 전통과 대립합니다. 그래서 사랑에 대한 근대적인 강조가 발생한 이후에는 '이성적 사랑vernünftige Liebe'이 다시 생긴다고 더 이상 말할 수 없습니다. 우리는 연대를 말하지만, 이는 완전히 다른 것을 의미하지요. 그것은 이런 사태 자체에 대한 분석과 발견이 비합리적일 수밖에 없음을 의미하지는 않습니다. 그렇지만 하나의 뜻만 갖는 합리성을 의미하는 것도 아닙니다. 그것은 이성이나 분별력이라는 위대한 개념에 따르는 것이 아니라 객관적으로 타당한지, 그와 관련한 진술을 증명할 수 있는지, 이런 의미에서 참인지 묻는 질문에 따라서만 판단될 수 있는 완전히 정상적인 사회학적·학문적 연구입니다.

> '열정적 사랑amour passion'의 개념은 결혼하지 않는 관계를 위해 17세기에 나타났습니다. 비록 사소해지긴 했지만, 그 개념은 오늘날 결혼 생활을 위해 요구됩니다. 선생님께서는 '열정적 사랑'만으로는 자체적으로 형성되어 지속하는 결혼의 문제를 해결할 수 없으며, 오히려 문제를 첨예화하거나 심지어 문제를 초래한다고 쓰셨습니다. 이와 관련해 사랑을 다시 결혼에서 끄집어내고, 우정 집단이나 세계로부터 이른바 다정다감함을 요구하는 경향을 어떻게 이해할 수 있을까요? 단지 인격적인 세계를 구축하기 위한 이행일 뿐일까요?

우선 저는 무엇보다 본래 낭만주의에서의 열정의 이념이 의미를 상실했다고 생각합니다. 사람들은 열병에 걸린 어떤 것이든지, 폭력적인 어떤 것이든지, 통제 불가능한 어떤 것이든지, 들이닥친 것을 책임질 수 없는 어떤 것이든지 간에 이런 것들을 우선 '열정'이라고 말하고 있습니다.[3] 그래서 사람들은 건강해지기를 원하지 않는 환자처럼 사랑합니다. 이는 새로운 이념이 관철된 개념이지만, 결혼에서는 반드시 안정성을 보장하지 않았습니다.[4] 이미 낭만주의자들은 결혼을 그 안에서 사랑이 지속될 수 있는 하나의 형식으로 추구했습니다. 이런 목적으로 지속적인 사랑, 결혼 그리고 섹슈얼리티를 결합하고자 했지요. 즉 제도 개념으로 작업했던 것입니다. 오늘날 위기에 처한 것은 그와 관련한 기대들입니다. 한편으로 냉정하고 이성적이고 관대하고 이해심 가득한, 그런 식으로 지속되는 파트너 관계 개념이 있습니다. 그리고 낭만적 사랑은 그것이 어떤 식이든 구식이고, 시대에 뒤떨어졌으며, 결혼에 해가 된다고 주장하는 문헌도 있지요. 이 두 개념 사이에서 어느 정도 선택할 수 있으며, 개인의 성향과 인물의 운명에 따라 종종 낭만주의적인 길 또는 협력 지향을 추구하게 됩니다. 이는 결혼을 했거나 결혼을 준비할 때와 마찬가지로 결혼이 아닌 관계에서도 타당할 것입니다. 또한 저는 결혼이 사랑에 대해 유일하게 가능한 형식이라는 생각이 무조건 타당하다고 보지 않습니다. 그러나 다른 한편으로는 17세기에 그러했던 것처럼 열정은 결혼의 탈출구가 아닙니다. 그 대신 친밀 관계를 위한 형식이 결혼이어야 하는지

를 규제해야 할 때, 친밀 관계를 위한 상대를 찾는 것이 문제
일 따름입니다.

> 그럼에도 신문과 영화에서 무수히 볼 수 있는 것처럼, 이
> 세계에는 사랑이 없다고, 이 세계는 너무도 비인격적이며
> 이 세계 안에 사랑의 자리가 있는지 불평하는 문제가 여전
> 히 남아 있습니다. 사랑의 의미론에 관해서 할 수 있는 말
> 이 있을까요? 세계에 과부하가 걸린 것일까요? 냉혹함을
> 넘어서 기꺼이 사랑할 의지가 있는 사람들로부터 나온 요
> 구인가요?

저는 우리가 비인격적인 대중사회에 살고 있다는 테제가 잘
못이라고 생각합니다. 그리고 그것은《열정으로서의 사랑》
의 출발점이기도 합니다. 우리는 비인격적인 관계와 인격적
인 관계 사이의 선택이 주어진 세계에 살고 있습니다.[5] 당연
히 인격적인 관계나 사랑을 위한 잠재성이 있고, 그에 대한
기회들은 경계로 둘러싸여 있습니다. 경력, 직업적인 성공,
돈벌이, 그리고 그와 유사한 것들을 생각할 때면 매우 많은
비인격적인 관계 역시 '나'라고 하는 감정Ich-Gefühle과 자기
의식의 강화에 기여하게 됩니다. 그러나 우리는 전체적으로
인격적 관계와 비인격적 관계 간의 매우 강한 차이 또는 분
리 속에서 살고 있습니다. 한 가정에서, 작은 규모의 이웃 공
동체에서 정상적인 삶이 충족된 과거의 사회보다 그 차이와

분리는 훨씬 더 강합니다. 하지만 과거의 정상적인 삶은 대체로 매우 감정적일 뿐 아니라, 종종 상대적으로 서로에게 냉혹하기도 하며, 사람들 간에 거리를 두기도 했다고 생각해야 합니다.[6] 또한 우리에게는 감정의 실현과 친밀한 관계에 대해 더 많은 기회가 있지만, 비인격적인 관계에서 살아야 하는 더 많은 여건과 더 많은 기회와 더 많은 필연성 역시 있습니다. 정확히 이런 상황에서 사랑에 대한 어떤 생각이 현재에 적합한지가 문제입니다.

> 사랑과 개인화의 평행적인 발전이 어떻게 진행되는지, 혹은 그 관계가 곤경에 처했는지, 오늘날 다룰 수 있는 새로운 가능성이 될지, 아니면 더 이상 다룰 수 없는지 물을 때, 그 문제를 개연적으로 파악할 수 있습니다.

그렇습니다. 사랑과 개인화 간의 발전은 서로 비례해서 확장됩니다. 그렇게 개인화는 상대방이 중요하다고 여기는 것, 그리고 그에게 의미가 있는 것이 일반적으로도 중요하다는 확신 없이도, 상호 간에 더욱더 배려해야 하며 매번 상대방이 중요하다고 여기는 것을 받아들여야 함을 의미합니다. 이미 17세기의 영국인은 다른 어떤 곳에서보다 배우자들과의 결혼을 통해 더 많은 갈등과 더 많은 공동체가 생긴다는 데 주목했습니다. 그것은 개인화되고 친밀화된 관계라는 이중의 의미가 매우 일찍부터 주목받았음을 뜻합니다. 우리 역시 오늘날 그 점을 고려해야 합니다. 개인성에 기반한 더 많은 갈등과 더 많은 이해 가능성, 상대와의 더 많은 논쟁 가능성과 더불어 자신이 흥미를 갖는 것에 대해 이해하는 바로 그 누군가를 찾을 더 많은 가능성이 있습니다.[7]

보다 새로운 역설화의 길인가요?

네, 아마도 그렇게 말할 수 있을 것입니다. 어쨌든 제가 《열정으로서의 사랑》에서 기술한 사랑의 의미론이 중요하게 발전하기 시작한 데는 역설이 있었습니다. 그러나 오늘날에는 이 역설이 개인적인 취급에 따라 자유로워졌다고 덧붙이겠습니다. 즉 각각의 커플은 상당한 정도로 역설을 개별적으로 취급할 수 있습니다. 역설을 미리 조절하고자 하는 문화적 규정과 형상은 매우 적은데, 이 책에서 말한 전통과는 완전히 다르지요.

선생님께서는 사랑을 유지하는 것이 언제나 불가능했고, 오늘날에도 사랑 관계를 시작하는 것이 여전히 어렵다고 쓰셨습니다. 세계의 체험은 인격적인 관계와 비인격적인 관계로 서로 분리되었습니다. 그리고 비인격적인 관계에서 인격적인 관계로 바꾸기도 어렵지요. 유혹하는 남성과 유혹하는 여성에게 여전히 기회가 있다고 보시나요?

네, 물론입니다! 이 물음에 대해서는 예를 들어 공항 대기실에서 개인적인 일로 대화하고 싶어 하는 사람이 어떻게 행동할 수 있는지를 탐구한 주목할 만한 문헌과 연구가 있습니다. 또한 우리는 자기 자신에게로, 친밀한 바람으로, 개별적인 접촉으로 관심을 돌리는 것이 비인격적인 상황에서 어렵다는 점을 알고 있습니다. 한편 섹슈얼리티적인 이해관계를 상징화한 가능성의 해방이 더 진척되었으며, 인격적인 접촉을 시작하는 이런 방식으로 매번 다시 비인격적인 상황을 깨뜨린다고 추정할 수 있습니다. 공항 식당, 거리, 대학 강의실, 또는 그 밖의 어디서든 친밀한 관계가 생기기를 바라는지 아닌지를 눈짓이나 다른 접근 시도를 통해 정할 수 있거나 신호를 보낼 수 있는 것입니다. 비인격적이라고 기대할 수 있는 일반적인 주변으로부터 상황을 분리해 서로 신호를 교환할 가능성 역시 확실히 있습니다. 그리고 저는 이러한 가능성이 사용된다는 것에 대해 어떤 의심도 하지 않습니다.

그러나 신호 교환은 섹슈얼리티에 대한 직접적인 지시를 위한 것입니다. 선생님께서는 책에 17~18세기에는 반드시 그렇게 할 필요가 없었고 남은 시간이 사랑으로 사용되었기 때문에 오히려 섹슈얼리티의 유예는 역할을, 특히 결정적인 역할을 했다고 하셨습니다. 하지만 사랑의 의미론적인 맥락에서 섹슈얼리티는 우선 매우 늦게 출현했으며

오늘날 사랑 관계가 직접적으로 그것에서 시작하고 그것에 들러붙어야 하는, 말하자면 아교의 흔적은 아니라는 인상을 받습니다.

당연히 누구나 속마음이 있다는 점에서 우리는 변화에 관한 테제를 과장하면 안 됩니다. 그러나 사랑 없는 성관계가 이례적인 경우가 아니라 단지 성관계일 뿐이라는 것만으로도 섹슈얼리티의 위치는 상당히 변화되었습니다. 우리는 어느 정도 사랑은 우선 성관계에 기반해 발전되어야 한다는 것을 경험하기도 하지만, 반대로 사랑이 성관계의 시작을 위한 사전 조건이 되거나 성관계를 갖기 위해 공식으로 사랑을 표명해서는 안 된다는 것을 경험하기도 하기 때문입니다.

이는 코드의 유산인가요, 아니면 다른 어디에서 기인하는 것인가요? 그것은 근본적인 의미를 갖고 있나요?

그것을 말하기가 매우 어렵습니다. 섹슈얼리티 문제에 대한 관대하며 개방적인 태도가 현실이 되었다고 확인하는 다수의 경험적인 연구가 있습니다. 이것이 실제로 어떻게 일어났는지, 무엇보다 왜 일어났는지 말하기는 어렵습니다. 섹슈얼리티와 고급문화가 긴밀하게 결합한 거창한 공식이 오히려 설득력이 없었기 때문에 섹슈얼리티에 대한 직접적인 접근이 유산처럼 남았다고 추측할 수 있습니다. 그러나 이는 어떤 것도 확실하다고 말할 수 없는 하나의 이론일 뿐입니다. 미국에서는 상당히 일찍, 유럽 대륙에서는 그보다 늦게 나타난 성적인 것의 해방은 동시에 견고한 가족 질서 및계층 질서의 구축과 병행해 출현했다는 것, 그리고 이런 형성 맥락이 있다는 것만큼은 분명합니다. 이는 확실히 공적인삶에서 가족의 의미 상실과 결부되어 있지만, 그것만이 이현상의 범위를 설명하지는 않습니다.

사랑, 결혼, 그리고 섹슈얼리티는 결국 서로 분리되지 않는다고 이해할 수 있는지요?

그 질문은 실제로 결혼의 형식, 즉 결혼의 미래와 관련됩니다. 그리고 결정적으로 오늘날 아이를 가질 것인지 갖지 않을 것인지 여부를 결정할 수 있는가에 따라 조건화됩니다. 이는 실제로 아이가 있는 가정을 꾸리고자 하는지, 아니면 '커플인 싱글'로 남고자 하는지의 문제입니다. 차이는 거기에 있습니다. 결혼의 형식이 선택되는지의 여부와 생계 부양의 균형이 관계되는지의 여부는 그렇게 중요하지 않은 질문일 것입니다. 저에게는 부부가 아이를 가질지 결정하는 것이가장 중요한 질문으로 보이며, 어떤 전제 조건하에서 누가이런 결정을 내리는지 알아야 합니다.

그럼에도 사랑은 친밀 관계를 구축하기 위해 매번 되돌아

갈 수 있는 보편적인 자원의 한 방식이 아닐까요?

그렇습니다. 사랑은 친밀 관계에서 무엇인가를 만들 수 있는 틀입니다. 사랑은 친밀한 관계에서 한 사람에게 의미 있는 그 무엇에 대한, 그리고 한 사람에게 의미 있는 그 무엇이 상대방에게도 의미 있는 그 무엇이라는 문화적인 개념입니다. 사랑은 상대에게서 원하는 것을 그 상대에게 준다는 개념입니다. 그리고 그것이 바로 사랑은 세계에서 분리된 두 당사자의 관계이자 양방향 관계라는 오래된 규정이자 오래된 생각이 존재하는 이유입니다. ◆

6장

중단의 어려움[1]

진행 · 게오르크 슈타니체크[2]

**다양한 측면을 포괄하는 작업을 고려해보면, 선생님께서
는 예술에 대해 상대적으로 말씀하지 않는 편입니다. 선
생님께 예술은 다른 것들에 비해 비중이 크지 않아 보입니
다. 사회의 다른 것과 견주면 중요성이 떨어져 보이기까지
합니다. 사실인가요?**

우리 사회의 거대한 기능 영역을 중요한 것에서 중요하지
않은 것의 순으로 등급 매길 수 없다고 생각합니다. 그렇기
때문에 저는 중요성에 대한 위계적 판단을 피하고 싶습니
다. 그런 점에서 '어떤 관점에서 중요하다고 간주하는 것이
무엇인가?'라는 질문이 언제나 제기됩니다. 예를 들어 19세
기 예술의 미래 진단은 19세기 경제학의 미래 진단보다 흥
미로우며 아마도 더 중요하다고 말하고 싶습니다. 중요성
평가는 언제나 그것이 기반한 문제 설정에 달려 있습니다.
그러나 모든 것을 동시에 다룰 수 없다는 것과 제가 예술을

이론적으로 다루는 것은 대부분 특별한 계기들 — 회합이나 그와 비슷한 것들 — 이 있거나 예술 영역에서의 특정한 주제를 깊이 탐색할 필요 때문이라는 단순한 전기적인 사실과는 무관합니다.

> 선생님께서는 특정한 관점을 가져야 비교할 수 있다고 말씀하십니다. 만약 제가 선생님의 작업에서 볼 수 있는 관점을 다소 무분별하게 취해서 질문한다면, 예술은 선생님의 사회이론 작업에서 어느 위치에 자리할까요?

분화이론과 관련된다면 예술은 부분 체계의 관점에서 형식적으로 다루어져야 할 것입니다. 그리고 커뮤니케이션과 비개연적인 커뮤니케이션의 효력에 관해서 예술은 특수한 커뮤니케이션 매체의 관점에서 형식적으로 다루어져야 할 것입니다. 예를 들어 정치, 경제, 교육이 그런 것처럼 사회이론의 전체 개요에서의 위상에 따라 예술 역시 이들과 다른 위치에 있습니다.

> 낮은 위치 중 하나로 예술을 등급화해야 한다는 것과 같은 예비적인 판단은 없겠지요?

없습니다. 기능적인 질서의 내부에는 특히 등급 분류, 전달성, 우세와 열세, '더 중요하거나 덜 중요한' 것이 없습니다.

사회이론의 내부에는 교육, 정치 등에서 언제나 그 의미를 증명해야 하는 상이한 관점만이 있을 뿐입니다.

> 선생님께서는 기능적 질서와 기능적 비교가 중요합니다. 이는 결국 선생님의 텍스트에서 비록 나쁜 시선은 아니지만, 예술에 대한 박한 시선과 교란하는 시선을 초래합니다. 시선은 많은 비교 가능성에 의해 체계적으로 교란될 것이고, 이런 교란은 대상의 재구성에 있어 여러 결과를 낳을 것이기 때문입니다. 따라서 저에게는 스타일뿐 아니라 다른 것들, 특히 문학사회학 및 예술사회학의 낯익은 형식과 중요한 차이가 있는 것 같습니다. 그런 익숙한 형식에서는 종종 예술 작품과 유독 친밀하게 교감하며, 예술가들과의 개인적인 친분에 기반해 대상 가까이에서 작업하는 동시에 가령 작품의 해석이 되기도 하는 이론을 씁니다. 게오르크 지멜이나 테오도어 아도르노Theodor Adorno를 명명하는 것으로 충분하지만, 이런 식으로 작업하는 프랑스인은 한 군단이 될 것입니다.[3] 하지만 선생님께서는 다르게 하시지요. 다시 말해 예술의 특정한 가능성, 특정한 전환에 매료되십니다. 그러나 선생님께서는 예술의 관점에서 보자면 예술을 다른 것, 그 무엇을 위해서도 사용하십니다.

마지막에 언급한 이야기를 제외하면, 그렇습니다. 실제로 저는 사회이론에 몰두할 따름이며, 이런 몰두가 중심이 됩니다. 그 중심에서 더 큰 추상으로 나아갈 수 있고, 근대 또는 역사적으로 이전에 있었던 사회의 세부 영역으로 나아갈 수도 있습니다. 다시 말해 이는 모두 다음의 질문으로 규제됩니다. '사회이론을 쓰려고 한다면 무엇을 고려해야 하는가?' 그리고 정치·경제·예술·종교·가족 같은 모든 기능 영역이 사회에 속한다는 점 때문에, 사회이론은 이 모든 영역을 주제화할 수 있어야 합니다. 그래서 저의 야심은 이런 영역에 대한 자기이해에 근접하는 것입니다. 예를 들자면 비록 논의를 선교적인 광신의 형식으로 다루지 않더라도, 신학에서의 논의를 수용하는 종교이론을 작업할 수 있도록 말입니다. 그래서 저는 예술 영역에서도 작품 정의Werkgerechtigkeit의 관점이 아니라, 사회이론이 제기한 질문의 관점에서 예술가의 실질적인 결정이나 예술가가 맥락과 작품을 산출하는 구조가 적절하게 평가되어야 한다고 생각합니다. 그것은 각 영역의 고유한 가치를 대변하는 것이 아닌 다른 분석 도식을 갖도록 합니다. 다른 경우에 경제학자들이 면제되거나 아무것도 듣지 않는 것처럼 신학자들과 교육자들도 같은 이유로 불평하는데, 법률가들 역시 같은 문제가 있습니다.

> **예술에서 '작품 정의'라고 정식화될 대상에 다가가기 위해 선생님께서는 추상을 경유하면서 모색하시지요. 이 길의 끝에는 해석이 있을까요? 저자로서 선생님의 예술 해석이 있으신지요?**

제가 비중을 두어 사회이론에 관심을 갖고 몰두하는 것처럼, 그것이 무엇이든 명료하게 하기 위해 전범이 되는 분석을 착수하지 않는다면 저는 사회이론의 결과를 믿지 않습니다. 즉 아기 예수가 어떻게 중앙에서 성모 마리아 곁으로 갔는지 삽화적으로 참조할 수 있습니다. 그러나 개별 작품을 그 자체로 해석하는 것이 사회학자의 과제라고 생각하지는 않습니다. 만약 제가 그것을 해야 한다면, 사회학자로서 하지는 않을 것입니다. 그 대신 제가 어떤 것에 매료되었다면, 말하자면 그런 일이 저에게 '생길 수'도 있습니다.

예술에 대해 연이은 이론적인 질문을 따라가보면, 선생님께서 묻는 여러 방향을 구별할 수 있습니다. 우선 상징적으로 일반화된 커뮤니케이션 매체의 형성이라는 문제를 제기하셨어요. 예술은 경제, 정치, 또는 사랑과 마찬가지로 이원적인 코드에 따르는 것이지요? 선생님께서는 이를 '아름다운/추한schön/häßlich' 구별로 검토하셨고, 이 시도에 대한 회의적인 입장도 주목할 만합니다. 선생님께서는 사회적 체계로서 예술의 자기생산 가능성과 조건에 대해 물었지만, 이 관점에 의구심이 제기되기도 했습니다. 선생님의 작업을 계속 따라가다 보면, 예술은 근대에 이르러 어려움에 처하게 됩니다. 체계이론의 틀 내에서 '근대'는 '기능적 분화'와 동의어로 파악되지요. 이런 어려움은 어디서 올까요?

기능적 분화를 중심에 두는 것과 관련해 일반적으로 접근해보면, 모든 기능이 기능적 분화를 통해 동일한 정도로 잘 처리되지는 않습니다. 기능에 따라 분화되기 때문에 근대사회는 고도의 복잡성을 갖는 개별적인 기능 영역들을 발전시킬 수 있다고 할 수 있습니다. 이는 기능적인 특화의 기술적인 결과가 잘 실행되기 때문이지, 다른 것 때문이 아닙니다. 이런 연관 속에서 종교나 예술 같은 특정한 기능 영역들은 기능 영역 자신으로서 독립 분화를 더 이상 넘어설 수 없게 되었으며, 달리 말해 사회에서 벌어지는 다른 것들로부터 분리되어 예술 밖 어디서든지 예술에 대해 더 이상 말하지 않는 방식의 자기지시를 지칭한다고 할 수 있습니다. 일반적으로 법 외부에서는 법에 대해 더 이상 말할 수 없다고 생각합니다. 언제 법에 관한 질문을 제기하고 결정할 수 있는지 알기만 한다면 법에 해가 되지 않는 것입니다. 그러나 종교 그리고 예술에 있어서는 다릅니다. 만약 예술에서 여전히 예술에 대한 것만 말해야 한다면…… 실제로 언제 예술에 대해 말해야 하나요? 이를 다르게 정식화하면 사람들은 — 근대사회에서! — 종교 그리고 아마 예술 없이도 매우 잘 살 수 있지요. 하지만 사람들은 법과 돈 없이는 살 수 없습니다.

예술가들은 가능하다면 이와 싸우고자 할 것입니다.

좋습니다. 하지만 그들은 그에 대항한 결과를 감내해야 하겠지요.

선생님께서는 근대에서 예술의 미래에 대해 진단하셨습니다. 예술의 미래와 관련해 선생님의 테제는 '예술의 종언'[4]이나 '포에지Poesie의 퇴행'[5]을 가정하는 계열을 상기시킵니다. 이를 주제화하는 예술 고유의 신비한 이야기, 오르페우스Orpheus 이야기가 있습니다. 오르페우스는 종교, 학문, 그리고 예술을 발명했고 창출했으며 이를 결합했습니다. 그는 자신의 예술적 능력의 기부로 몰락했고, 음악을 연주했으며, 떠날 수 있었습니다. 그럼에도 예나 지금이나 오르페우스가 그곳에 있다는 인상을 받는다는 점이 놀라울 따름입니다. 선생님의 이론이 예술의 종언에 관한 이 고찰을 따른다고 보십니까?

우선 주제 설정을 중요하게 생각합니다. 다른 한편으로는 기능을 규정하는 기능 영역이 쉽게 정지하고 그다음 어떤 것도 뒤따르지 않는다는 것을 생각하기 어렵습니다. 또한 저는 다음 유형의 질문들로 생각합니다. '언제 예술은 더욱 더 시간화되어 훨씬 빠른 리듬으로 이전의 예술 작품에 반응하는가? 그렇다면 어떤 예술 유형이 함께할 수 있는가? 만일 스타일과 스타일 비판을 예술의 관찰만이 아니라 예술 작품 자체의 완성, 즉 이른바 제작 프로그램으로 활용한다면 우리는 예술적인 가능성에서 무엇을 잃을까? 근대성은 가능한 형식의 선택에 어떻게 작용하는가? 이런 조건에서 어떤 형식의 경력을 쌓을 수 있는가? 그리고 이런 조건에서 어떤 형식의 경력은 전개될 수 없는가?' 다른 기능 체계에도 이런 유형의 질문을 제기할 수 있습니다. 법의 영역이라면 다음처럼 물을 수 있지요. '실질적인 문제에 관한 법원의 지도적인 결정 대신 매년 2000~3000개의 새로운 법률을 감당해야 한다면, 어떤 유형의 법적인 정교함이 발전될 수 있는가?' 이렇게 모든 영역에서 종언의 질문은 다음의 질문으로 대체됩니다. '근대사회의 완전한 실현으로부터 구조, 시간 지평 등에서 어떤 변화가 산출되는가?' 이로부터 기능 체계가 어떻게 이런 변화를 감당할 수 있는지 볼 수 있습니다.

최근 선생님께서는 이전 접근에서 벗어난 것은 아닐지라도 많은 이들에게 놀라울 수 있는, 결정적으로 강조점을 달리하는 것으로 보이는 새로운 접근을 하셨습니다. 그 접근은 예술의 특별한 커뮤니케이션 테크닉에서 출발합니다. 선생님께서는 프리츠 하이더Fritz Heider가 제시한 '매체Medium'와 '형식Form'을 모든 지각을 작업할 수 있는 차이로 특정하셨습니다. 그리고 예술이 이 매체와 형식의 차이를 특별하게 처리한다는 것을 받아들이시지요. 예술에 대한 선생님의 이전 작업에서 이런 이론적인 전환은 어떤 의미를 가질까요?

무엇보다 예술로 적용할 때만이 아니라, 매체로서 언어 개념이 의미하는 것과 같은 일반사회학이론의 다른 측면을 구축할 때도 실제로는 그것의 의미를 올바로 알지 못한다고 말해야 합니다. 언어는 매체인가요? 어떤 문장을 말하는지 결정하는 형식은 무엇인가요? 의식은 매체이고, 언어에 사로잡혀 있나요? 따라서 '매체'는 그 안에 형식이 각인되고 한동안 유지하는 많은 수의 조형적인 가능성으로 파악됩니다. 그것이 실제로 하이더의 개념이지요. 이런 매체 개념이 어떻게 통상적인 매개 테크닉, 즉 소식 매체로서 언론이나 커뮤니케이션 매체이론으로 성립할 수 있는가 하는 매우 일반적인 이론적 해명이 개별적인 기능 영역과 관련한 검토에 앞서 필요합니다. 그것은 매 순간 진행하면서 반드시 재정식화를 유발하는 과정입니다. 저는 매체와 형식의 차이가 '정신/물질' 또는 '형식/내용'이라는 고전적이고 오래된 척도의 대체로서 지금까지보다 예술을 더 잘 분석할 수 있는 잠재력을 가졌다고 봅니다.[6] 차이 자체는 그 안에서 새로운 형식들이 구축되면서 인간 신체를 더 이상 경직된 표현 수단이나 유형으로 보지 않습니다. 차이 자체는 태도를 취하고 유지하며 운동할 수 있는 가능성으로서 신체를 관찰하고 이 신체로 표현 의도를 각인하는 매체로서 형성되는 속성을 언제나 반복하기 때문입니다. 즉 빛을 드러내는 것은 아마 문학에서 구문론적으로 정확한 구조에 무조건 구속되지 않는 매체로서 단어를 드러내는 것과 같습니다. 저는 한편으로 '매체/형식의 차이'라는 일반적인 이론,[7] 다른 한편으로 예술이론 간의 연관성을 주목해야 한다고 생각합니다. 그것은 지속적으로 다음의 물음을 성찰하는 것을 의미합니다. '추상적인 이론에서 발견한 측면들이 예술과 같은 구체적인 영역에서도 통용될 수 있을까?' 언어 및 의식과 나란히 예술 역시 중요하기 때문입니다.

> **매체와 형식의 차이로 예술이 어떻게 작동하는지 관찰하기 때문에, 예술에서 개별적인 커뮤니케이션 과정이 어떻게 진행되는지를 지금까지 선생님의 이론 영역에서 볼 수 있었던 것보다 훨씬 더 정확하게 그리고 '더 근접해서' 이해할 수 있습니다. 그런 점에서 매체와 형식의 차이를 처리하면서 어떻게 예술에 거대한 운동성, 거대한 혁신 잠재성이 있는지가 분명해집니다. 형식을 취할 때 예술은 동시에 새로운 매체를 마련하는 것이고, 그렇게 매체와 형식을 관련짓습니다. 선생님께서는 이런 이론적인 전환을 통해 예술의 변화무쌍한 운동성에 근접하는 부가적인 성과를 얻을 수 있다고 보시나요?**

그렇다고 말해야겠네요. 일반이론에서 더 많은 구별을 처리할 수 있고, 구별들이 상호 연관될 수 있습니다. 가장 높은 추상 상태에서 구체적 현실이 더욱더 잘 지칭되고 기술될 수 있지요. 예를 들어 체계와 환경 또는 커뮤니케이션과 행위에 더해, 매체와 형식은 분명히 큰 역량이 있는 구별입니다. 이는 매체와 형식이 자기 자신 안에서 반복될 수 있기 때문에, 즉 형식이 다음 형식에서는 매체가 될 수 있기 때문에 그렇습니다. 언어가 그렇듯이 형식 역시 이런 형식이 없으면 단순한 소음의 층위에서도 처리할 수 없는 결합 가능성의 매체이고, 그와 동시에 새롭게 매체가 됩니다.

> **강조점은 다음처럼 이동한 것 같습니다. 선생님의 테제를 보면 이전에는 예술이 우연한 것에 공감하기를 요구했으며, 예술의 그토록 불안정한 기능이 거기에 있었습니다. 지금은 이와 다르게 논증하시지요. 선생님의 정식화는 예술이 우연한 것을 제시하는 특정한, 그렇지 않았다면 생기지 않았을 법한 증가 테크닉을 처리합니다. 그래서 예술의 의미는 그 자체로 우연한 커뮤니케이션이라는 사실보다 이런 증가에서 더욱 찾을 수 있게 됩니다.**

우연성은 특정한 전제에서만 증가한다고 볼 수 있습니다. '모든 것은 다를 수 있지'라는 진술의 형식으로 우연성 자체를 받아들이면, 이는 아무 말도 하지 않은 것과 마찬가지입니다. '지금 여기에 돈이 있고, 나는 내 돈을 이렇게 저렇게 쓸 수 있다'라고 말한다면, 조금 더 많이 말한 것입니다. '지금 여기에 언어가 있고, 나는 언어를 이렇게 저렇게 사용할 수 있다' 또는 '지금 여기에 다채로운 단어들과 아름다운 단어들이 있고, 나는 그 단어들을 문법적이고 구문론적으로 올바른 구조에 따라 쓸 수 있다. 그리고 이 종이 위에 그런 문법을 펼칠 수 있고, 순환적인 관계뿐 아니라 그 밖의 다른 관계들도 형성할 수 있다'라고 말한다면, 조금 더 많이 말한 것이지요. 전제되었다고 하는 형식은 언제나 다음 표현 의도를 위한 매체로 형식을 사용할 수 있는 출발점입니다. 그리고 이는 '모든 체계는 체계 안에서 다시 분화된다'라고 하는 체계이론과 거의 유사한 수행이라고 생각합니다.

> **예술에서 '매체/형식의 차이'를 커뮤니케이션 매체로 사용한다고 할 때, 독자에게는 '이 매체/형식의 차이가 상징적으로 일반화된 커뮤니케이션 매체라는 루만의 개념을 충족시킬 수 있는가?'라는 질문이 제기됩니다. 바꾸어 말한다면 '이전에 제안하신 '아름다운/추한' 코드-가치와의 관계를 어떻게 볼 수 있는가?'라는 질문도 가능하지요. 예술의 코드화 능력에 대한 질문에 이제는 다르게 답해야 할까요?**

네, 말씀하신 것은 지금으로서는 불확실한 지점이고 손보아야 하는 지점입니다.[8] 왜냐하면 상징적으로 일반화된 매체 이론의 경우 특수한 결과를 산출하지만, 다른 경우에는 해당 사항이 없는 수단이나 도구, 커뮤니케이션 테크닉에서 멈추기 때문입니다. 이 매체는 사람들에게 깊은 인상을 주거나,

다음을 준비하고 수용을 준비하는 것들에 영향을 끼칩니다. 사람들은 당연히 이를 재정식화할 수 있습니다. 제한되고 주목을 집중시키는 가능성의 공간으로 조건화되는 것으로, 돈을 지불할 수 있는 가능성의 공간으로, 또는 예술 작품을 통해 어떤 다른 결합 가능성이 배제되는지 볼 수 있는 가능성의 공간으로 말입니다. '실제로 할 수 있는 것이 무엇인가? 왜 특정한 채색을, 또는 그림에서 우발적인 것처럼 느닷없이 공간이 열리는 듯한 예술 작품에서 특정하게 나타나는 공간성을 확신하는가?'와 같은 질문에 따라 재정식화합니다. 다시 말해 커뮤니케이션이나 커뮤니케이션의 설득력을 매체 안에서 형식의 설득력으로 투사하는 데 연관이 있다고 봅니다. 그러나 이론적인 문제는 더욱 추상적이며 언어와 의식의 관계에 대해, 그리고 이와 마찬가지로 재정에 대해서도 정식화해야 합니다. 문제 제기가 변할 때, 이원적인 결정 구조, 즉 코드에 따라 단순화되는 것 역시 변합니다.

통상 대칭적으로 취급하지 않는 매체와 형식이 선생님의 이론적인 수용 맥락에서는 같은 정도로 관심의 대상이 됩니다. 이런 점에서 ''매체/형식의 차이'를 특별하게 취급하는 것이 예술로 불릴 수 있는 공간을 정의하기에 충분한가?'라는 질문을 할 수 있지 않을까요?

형식에 기반해 형성되고 그 안에 형식이 새겨질 수 있는 매

체와 새겨질 형식의 관계는 가역적이라고 할 수 없기 때문
에, 저는 매체와 형식이 엄격하게 대칭적이라고 생각하지
않습니다. 신체를 상상해본다면, 아기 예수를 언제나 중앙
에 꼭 붙들고 있어야 했지만 지금은 그녀 곁에 둘 수 있어서
균형을 찾아가는 움직임이라는 신체로 가시화되는 성모 마
리아를 떠올려보세요. 지금의 형식으로 나타난 것은 또 다
른 매체가 아닙니다. 매체로서 신체를 보는 새로운 방식 때
문에 지금의 형식일 뿐입니다. 매체와 형식의 비대칭뿐 아
니라 선택적인 조건하에서 매체가 형식으로 변환하는, 이른
바 등급 질서가 있습니다.

**그렇다면 '매체/형식의 구별'에 따라 작동하는, 예술이 아
닌 다른 경우에도 매번 매체가 평가되어야 할까요?**

네. 저는 매체와 형식의 관계가 파생적일수록 혹은 2차적일
수록, 즉 언어·돈 또는 지각 매체나 예술에 대해 그 관계가
비개연적인 것으로 증가될수록, 커뮤니케이션의 성공은 우
연성을 염두에 둔다는 것, 또한 돈을 다르게 지불할 수도 있
음을 아는 것, 하늘이 파랗기 때문에 파랗게 그려야 한다고
단순하게 말하는 것이 아니라 채색이 다를 수도 있음을 안
다는 것에 더욱더 의존하게 된다고 생각합니다.

다시 매체 코드에 관한 것입니다. 제가 제대로 보았다

면, 선생님께서는 '타자/자아Alter/Ego'와 '체험/행위
Erleben/Handeln'의 십자형 표에 근거해 발전한 상징적으
로 일반화된 커뮤니케이션 매체이론을 갖고 있습니다. 이
십자형 표에는 제가 계속 고민하게 되는 독특한 점이 있습
니다. 타자가 행위하고 자아는 타자의 이런 행위를 체험하
는 경우에 처하는 주목할 만한 혼합 상황에서 권력, 사랑,
그리고 진리를 위해 명확한 귀속이 주어집니다. 즉 선생님
께서 종종 다른 것과 비교하기 위한 관점으로 선택한 경제
와 마찬가지로 예술 역시 문제가 되는 그 경우 말입니다.
오늘날 이를 어떻게 보십니까? 경제와 예술 간의 특별한
친화력이나 경합이 있나요?[9]

저는 말씀하신 그대로 보고 있습니다. 그러나 친화력이나
경합으로 귀결시키고 싶지는 않습니다. 이 표는 가능한 결
합태를 기술하는 의미만 가질 뿐입니다. 그러나 이 결합태
는 탤컷 파슨스적인 사고가 그렇듯 그 자체로 이미 있는 것
이 아니라, 바로 이 결합태에 문제가 생길 때 매체를 발생시
킵니다. 그래서 일대일 관계일 필요가 없습니다. 예를 들어
체험으로 전환되어야 하는 체험의 영역에서 항상 진리만 역
할을 하는지 ― 사람들은 행위에 의해 변조되지 않는 어떤
것을 공통적으로 관찰합니다 ―, 아니면 이데올로기 및 가
치 평가 ― 그것은 파슨스학파에서 제기된 바 있지요 ― 또
한 오늘날 분리된 영역에 해당하는지 고려할 수 있습니다.

이와 마찬가지로 저는 매우 다른 조건에서는 상대의 행위를 — 간섭하지 않고, 협력하지 않고, 개입하지 않고, 자신의 행위로 방해하지 않고 — 설득력 있는 체험으로 받아들일 수 있다고 생각합니다. 결핍이 문제가 되는 경제의 경우에는 언제나 손익을 계산하며, '쓸모없는 것을 제작'하는 예술의 경우에는 언제나 설득하게 됩니다. 그래서 실제로는 비교 가능성을 따르는 대신, 기껏해야 표의 이론적인 중요성을 평가 절하하게 됩니다.

선생님께서는 '쓸모없는 것'을 제작하는 예술의 일을 할 때 예술을 방해하는 중요한 문제, 예술이 자신의 다리에 걸려 넘어져버리는 예술의 자기생산에 대한 방해를 예술에 참여하는 사람이 예술에 매혹되는 그런 순간에서, 즉 작품, 예술 작품에서 보고 계십니다. 예술 작품은 예술 작품과 함께 사라진다고 주장하며 그때 스스로를 성공했다고, 해소된 것으로 제시합니다. 그에 따라 후속 커뮤니케이션의 연결 가능성 문제, 즉 경제 같은 다른 체계에서는 이런 방식이 아닌 자기생산의 문제가 있습니다. 이제 두 종의 연결을 생각할 수 있습니다. 하나는 작품을 다른 작품에 연결하거나 작품이 놓인 특정한 문제, 즉 인용, 경의, 패러디나 그 밖의 형식으로 연결할 수 있습니다. 다른 하나는 예술 비판적, 음악 비판적, 영화 비판적, 그리고 문학 비판적인 커뮤니케이션이 있습니다. 이런 계기 때문에 선

생님께서 매우 중요하게 제시한 문제 설정의 강조점이 상 대화되지 않을까요?

모든 경우에 상대적입니다. 한편 그것은 예술에서만 무조건 적으로 찾을 수 있는 것이 아니라, 자신의 돈을 기업체에 투 자하거나 '공장'[10]을 세울 때도 연결 문제가 있습니다. 그런 의미에서 경제에서도 유사하다고 생각할 수 있습니다. 돈을 갖고 있다면 그 돈으로 굉장한 투기를 할 수도 있지만, 공장 에서 생산된 상품만 구입할 수도 있습니다. 그리고 모든 것 을 다시 시작할 만한, 즉 최적의 연결 능력을 갖는 지급액으 로 기업체를 해체하는 일은 비용과 결부되어 있습니다. 그 비교가 당연히 여러 지점에서 결함이 있는 것은 사실입니 다. 하지만 저는 원리적으로 하나의 예술 작품은 우선 하나 의 종결이고, 세련된 형식 조합으로 주위의 다른 모든 것들 과의 구별에 그 가치가 있으며, 그에 상응해 다른 예술 작품 에 대한 개별성을 주장할 수 있다고 생각합니다. 저는 어떤 작품을 볼 때 '예술 작품에서 무엇을 얻을 수 있는가?'라는 질문에 대한 답은 정해진 것이 아니며 피에르 부르디외Pierre Bourdieu의 의미에서 섬세하게 구별하고 무엇인가를 표시할 가능성이 없다면, 또는 예술 비평가로서 그에 대해 무엇인 가를 쓰지 않는다면, 교양 있는 대화의 소재가 되지 않는다 면 일상생활과의 연결은 어려워진다고 생각합니다. 그러나 이 모든 것은 처음에 예술 작품을 통해 개시되었지만, 예술

112

가가 작품을 제작할 때 실제로 의도한 것이 아닌 가능성에
기반해 매번 다시 전개됩니다.

> 달갑지 않은 경우도 있습니다. 예술과의 배타적인 관계를
> 말하는 "천민에게 예술을 맡기자"라는 카를 크라우스Karl
> Kraus의 멋진 말도 있습니다. 예술은 '배제된 것의 부작용'
> 으로 살아남기 시작하면서 손상될 것이기 때문입니다.

네, 그러나 저는 다른 식으로도 상상해봅니다. 그리고 그것
이 실제로 제 '스타일Stil' 논문의 출발점이었습니다. 즉 예술
작품으로부터 배울 가능성이 다른 예술 작품에 있다는 것입
니다. '할 수 있는 것'을 전달하는 경험의 전달이 있다면, 반
복적이면서 또는 확장하면서 발견되는 예술 작품의 특성이
있다면, 첫 번째 예술 작품이 시도한 것을 안다면 두 번째 예
술 작품은 더 잘할 수 있는 그런 가능성입니다. 이처럼 예술
작품의 폐쇄성을 넘어서는 결합 기능도 있는 것입니다. 저
는 무엇보다 스타일이 그런 결합 기능을 가졌고, 스타일의
특성을 알면 스타일에 무엇인가를 첨가할 수 있으며 스타일
을 학습하는 과정이 가능해진다고 생각합니다.[11]

> 어떤 형식이든 간에 예술에 결정적인 코드로 자신의 고유
> 한 커뮤니케이션을 조절하는 한, 대중과 연결된다는 것이
> 또 다른 연결입니다. 그에 상응해 근대로 진입하면서 '비

판적인 작업'을 고유한 작업으로 확립하고자 할 때, 이런 방향을 더욱 고려하게 되었습니다. 예를 들어 프리드리히 슐레겔Friedrich Schlegel은 그의 '빌헬름 마이스터Wilhelm Meister'-비판[12]을 '위버 마이스터Über-Meister'라고 부르면서, 그에 상응하는 코드로 계속 작용하도록 의도했습니다. 제가 제대로 읽었다면 그것은 지금까지 선생님께서 고려하지 않은 연결을 실현하는 다른 가능성일 테지요. 그 대신 선생님께서는 예술에 대한 커뮤니케이션 수용의 형식으로서 침묵에 대해 매우 강한 관심을 갖고 계십니다.[13] 이런 침묵으로 자기폐쇄적인 예술 작품에 정반대되는 방식이 있게 되며, 또한 침묵에는 어떤 올바른 미래도 없습니다……. 어째서 이 방향으로 생각하시나요?

자, 출판 상황에서는 선생님이 맞다고 하더라도 저는 도저히 그렇게 볼 수 없습니다. 그러나 저는 문학예술 작품의 영역 — 부분적으로는 다른 영역에서도 마찬가지이지만, 특히 문학예술 작품 — 에서는 예술로 사회 안에서 사회에 대해 말할 수 있는 가능성이 여전히 있다고 봅니다. 예를 들면 이론이 처리할 수 없고, 정치가에게는 치명적이며, 가격을 치를 수도 없지만 광고 회사가 하는 일에 활용될 수 있는 투자도 아닌 그런 가능성입니다. 물론 이와 연관해서 우리는 더 이상 사회에 대해 말할 수 없고 침묵할 수 있을 뿐이라는 토포스Topos가 있습니다. 사회는 너무 파괴적이거나 너무 기괴하거나 너무 대중에게 감염되어서 사회에 대한 진술 —
그것은 샤를 보들레르Charles Baudelaire의 테마이기도 했지
요 —[14]은 더 이상 가능하지 않습니다. 저는 불가능성을 커
뮤니케이션하는 것이든 현실에는 없지만 사회의 원형일 수
도 있는 형태를 커뮤니케이션하는 것이든 간에, 상대적으로
설득력 있게 바꿀 수 있는 예술의 가능성을 커뮤니케이션으
로 요구할 수 있다고 확신합니다. 예를 들어 남아메리카 문
학의 전범을 생각해볼 수 있습니다. 커뮤니케이션은 사람들
의 생각이나 동기화와 아무런 관련이 없고, 등장인물이 무
엇인가를 할 때 그들이 무슨 생각을 하는지 독자로서 전혀
알 필요가 없습니다. 이것이 사회에서 사교 형식의 전제가
되는 것을 생각해보세요…….

> 선생님의 작업을 예술의 연결 문제와 관련해서 보자면, 선
> 생님의 이론을 예술의 연결 문제에서 선생님의 작업과 그
> 연결까지 보자면, 선생님의 이론을 받아들이는 그 공공연
> 한 어려움에 대해 선생님께서 관심을 가지는 것이 당연해
> 보입니다. 이런 어려움이 예술이나 예술 창작자의 측면에
> 서 일어나는 것은 그리 당황스럽지 않습니다. 그러나 제가
> 보기에 예술학과 문학에서 체계이론을 인지하고 결실이 있
> 도록 활용하는 것은 여전히 초보 단계에 머물러 있습니다.
> 비록 선생님께서 '시학과 해석학Poetik und Hermeneutik' 동
> 인同人처럼 특정하고 제도화된 대화에 참여하더라도 상황

은 그렇습니다. 이에 대해 설명해주시겠습니까?

다양한 설명 가능성이 있습니다. 예를 들어 그 자원을 더 이상 특정한 분야로 국지화할 수 없어서 실제로 독자들이 사이버네틱스Kybernetik와 프랑스 시, 르네상스 정치이론과 은행에 대해 안다고 기대하게 하는 고도의 추상 수준을 요구하는 이론 테크닉이 그중 하나입니다. 저에게 이는 언제나 그렇듯이 매우 딜레탕트dilettante하게 벌어질 수 있는 것이지만, 독자들은 당연히 '도대체 루만은 이것을 어디서 알았지? 나는 어떻게 통제해야 하나? 그것은 나의 영역이 아니야'라는 식으로 질문하게 됩니다. 이론의 특수화는 이론 수용자가 겪는 어려움과 과도한 요구 중 하나가 아니라 개념의 조형에 있습니다. 그 개념이 어디서 왔는지와는 무관합니다. 물론 두 번째 질문은 어떤 시간적 기대를 품을 수 있는가 하는 것입니다. 사회학자로서 얼마나 빨리 그런 결과가 받아들여질 것이라고 기대할 수 있을까요? 그것은 여러 세대에 걸친 문제가 아닐까요?

저는 지금 프리드리히 횔덜린Friedrich Hölderlin의 '파라탁시스Parataxis'에 대한 테제를 횔덜린협회에서 강연하고, 그 이후의 강연에서 매우 지속적으로 영향력을 행사한 테어도어 아도르노를 생각하고 있습니다. 선생님의 이론을 수용하는 어려움이 특정한 도발적인 스타일과 관계된다

고 할 수는 없지 않을까요? 시작에 그쳤던 선생님과 역사
학자들 간의 논쟁을 상기할 필요가 있습니다.

저는 찬사가 아예 없는 것보다 잘못된 찬사를 더 견디기 어
렵습니다. 그래서 마치 이전의 생각에 몰두하는 것처럼 비
친다면 저로서는 매우 불쾌합니다. 그럴 경우에 저는 어떤
가치판단도 의도해서는 안 된다는, 역사에서 통상적으로 기
술되는 멘털리티와 다르다는 것을 분명히 하기 위해 이따금
일부러 이전의 생각을 거부했습니다. …… 일부러 도발하려
고 하거나 아무 의미를 부여하지 않으려 하거나 언제나 그
래왔던 것처럼 그렇게 하기는 했지만, 전혀 필요하지 않을
때도 종종 있었습니다.

경우에 따라서는 텍스트에 대한 욕망이기도 하겠지요? 칼
하인츠 보러Karl Heinz Bohrer가 얼마 전에 "선생님께서는
현재에 있다"라고 말한 것을 기억합니다. 그러기를 바라
면서 보러의 '최후의 위대한 독일 에세이스트 중 한 사람'
이라는 말을 그대로 인용해봅니다. 정확한 체계 지시와 코
드 지시로 보자면 이런 판단은 의도한 것보다 의례적이기
는 합니다. 그렇게 말하는 것은 애초에 그렇게 의도하지는
않았던 선생님의 작품인 작업도 예술에 있어 구성적 차이
로 볼 수 있다는 점을 전제하는 것이지요. 이마누엘 칸트
이래 '아름다운 학문'이 아니라 아름다운 예술이 있을 뿐

이라는 점이 타당하기 때문에 학문을 예술의 관점으로 평가하는 것은 금기시되었어요. 그에 상응해 학자에게 에세이주의는 평판에 해가 되는 칭호입니다. 그러나 이런 착상 또는 보러의 아포리즘은 에세이 붐으로 특징지을 만한 현재 상황에서 커다란 경의를 표하는 말이기 때문에, 예술의 관점에서는 다르게 볼 수 있습니다. 선생님께서는 이 관점에서 자신을 어떻게 논평하시겠습니까? 작업할 때 형식의 의지가 있는지요?

작업 방식에서 생기는 형식의 결정이 있을 테지만, 에세이 형식을 형식으로 고려하거나 이 형식에서 사고를 낳을 수 있다고는 전혀 생각해보지 않았습니다. 학문적인 연관 내에서 에세이 같은 특정한 문학적인 스타일을 사용할 수는 있습니다. 게다가 《사회학보 Zeitschrift für Soziologie》는 그 작업이 여성과 관련되거나 다른 여러 이유 때문에, 에세이 관점에서 쓴 저의 최근 작업을 곧 출간하지요.[15] 그리고 저는 에세이와 학술 논문을 겹치지 않도록 따로 날카롭게 구별하지 않고, 다만 시간이 너무 소요되지 않는다면 정식화하고 문장의 리듬에 주목하려 노력하기 때문에, 선생님의 말씀이 우선 불편하다고 느낍니다. 이와 더불어 선생님이 말씀하신 그런 것은 저의 프로그램 항목에 포함되어 있지 않습니다.

선생님에게서 볼 수 있는 것은 간결한 정식화를 통해 역설

이 첨예화되면서 자동적으로 에세이의 형식 요소가 되는
경향이 아닌가요?

네, 하나는 정식화의 측면이고, 다른 하나는 특정한 문제 유
형이나 특정한 역사적 연관에 접근하는 것입니다. 이와 다
르게는 두꺼운 책이 될 수밖에 없는 이론 장치를 갖는 체계
학과 구별되는 짧은 형식으로 출간하는 것입니다. 짧은 형
식으로는 결합을 쉽게 분리할 수 있습니다. 다시 말해 모든
개념을 정의할 수 없으며 다른 작업으로 상호 연관을 설명
하는 대신, 특정한 주제에 대해 쓸 뿐이라는 것이 명확해집
니다. 이렇게 부분적인 것이거나 논문 또는 에세이에서 볼
수 있는 파편적인 것은 때때로 매우 복잡한 이론을 한 지점
에서 시험할 수 있는 수단이 됩니다.

사람들이 '최후의 위대한 에세이스트'를 말할 때 사실적
인 관점에서만 말하는 것이 아니라, 그와 동시에 시간적인
관점에서도 '최초의' 위대한 에세이스트를 말하는 것입니
다. 그 장르에 대해 어떤 견해를 갖고 계시는지요? 로베르
트 무질Robert Musil이 제시한 것과 같은 에세이의 전통, 즉
좁은 의미에서 문학적인 형식일 뿐 아니라 동시에 사유 형
식으로 개념화되고 의식적으로 흔히 '주관성'이라 불리는
것에 전적으로 반하는 그 전통에 선생님 역시 어느 정도
연관됩니다. 무질이 "가설적으로 산다hypothetisch leben"

라고 말한 이 전통에서 에세이는 대안을 '남성적' 또는 '여성적' 편향을 갖게 구부리는 것을 거부하는 사유의 기관으로서 정확성, 거리 두기, 그럼에도 남아 있는 교란 가능성을 통해 나타납니다. 이는 결단주의적이고 자신을 축복하는 '주관성'과 구별되는 형식입니다. 반면 무질의 이런 말에도 불구하고 오늘날 에세이는 '주관성'의 기관이라 할 수 있습니다. 선생님의 텍스트가 이런 매체의 형식으로 양식화된다면 무엇을 기대할 수 있을까요? 에세이에서 무엇을 기대할 수 있을까요? 이에 대해 생각해볼 수 있나요?

저로서는 대답하기 어렵습니다. 우선 저는 단어 선택과 개념 투입의 정확성에 매우 중요한 가치를 부여하며, 다른 한편으로는 라이너 마리아 릴케Rainer Maria Rilke의 방식처럼 너무나 평범한 단어들을 너무나 평범한 방식으로 사용하는 것을 통해 정확성을 산출하는 문제에 관심이 있다고 말씀드립니다. 단어의 정상성을 양식 수단으로 사용하는 것, 그래서 정상성 — 단어가 실제로 의미하고 말하는 것 — 이 텍스트에서 두드러지는 것이지요. 이런 점이 저에게는 언제나 어려운 에세이의 구성 요소입니다. 왜냐하면 저는 학적인 맥락에서 단어를 개념으로 전환하고 일상어가 원래 말하고자 했던 것으로 정확성을 환기하는 대신, 이론의 기능 맥락에 정확성을 두기 때문입니다. 그런 점에서 학문적으로 세심하게 단어를 선택하고 말을 선택하는 완고함은 낯선 단어는 아닌지 묻는 질문으로 되돌아갑니다. 다만 그것이 에세이의 미래로 기대할 수 있는 것이라고 생각하지는 않습니다. 그러나 바로 이 계기야말로 저에게 필수 불가결합니다. 부분만 따로 떼어 조명해야 하는 경우라면, 그리고 모든 시대에 구속력 있는 선택이 아니라 어떤 조망이 문제인 경우라면, 저는 언제나 이런 요소들을 긍정하며 그것이 에세이 장르에서 왜 분리되어야 하는지 모르겠습니다.

저는 '가설적인 것'을 형식으로 가시화하는 것, 그러나 동시에 이것이 변덕이나 주관적인 표현 방식으로만 읽히는 것을 피하는 데 관심이 있습니다. 학적인 텍스트에서는 어디서 독자에게 결정이 요구되는지, 이와 더불어 어디서 멈추어야 독자가 자신의 지속적인 관심을 더 잘 밀고 갈 수 있는지 명료해야 합니다. 이는 에세이의 관심사일 수도 있지만, 보다 일반적으로는 사람들이 형식의 새로운 엄격함을 추구하는 문학에 열망하는 것일 수도 있습니다. 이론 맥락에서 짧은 논문은 잠정적인 것의 최종적인 형식이 아니라, 가설적인 것만큼이나 우연한 이론 연관에 숙달을 요구하는 불가피한 형식이라고 말할 수도 있을 것입니다.

마지막으로 경험적인 사회 연구와 무관한 사소한 질문들을 드리려고 합니다. 표준화된 질문이기는 하지만, 그럼에도 친숙한 도식에 따라 몇 가지 여쭙겠습니다. 선생님의 '소설의 주인공 Romanhelden'은 누구인가요?

처음 떠오르는 인물은 클레브 공작부인Princesse de Clèves입니다.[16]

좋아하는 화가는 누구입니까?

니콜라 드 스탈Nicolas de Staël과 한 트리어Hann Trier입니다.

좋아하는 작곡가는 누구입니까?

모차르트일 텐데, 저의 마음이 조금 더 끌리는 작곡가는 쇼팽입니다.

좋아하는 작가는 누구입니까?

정말 어렵네요. 도스토옙스키일 텐데, 이는 대체로 저의 지난날과 관련이 있습니다.

좋아하는 시인은 누구입니까?

인쇄된 적 없이 자신의 낭독에 의존한 시를 쓴, 지금은 세상을 떠난 친구입니다.[17]

선생님의 모토는 무엇입니까?

낮에는 "좋은 정신은 건조하다Guter Geist ist trocken"[18]입니다. 이는 헤라클레이토스Ἡράκλειτος가 "Αὔη ψυχὴ σοφωτάτη καὶ ἀρίστη"라고 정확하게 말한 바 있습니다. 밤에는……, 밤에도 모토가 필요한가요?

물론입니다!

오비디우스Ovidius의 "잘 숨어서 산 인생이 잘 산 인생이다 Bene qui latuit, bene vixit"라고 말하겠습니다. ◆

7장

'1984', 로베르트 융크와의 논쟁[1][2]

진행 · 알폰스 피셔Alfons Fischer[3]

루만 선생님과 로베르트 융크Robert Jungk 선생님, 두 분은 우리 사회를 관찰하는 직업을 갖고 계십니다. 지난해 두드러졌던 사건과 발전이 무엇이라고 보십니까?

융크　　　저에게 1984년은 체계가 실패한 해입니다. 체계는 복잡해졌고 더 이상 의도한 만큼 지배력을 획득할 수 없었습니다. 인도 중앙에 자리한 도시 보팔에서 있었던 독가스 재앙이 전형적인 사례입니다. 오스트리아 하인부르크의 저지대 초지를 점령해서 도나우 전기 발전소 건설을 저지하려던 시민들의 봉기도 사례로 들 수 있겠지요. 체계의 관리자가 체계 개념을 관철하고자 할 때, 인간은 이를 감수하려 하지 않습니다. 문제는 거대한 체계가 기능할 수 없는 것인지, 사회를 위해 다른 조직 원리를 더욱더 강조해야 하는지에 대한 우리의 이해 여부에 있습니다. 기술이 중심이 되어 거대해진 사회는 위기에 면역 결핍증을 갖고 있습니다. 이런

사회에는 위해성이 있습니다. 앞선 이야기는 이런 위해성을
마주한 삶과 죽음의 문제이기도 합니다.

루만   그러나 유사한 경험을 다른 개념성으로 정식화할
수 있다고 생각합니다. 거대한 부지를 점거하는 경우를 떠올
려봅시다. 저는 인간이 체계를 형성하지 않고 얼마나 관계를
맺을 수 있는지 떠오르지 않아요. 체계와 인간이 대립한다
고 보지 않습니다. 오히려 규모가 크고 확고하게 자리 잡은
전통적인 기능 기준이 새로운 요구 사항을 얼마나 어디까지
확정했는지가 문제라고 봅니다. 여기서 전통적인 기능이란
가령 가격으로 조정되는 시장 경제나 입법으로 진행되는 법
체계와 같은 거대하고 표준적인 기능을 말합니다. 전통적으
로 항상 인간 사이의 관계만을 생각했고 환경은 부차적이지
않았습니까. 반면 최근 들어 처음으로 환경 변화가 사회에
거대한 영향을 끼치는 것을 보게 됩니다.

융크   네, 루만 선생님. 최근 우리는 선생님께서 말씀하
신 것을 봅니다. 그러나 그것은 필연적인 자기비판이거나
꽤 일관적인 체계를 운용할 수 있을 것이라고 믿던 모든 이
의 파산 선고에 다름 아닙니다. 훨씬 전에 생태적인 요소를
인식했어야 했지요. 모든 체계의 구상과 관련해서 오랫동안
많은 요인이 누락되어왔어요. 뒤늦게나마 이 점이 분명해졌
지요. 무엇보다 오늘날 심리적인 요인이 무시되고 있습니다.

다시 말해 사람들은 심리적인 요인이 인간성에 상응하거나 충족될 수 없다고 생각하게 되었습니다.

벌목, 풍경 파괴, 원자력의 위해, 군비 확장과 실업 등과 같은 시대의 징표들은 인지되지 않았나요?

루만   우선 계획에 대한 일종의 회의주의가 이미 널리 퍼졌다는 것을 말해야겠습니다. 1964년과 1984년을 비교한다면 더욱 분명하지요. 계획은 방해받지만 당장 멈출 수 없는 거대한 유조선처럼 계속 진행됩니다. 그럼에도 무엇보다 지방 차원에서 시민 발의와 같은 시민 개입이 지속적으로 이루어지고 있어요. 관료 차원에서도 거대한 계획을 저지하려는 시도가 분명 있습니다. 제 생각에는 시민이 새로운 요구들을 충분히 이해하고 여론을 형성한다고 보기에 아직 어려운 것 같아요. 오히려 작은 집단의 형성과 새로운 개념보다는 회의懷疑로의 회피를 관찰할 수 있습니다.

융크   저는 지방 자치의 차원에서 무엇인가가 일어나고 있다고 봐요. 그러나 거대한 국제 콘체른을 보면 종래와 마찬가지로 계속 계획을 세우고 있어요. 우리는 인도의 독가스 재앙으로 이것을 겪었습니다. 재앙에 책임이 있는 회사는 손에 쥔 패를 지금까지도 보여주지 않았어요. 그것의 상태가 어떤지, 그것을 어디서 만드는지, 결정 과정이 어떻게 진행되는지 말하지 않았습니다. 기업과 국가가 인간에게 뒤집어씌우는 것은 대체로 자신이 파악할 수 없는 무엇인가를 질서라고 하면서 얼버무리는 자의적 행위입니다. 이를 통해서 끊임없이 잘못된 결단을 내리고 잘못된 계획을 세우게 됩니다. 잘못된 결단과 계획은 특히 전체주의적인 체계에서 볼 수 있지만, 우리의 체계에서도 보게 됩니다. 우리는 하나의 질서, 그러나 조화로운 질서가 필요합니다. 점거자의 자생적인 질서는 매우 개방적이고 임시적이며, 가능한 한 적은 요인으로도 가능하다는 특징이 있습니다.

루만 잘못된 체계와 조화로운 질서의 대비는 저에게 너무 첨예하게 보입니다. 가령 경제와 법질서 같은 거대한 문제들이 어떻게 지금까지와 완전히 다르게 해결될 수 있는지 단순하지는 않기 때문입니다. 새로운 상황을 이론적으로 전혀 파악할 수 없잖아요. 오늘날에도 여전히 자본과 노동의 대비가 조직과 여론을 매우 강하게 지배하지요. 하지만 자본과 노동의 대비로는 새로운 상황을 이론적으로 파악할 수 없기 때문에 이는 잘못된 대비라고 생각합니다.

OECD 국가에서 현재 3500만 명 정도가 실업 상태입니다. 경제에서는 거대한 구조 변동이 예측하기 어려운 사회 정치적 영향과 더불어 진행 중입니다. 루만 선생님께서는 자본과 노동의 갈등을 과소평가하시는지요?

루만　　　　자본에 반대하는 조치를 취해서는 이런 대비를 해결할 수 없습니다. 조직 층위, 사회 층위, 특히 경제의 기능 층위를 엄격하게 구별하고자 합니다. 저는 어떤 콘체른이 잘못 또는 자의적으로 운영되는 데 문제가 있다고 보지 않아요. 화폐 체계로서 국제 경제가 붕괴한다면 무슨 일이 벌어질까요? 오히려 이런 것이 문제입니다. 모두가 더 나빠지지 않을까요? 가장 부채가 높은 통화인 달러 사용이 불가피하다는 것을 목도할 때, 은행 체계를 어떻게 개념화해야 할지 역시 물어보게 됩니다. 어떤 위험이 따라올지 묻게 되지요. 그러나 이 문제는 경영 체계에서, 특히 계획 체계에서는 파악할 수 없습니다.

융크　　　　저는 더 이상 자본과 노동 사이에 대립이 있다고 생각하지 않습니다. 그 대신 결정할 수 있는 이들과 결정의 대상이 되는 이들 사이에 대립이 있다고 봅니다. 결정할 수 있는 누군가가 있다 하더라도 그들의 수가 너무 적고, 또 그들이 너무 편협하다고 보기 때문입니다. 그들은 일방적으로 정보를 취득하고 단기간의 이해에 너무 강하게 몰두하지요.

루만　　　　이런 시각은 너무 단순하네요. 저는 일방성이 다른 사람이나 다른 조직이었다면 피할 수 있는, 비난의 여지가 있는 결점이라고 도저히 생각할 수 없습니다. 이 관점에서 보면 문제는 단순합니다. 우리는 가격 없이 계산할 수 없다는 것이지요. 가격 없이 투자의 경제적인 의미를 계산할 수 있나요? 가격을 고수하지 않는다면 경제적으로 무의미한 것을 어떻게 차단할까요? 다른 한편 생태학-인간-관계를 새롭게 질서 지우기 위해서는 가격에 대한 이런 체계 내재적인 정보만으로는 충분치 않습니다. 하나의 예를 들어보지요. 유가는 석유가 더 희귀해지더라도 하락할 것입니다. 어떤 것이 기능할 때는 다르게도 기능할 수 있다고 상상할 수 있습니다. 이는 상황의 역설입니다.

루만 선생님, 막 출간된 저서 《사회적 체계들》에서 임박한 문제를 해결하기 위해 체계의 (자기)조절 능력을 말씀하셨습니다. 이는 기술적으로 냉정하게 문제에 접근하신 것은 아닌지요?

루만 　　네, 적극적이지 않은 스타일로 의도한 것입니다. 그러나 그 뒤에는 상당한 정도의 낙관주의가 있습니다. 사회관계에 대해서 더 잘 생각할 가능성이 있어요. 그런 점에서 융크 선생님의 의도와 전혀 다르지 않습니다. 단지 저는 단순히 느슨하게 생각하는, 말하자면 자생적 능력에 기댈 때 새삼 불안할 따름입니다. 저에게는 이해할 수 있고, 이론적으로 정식화할 수 있는 질문이 가장 중요합니다.

융크 선생님께서는 자생성, 즉 인간의 자기조직 능력과 사

고 능력에 큰 의미를 부여하십니다. 가령 제3세계운동, 반핵운동, 여성운동, 평화운동과 같은 층위에서 작동하는 운동은 최근 매우 난감한 (생존) 국면에 처해 있기도 하지요.

융크   맞습니다. 그 층위에서 작동하는 운동은 지금 난감한 국면이지요. 저는 그런 운동을 '인간 전율Menschen-beben'이라고 부릅니다. 간헐적으로 출현하기 때문입니다. 인간은 다른 일에 몰두하고 나서야 다시 저항하기 때문에, 그 운동들은 평온한 시간 속에 있습니다. 현재는 말도 안 되는 정치에 반대하는 수십만 명의 저항을 겪고 있습니다. 오래된 의미의 어떤 혁명도 오늘날 더 이상 실행될 수 없기 때문에, 인간을 숙고하게 하는 부분적인 폭동이 필요합니다. 20년 전에 사람들은 무장과 군비 확장, 제3세계 문제가 무엇인지 전혀 알지 못했습니다. 저는 지난 20년 동안 거대한 계몽 작업이 수행되었다고 생각합니다.

루만   그러나 융크 선생님, 저항운동은 반대에서 출현한 운동일 뿐 전체에 대한 사고를 전환하려는 시도가 아닙니다.

융크   그 시도가 지금 막 시작된 것입니다. 운동은 무엇에 반대하는 저항일 뿐 아니라, 우리에게 어떤 긍정적인 개념과 전망을 발전시킬 수 있을지 숙고하도록 합니다. 지난 2년 동안 운동에서 이런 점이 강력하게 나타났습니다.

130

루만　　　맞습니다. 저는 시민 불복종과 같은 입장을 대표하며, 신중하고 의지를 갖고 계신 이런 분들의 고귀한 양심을 잘 압니다. 그것은 인상적일 뿐 아니라 전혀 문제되지 않아요. 그럼에도 저는 '여기 우리, 저기 체계들', '여기 우리, 저기 기술 관료' 등으로 대비하는 어리석은 짓을 그만해야 한다고 생각합니다. 나머지 반을 제거하고 그 자리에 자기 자신을 두는 것이 그렇게 단순하지 않습니다.

융크　　　구조가 인간에게 적대적인 것으로 드러난다면, 그 구조를 붕괴시키려는 시도를 해야만 합니다. 루만 선생님께서 구축하고 지지하는 체계들은 실제로는 불안의 체계일 뿐입니다. 도식화되면서 이례적으로 까다로운 현실이 명목상 덜 위협적인 거예요. 그러나 그것은 다수의 사람들에 반하는 소수의 거대한 사기에 지나지 않습니다.

다가오는 해에 우리가 몰두할 큰 문제가 어디에 있을까요?

루만　　　저에게는 전쟁이 중심적인 문제입니다. 몇 년 안에 세계 대전이 일어나리라는 것은 매우 비개연적이지요. 자연히 최소한의 개연성은 매우 문제가 됩니다. 저는 무장과 전쟁이 직접적으로 연관된다고 생각하지 않아요. 하지만 우리가 군비를 더 증강하지 않는 것으로는 그 문제를 해결할 수 없다고 봅니다. 몇 년 내에 우리가 의심할 나위 없이 몰두하게 될 다른 문제는 세계 경제 문제입니다. 개별 산업 국가들에서 상대적으로 독자적인 은행 정치는 언제나 높은 부채 비율을 수반합니다. 이는 매우 심각한 위험을 내포하기 때문에 세계 경제의 붕괴가 전쟁보다 개연적인 것 같습니다. 정치 발전과 더불어 생태학 관점에서 본 새로운 요구들이 경제 체계의 풍부한 연속성을 수반하면서 경제 안에 구축되어야 합니다. 이는 가령 재교육 협상, 달러 환율의 새로운 규제, 산업에서 진행 중인 거대한 컴퓨터화에도 불구하고 새로운 노동 장소의 창출 등과 같은 많은 수의 '작은' 결정으로 표현될 것입니다. 모자이크 놀이같이 되겠지만, 각 계기에서 외부 통제를 벗어난 발전을 시작할 수 있습니다.

융크   거대한 권력의 편에서 비판적인 상황을 완화하고자 시도하더라도 군비 지출은 언제나처럼 결정적인 문제로 남을 것입니다. 언제나 현실에서는 계속 더 무장되는 것이지요. 우주로의 군비 확장에 대한 유럽의 의구심을 미국인이 얼마나 무시하는지 보세요. 미국인의 역할은 특히 치명적입니다. 잘 듣지 않는 서구 강대국의 태도는 당장 내년인 1985년에 매우 심각한 요소가 된다고 생각합니다. 그래서 저는 세계 경제의 파탄 역시 전적으로 가능하다고 봅니다.

회의주의자들은 이미 오래전부터 세계 몰락이 다가오고 있다고 봤습니다. 낙관주의자들은 우리가 이행기에 있다

고, 컴퓨터 시대에는 더 적은 노동 시간과 더 나은 재화
의 분배를 수반하면서 세계적으로 번영이 확산된다고 믿
습니다. 그사이에 매릴린 퍼거슨Marilyn Ferguson, 프리초
프 카프라Fritjof Capra, 한스 아돌프 페스탈로치Hans Adolf
Pestalozzi 등의 평가와 기획이라는 넓은 스펙트럼이 있습
니다. 선생님들은 스펙트럼의 어디쯤 위치한다고 보시는
지요?

루만   저는 낙관주의의 방향에 서 있습니다만, 이 낙관
주의는 번영의 희망에 묶여 있지 않습니다. 저의 낙관주의는
아마도 거대한 구조들의 자기적응 능력에 있지 않나 싶습니
다. 가령 가격을 지향하는 세계 시장 경제가 문제를 해결할
수 있는지 알지 못합니다. 저는 그 문제를 상당히 걱정하고
있습니다. 그렇지만 어떻게 그 문제를 다르게 해결할 수 있
을지는 모르겠습니다. 그래서 저의 결론은 구조들이 결과적
으로 더 반응 능력을 갖추고 더 민감하게 되는 지점을 예리
하게 들여다보는 것입니다.

융크   이미 아시겠지만, 저는 현재 희망보다 많은 절망
을 보고 있습니다. 그러나 이는 지나간다고 생각해요. 예를
들면 판사, 의사, 그리고 선생처럼 이른바 사회의 지도 계층
이 비관적인 모습을 보이는 데 희망이 있다고 생각합니다.
오늘날 서독에서 벌어지는 일들을 보세요. 판사와 의사가 거

리로 나오고, 주류 신문 광고에서 현재 경로에 반해서 저항하고 있습니다. 이전에는 결코 겪어본 적 없던 일이지요. 그 밖에 교회들 그리고 노동조합과 같은 오랜 제도들이 위기를 통해 점진적으로 그들의 위대한 이념으로 되돌아가서 각성하고 있어요. 저에게는 바로 이런 것이 큰 의미가 있습니다. 지금까지 노동조합들은 변화라는 큰 문제 대신 임금 문제에만 전적으로 매달려왔습니다. 갑자기 나타난 이런 일은 오래된 조직에게 중요한 변화를 일으키는 촉매가 되기도 합니다. ◆

8장

트로이의 목마[1·2]

진행 · 하이디 렌크 Heidi Renk[3]
마르코 브룬스 Marco Bruns[4]

《생태적 커뮤니케이션 *Ökologische Kommunikation*》[5]은 요사이 논의되는 주제이기 때문에 다룬 작업인가요, 아니면 체계이론과 생태학을 둘러싼 논쟁 사이에 내적인 연관이 있나요?

둘 다 맞습니다. 제가 보기에 체계이론은 언제나 체계/환경-이론입니다.[6] 이는 체계가 특별히 중요하고 환경은 덜 중요하다는 의미가 아닙니다. 오히려 체계이론의 관심은 체계와 환경 사이의 관계에 있습니다. 생태학 문제를 환경에서 벌어지는 일이자 환경 오염 그 자체로 볼 뿐 아니라, 체계와 환경 사이의 관계로 본다면, 생태학 문제는 실제로 사회이론의 '유일한' 주제가 됩니다.[7]

선생님의 이론에서 환경 개념은 통상적인 자연 보호나 생태계를 환경으로 생각하는 것과는 다르지 않습니까?

제가 아는 여러 생태학자들은 환경을 인간이 아닌 모든 것으로 취급합니다. 우리가 여기에 앉아 있는 것처럼 인간을 신체와 정신, 신체와 영혼을 가진 존재로 생각하지요. 그러면 안락의자는 환경이 됩니다. 하지만 이런 환경 개념은 제가 사용할 수 있는 개념이 아닙니다.

그렇다면 이해가 어려워도 선생님께서는 두 측면에서 모두 결실을 맺는 주제를 다룰 수 있다고 생각하시는지요?

우선 저는 선생님의 짐작처럼 지적인 우주의 내부에 그렇게 날카로운 경계가 있다고 생각하지 않습니다. 많은 연관들이 있지만, 다시 체계이론의 방식을 취하는 균형 모델이 전체 환경을 거대한 체계로 개념화하는 것을 제외하면 무엇보다 고전적인 생태학의 측면에서는 그 어떤 명료한 이론을 볼 수 없습니다.

체계이론적인 개념성을 따르자면 환경과의 연관은 불안과 염려와 같은 감정에 의한…….

특정한 생태적 운동에서는 그럴 것입니다. 그러나 적어도 사회학적인 관점에서 보면 전혀 생태적 현상이 아닙니다. 생태적 운동은 결코 생태적 현상이 아닙니다.[8]

체계이론으로 생태학에 집중한다면 정치적인 의도를 배제하는 것인지요?

아마도 여러 층위의 답변이 가능할 것입니다. 정치와 관련해서 저는 자동적으로 본Bonn과 결부하지 프랑크푸르트[9]와 결부하지 않습니다. 마찬가지로 헬무트 콜Helmut Kohl이나 그의 주변 인물 또는 헤르베르트 베너Herbert Wehner, 빌리 브란트 Willy Brandt, 헬무트 슈미트Helmut Schmidt와 연관 짓지, 위르겐 하버마스와 연관 짓지 않습니다.[10] 하나의 사물이 정치적인 의미를 갖는다고 하면, 저는 그 발신처를 생태학적 운동과는 다른 곳에서 찾겠습니다. 다른 한편으로 사회운동들과 고유한 관점의 제약, 또한 고전적인 기술을 선호하는 사상과 그에 대항하는 정치 체계의 민감함을 고려하면, 생태학적 운동은 그 자체로 정치적인 현상이지만 상대적으로 간접적인 계기입니다. 다시금 어떤 연관에서 생태적 운동이 정치적인 미래를 가질 수 있는지 살펴보기 위해서는 그에 부합하는 정치 체계이론이 있어야 합니다. 그러나 책이 갖는 언어적이고 개념적인 양식화 때문에 저는 이런 숙고로부터 상대적으로 거리를 뒀습니다. 사회의 계기로서 정치가 그 책에 등장하긴 하지만,[11] 생태적 운동이 정치에 영향을 끼치는지 여부가 생태학이라는 사회 문제를 해결하는 데 분명 충분하지 않지요. 저의 주요한 관심은 생태적인 물음이 정치의 한계를 설명할 수 있으려면 사회이론이 필요한가 여부입니다.

체계이론이 사회운동을 이론적으로 뒷받침할 수 있을까요?

조심스럽지만 이렇게 말하고 싶습니다. 공통적인 것은 '기능적 등가'라는 방식입니다. 우선 문제를 취하고 이를 사회기술과 결부하려는 시도입니다. 다시 말해 왜 우리 사회는 이렇게 자신이 만든 문제들과 공공연하게 충돌하는지 묻는 것입니다. 또 다른 문제는 사회운동 영역을 강하게 이론화된 기술로 읽고 사용할 수 있는지 또는 운동과 이론이 계속 양분화되어야 하는지에 관한 것입니다. 아니면 신학자가 사회학적이나 체계이론적인 기술을 받아들일 때 자신의 고유한 동기의 토대, 즉 종교를 훼손하게 되는 것처럼, 생태학적인 운동이 이론을 받아들일 때 자신의 고유한 동기의 토대에서 훼손되는 것이 아닌가 하는 문제이기도 합니다. 그러나 그처럼 메울 수 없는 차이에서 출발해도 다음 문제가 여전히 남아 있습니다. 사회이론이 기술하는 전문 분야가 생태학적 운동에 대한 기술에 익숙해질 수 있는가. 그리고 '시민사회'나 '시민 언론'처럼 실제로 현실적인 기반이 없는 매우 피상적이며 비경험적인 반Anti개념에 의존하지 않고도 내가 누구인지 숙고할 수 있는가.[12]

객관적으로 주어진 것으로부터 상대적으로 독립된 중요성을 갖는 '불안'에 대해 쓰셨습니다. 체르노빌[13] 이후에 이를 다르게 평가하시는지요?

아닙니다. 체르노빌이야말로 위험 지각, 위험 수용, 불안, 그리고 그와 같은 특정한 테제의 직접적인 증거이지요. 제가 진단했던 바로 그것, 경험적으로 받아들일 수 있는 토대 없이 수사적으로 들끓는 불안은 여전하리라고 생각합니다. 그러나 이 역시 매우 비개연적인 사건입니다. 위험은 주관적으로 매우 상이하게 평가될 수 있다는 것과 그에 대해서는 어떠한 합의 가능성도 없다는 주제에 부합합니다.[14]

체르노빌의 경우처럼, 가능성이 현실화하는 것이 무의미한 상황에 직면해서 제삼자에게 제시할 수 있는 체계이론의 정보 내용은 무엇인가요?

저는 우선 핵에너지를 생각한 것은 아니었습니다. 당연히 체르노빌 이후, 이제 주제는 사람들이 불안해할 수 있는 특별한 경우에 더 집중적으로 주목하게 됩니다. 이것은 특수한 설명이 있는 특정한 학문 연구를 가능케 하거나 권장합니다. 이와 함께 심리적 현실과 사회적 커뮤니케이션의 구별이 중요합니다. 핵에너지에 관한 의견이 언제나 그렇듯 지역적, 이익적, 국가적 이해관계에 의존한다면, 사람들은 불안에 관해 커뮤니케이션하는 것과 불안함의 원천에 대해 수사적으로 말하는 것 사이에 현격한 구별이 있음을 받아들입니다. 이런 구별에서부터 실질적인 결과가 도출됩니다. 그 결과에 대해 선생님은 분명히 덜 공감하실 것입니다. 예를 들면 불안을 정치적으로 쟁점화하지 않으려는 이들의 편에서 어떻게 목적에 부합하는 방식으로 커뮤니케이션할 수 있을까요? 에너지 사업이나 그와 유사한 사업에 대한 심리학적 심의가 있고, 반대로 다른 경향을 따르는 이들도 심리학에서 배울 점이 있습니다. '어떻게 커뮤니케이션을 통해 효과를 산출하거나 방해할 수 있을까?'와 같은 낡은 방식의 수사학 차원에 놓일 뿐이지요. 저는 정치화하는 방향이든 심리적인 관점의 방향이든 그 어느 쪽에도 관심이 없습니다.

그러면 선생님의 의도는 무엇인가요. 이론이나 그 제안으로 제거하고 싶은 곤란함이 있나요?

그것이야말로 제가 확실하게 피하고자 하는 질문입니다. 저는 일반 사회이론을 완성하는 일을 완전히 소모적이라고 생각합니다. 제 생각을 책으로 작업하는 것이 제 할 일을 다 한 것입니다. 왜냐하면 저는 금요일마다 본에 있을 수 없기 때문입니다. 저 역시 특수한 과제를 마주하면 주요한 실패를 할 수 있기 때문에, 긴밀하게 얽혀 있으면서도 비판 능력이 있는 이론을 잘 구축하고자 합니다. 그렇다고 해서 저는 그것이 실천과 관련이 없거나 어떠한 변화를 산출할 수 없고 산출해서는 안 된다고 생각하지 않습니다. 이론을 어느 정도 받아들이고 사회 안에서 사회를 기술한다면 변화가 생길 수 있다고 생각합니다. 다만 그렇게 발생한 변화가 직접적으로 이론의 목표가 될 수는 없습니다. 그 변화를 어떻게 평가하는가, 그리고 어떤 관점에서 그것을 보는가에 따라서 긍정적인 효과와 마찬가지로 부정적인 효과가 나타날 수 있기 때문입니다. 하나의 이론이 단지 숨겨진 책에 대한 지식이 아니라면, 이론은 자신이 기술하는 사회를 변화시킵니다. 그러나 이러한 효과를 기술하기 위해서는 어떤 식으로든 처음에 투사된 목적이 배치된 층위에 놓일 수 없는 새로운 이론이 필요합니다.

> **테어도어 아도르노 역시 금요일마다 본으로 갈 수 없을 것입니다. 그리고 자신이 만들어내는 것과 무관하게 당연히 이론은 정치적이거나 해방적일 수 있습니다.**

저는 오늘날 지식인이 이론을 더 이상 변화 의도의 수단으로 보지 않는다고 생각합니다. 그럴 수 없다고 여기는 거죠. 의도는 더 이상 전체를 변화시키는 외부의 투입이 아니라, 전체의 부분으로 투입되면서 그 안에서 다시 새로운 차이들을 산출하는 부분으로 볼 수 있습니다. 그렇기 때문에 계획 이론가나 비판가와 마찬가지로 개입주의자 역시 언제나 같은 어려움을 만들게 됩니다. 그런 이유에서 저는 자율적으로 자신에게 몰두하면서 커뮤니케이션을 통해 자신을 계속 산출하는 체계로서 사회를 파악하는 사고의 자기지시 방향이 적합한 설명 수준을 가능하게 한다고 생각합니다.[15] 이러한 이론적인 장치는 비판적인 의도와 마찬가지로 계획에 따른 의도를 넘어섭니다.

체계이론이 어떻게 수용된다고 보시는지요. 다른 맥락에서 나름대로 수용되고 있는 이론을 생산할 때 따라오는 책임은 선생님께 어떤 의미가 있습니까?

상투적인 미사여구를 수반하거나 정치적인 상황과 무관하게 '복잡성 환원' 개념과 결부하는 방식으로 완전히 부적절하게 수용되고 있습니다.[16] 그와 동시에 부분적으로는 독일 혹은 이탈리아 좌파 정치의 스펙트럼 속에서 언제나 저에게 질문하고, 그 질문에 제가 어떻게 답하는지에 대한 관심이 두드러집니다. 이러한 질문은 사람들이 추측하는 것처럼 제가 우파라면 당연히 의미를 가질 것입니다. 그러나 정치적 스펙트럼의 오른편에는 특히 다른 이론을 독해할 수 있는 이론이 있다는 느낌을 받지 못하기 때문에, 저는 이러한 추정에 전혀 동의하지 않을 뿐 아니라 그런 질문으로는 어떤 것도 시작할 수 없습니다. 오히려 이런 이론 상황에서는 기지 넘치는 말이나 더 문학적인 특정한 주도 이념으로 버티는 스펙트럼의 오른쪽보다 자극받는다고 느낄 수 있는 이론을 가진 스펙트럼의 왼쪽을 더 진력해서 읽게 되는 것이 전적으로 당연합니다.[17]

저에게 책임이란 무엇보다 숙련된 솜씨로 조탁하

는 일입니다. 자신이 직접 읽은 책만을 인용하고, 완수할 수 있는 한 명료하고 정확하게 사고하는 것입니다. 그 밖에 제가 책임이라고 여기는 것은, 사람들이 관심을 갖는 주제에서 부분적으로 오해를 제거하고, 부분적으로는 현재적인 것을 포착하는 데 따르는 어느 정도 확실한 필연성입니다. 따라서 그것은 내용에 대한 책임이라기보다 작업의 우선순위를 선택하는 것에 대한 책임입니다.

《열정으로서의 사랑》과 그 책이 받아들여진 맥락에 대해 이야기를 나누고자 합니다. 예를 들면 완전히 다른 배경에서 나온 성 역할 분화에 관한 질문과 선생님의 관심이 대면할 때 선생님의 대응은 얼마나 성공적이었을까요?

그 책이나 제 다른 책들에 대해 다른 방식의 관심을 갖고 접근해도 전혀 당황스럽지 않습니다. 기껏해야 이렇게 말할 따름입니다. 만약 그런 관심을 예측했다면, 저는 특정한 구절을 더 명확하고 두드러지게 작업했을 것이라고요. 프랑스 고전에는 사랑의 시간성에 대해 기술하려는 생각이 있었습니다. 천천히 시작하여 증가한 다음 급작스럽게 중단하고 결국 끝나버린 18세기에도, 역시나 그 시간성은 성관계에서 여성의 체험이 아닌 정확히 남성의 체험을 재생산한다는 생각이 있었습니다. 이는 제가 염두에 둔 것이기도 합니다. 사람들은 그것에 대해 더 많이 말할 수도 있습니다. 저는 남성/여성 테마는 전적으로 아주 다르게, 또 적절하게 다루어질 필요가 있다고 생각합니다. 상대방으로 취급하지 않고, 정말 말하고 싶지 않은 어떤 것을 보여준다고 간주한다면 어렵기만 할 것입니다. 그러면 무엇인가 조금 당황스러워지게 되지요.

선생님을 향해 냉소적이거나 보수적이라는 시선, 심지어 존재하는 것의 유지에 관심을 갖는다는 점에서 반동적이라는 이의가 제기됩니다.

냉소주의와 아이러니를 구별하고 싶습니다. 독일의, 특히 프랑크푸르트의 학문 풍경에서 유머의 부재와 '찬성이냐 반대냐' 같은 사물과의 직접적인 관계를 묻는 질문은 저를 당혹스럽게 합니다. 조용한 거리 두기는 단지 취향의 문제일 수 있습니다. 그것조차 사회에 대한 적극적인 개입이라고 해버리면, 그에 반해서 말할 수 있는 것은 결국 없습니다. 존재하는 것을 승인하는 문제에 대해서는 다음과 같습니다. 한편으로 우리는 다른 사회들에 몰두하는 것이 아무 의미가 없는 사회에 살고 있습니다. 다른 한편으로 이 사회는 많은 것이 너무 신속하게 변해서 변화와 자신이 일치하게 되는 사회입니다. 그곳으로 가야 한다고 말하기 위해서는 어디로 가야 하는지를 제시하는 규범적인 생각이 따릅니다. 확실히 저는 그런 생각이 없습니다. 저는 사회를 이론화하는 학과의 장인이나 사회가 나아갈 방향을 잘 아는 사람이 아니라, 기껏해야 어떻게 변화가 지속되는지 관찰하고 이론에서 부족한 부분을 찾는 사람일 뿐입니다.[18] 오늘날 사회에 대한 기술은 사회 변화의 속도를 따라가기보다 마르크스에서부터 베버까지 가장 좋아하는 과거의 텍스트를 해석하거나 변경하는 일이 되어버린 상황입니다. 정확하게 제기된 주제를 묻는 개별적인 질문에 대해서는 저에게도 이데올로기적인 선택지가 있는 것이 당연합니다.

선생님과 하버마스 사이에는 각기 다른 이론적인 접근을 개정하려는 시도가 서로에게 없다는 것을 바로 알 수 있습니다. 이는 원리적으로 개념을 번역할 수 없어서인가요, 아니면 프랑크푸르트학파에서 연유한 신념의 전쟁이라는 의미에서 입장을 고수하기 때문인가요?

하버마스에게는 도발이 될지 모르지만, 저는 언제나 도덕적으로 냉정하려고 합니다. 그러나 그 점을 제외하면 실질적으로 사회적인 것의 실마리를 커뮤니케이션 개념으로 다룬다는 점에서는 저와 하버마스 사이에 명백한 유사점이 있습니다. 반면에 저는 행위 개념으로는 어떤 것도 시작할 수 없습니다. 하버마스는 단순하게 상당 부분을 근거 질문에서 출발하기 때문에, 근거가 없는 커뮤니케이션을 근거를 가진 커뮤니케이션과 똑같이 다룰 수 있고 근거에 대한 질문을 특수한 현상으로 제외할 수 있는 이론적인 수준으로 커뮤니케이션 개념을 가져갔습니다. 제가 보기에 하버마스에게는 끊임 없이 다른 상대들과의 논쟁하는 것으로 대체할 수 없는 이론적 철저함이 부족합니다. 이제 문제는 그가 인간에 관심이 있다고 말하는 데 만족하지 않고, 보다 넓은 커뮤니케이션 개념을 수용하지 않는 이유를 말할 수 있는가입니다. 전체적으로 보면, 하버마스는 많은 문제들을 무시하지만 우리 사이에는 유사점도 있습니다. 둘 다 자연은 보호가 필요한 '저기 밖에 있는 것'이라는 입장을 취하지 않거든요.

체계이론이 논란을 야기하고도 사회학을 넘어서까지 인기를 얻었다는 점이 놀랍지 않으신지요?

사람들은 그에 대해 시간이 지나면서 자연스럽게 익숙해지기 마련입니다. 다른 점에서 저는 보편주의적인 이론의 위치를 받아들이고 그 위치가 있다고 믿는 경우에 체계이론은 주목할 만한 역할을 한다고 봅니다. 또한 많은 사람이 일반이론을 발전시키고자 몰두했으나, 오직 탤컷 파슨스만이 그럴 수 있었음을 파슨스에게서 보았습니다. 그에 따라 부당하게 주목이 집중되고 부당하게 효과가 귀속됩니다. 이를 다른 사회학자들에게 말해보면 그들 역시 자신들이 하고 있는 것이 일반이론이라고 대답하겠지만, 실제로는 경쟁이 치열하지 않은 시장입니다. 오히려 그것은 이해 관심의 한 부분을 설명합니다. 저는 전체 사회학에 대해 설득력을 갖는 이론을 정식화하고자 시도했습니다. 하버마스의 진술을 그대로 받아들이더라도 그는 그런 시도를 하지 않았으며, 파슨스 이후 누가 이런 상황을 염두에 두면서 그 밖의 것을 요구하는지 모르겠습니다.

체계이론과 의사소통 행위이론의 대립이 사회이론에서 성공적인 논쟁이라고 생각하시나요? 그 토론을 계속하시겠습니까?

아니요. 한 번이면 족합니다. 좋은 논쟁에서 할 수 있는 것을 실제로 하버마스의 저작을 읽으면서는 많이 얻지 못했습니다.[19] 물론 하버마스의 작업은 흥미롭고 저는 그의 저작을 읽지만, 매우 추상적이더라도 특정한 지점에서 저의 이론을 발전으로 이끌어갈 수 있는 부분을 엄밀하게 읽을 때면 그에게 만족할 수가 없습니다. 학생들도 마찬가지일 것입니다. 다만 사람들이 그의 저작을 통해 작업하고 배웠다는 점에서, 그의 작업은 지식의 저장고라고 할 수 있습니다. 하지만 그의 이론은 계속 연결할 수 없는 하나의 섬과 같습니다.[20] 문제는 체계이론 자체를 중점으로 다루지 않으면서도 체계이론의 근거가 되는 주제들을 파악할 수 없는가 하는 것입니다. 저의 관점에서 하버마스에게는 체계이론으로부터 자유로우면서도 체계이론의 자리를 특정하는 실제로 포괄적인

148

이론의 가능성이 없습니다.[21] 체계와 생활 세계의 차이는 너무도 조악합니다. 그 차이는 체계이론의 가능성에 적합하지 않지요. 생활 세계 개념 역시 마찬가지로 아닙니다. 체계가 생활 세계 바깥에서 작동한다고 말하는 것은 완전히 불가능합니다. 일상이 그러하며, 모든 관료제와 거래소, 주식 매매 등에서도 그렇습니다.

> 주체 없는 체계와 '중심 없는 사회Gesellschaft ohne Zentrum'에 관해 기술하셨지요. 그 사회는 개별 하위 체계로 반작용하는 층위에서 고유의 행위 결과를 인지할 수 있습니다. 하지만 개입 능력이 있고 문제를 해결할 수 있는 심급에 대해서는 말할 것도 없고 어떠한 포괄적인 성찰 심급도 더 이상 처리하지 못합니다. 선생님께서는 서로 연계되는 성찰을 추구하는 두 장소, 즉 체계와 환경만을 기술하셨습니다. 서로 연계되는 성찰, 전체에 대한 이해가 계몽 프로젝트의 핵심입니다. 이 계몽 개념에 동의하시나요?

체계이론을 통해 주체를 거부하는 것은 세계가 하나의 점으로부터 기술될 수 없다는 생각과 밀접하게 연관됩니다. 이에 대한 마지막 시도가 주체이론이었지요.

근대사회의 생태학적인 상황과 관련된 성찰 상황은 환경에 대해, 그 환경과의 고유한 관계에 대해 커뮤니케이션하는 체계로 사회를 기술하는 상황입니다. 사회는 생태학적 커뮤니케이션에서 자기 자신을 주제로 하며, 그럼에도 자연과 다른 관계를 형성하기 위해 사회의 근대적인 것, 즉 기능적 분화를 어떻게 제거할 수 있는지 알지 못합니다. 그렇게 사회로 정식화되는 모든 것은 기능적 지각의 틀 안에서 나타나며 정치적으로, 경제적으로, 법적으로, 신학적으로, 교육적으로 항상 중요합니다. 사회는 이미 이러한 지각의 표준을 수용했습니다. 그런 이유에서 난관에 봉착했을 때 기능적인 대안을 생각할 수 있기 때문에 불안을 주제화해서 다룰 필요가 없습니다. 그렇지만 저는 새로운 사회운동이 예외적 위치를 무리하게 요구한다고 생각합니다. 운동은 사회 바깥에 있는 것처럼 사회를 기술합니다. 그리고 저는 이 위치가 놀랍다고 의심합니다. 우리는 바깥에 있을 수 없고 안에 있기 때문에 불안이 여기서 중요한 역할을 하는 것은 우연이 아닙니다. 사람들이 사회운동을 통해서 사회 전체를 주제화하고, 기능적 분화 효과를 인식하며, 다른 것을 원하면서, 불안이라는 사실과 뒤섞을 때 그것은 매혹적입니다. 그러나 다음과 같은 질문이 제기됩니다. 불안을 주제화하는 것이 가능한가? 사회운동의 형식으로 가능한가? 이것은 체르노빌에서 에이즈로 또는 여성에서 다른 주제로 건너가는 일시적 유행인가? 아니면 궁극적으로 이론을 추구하는 위치인가?

선생님의 이론 뒤에는 어떤 세계상이 있습니까? 그 세계는

절망적인가요, 아니면 살 만한가요?

이론 자체가 이미 세계상이며 그 뒤에는 아무것도 없습니다. 변화에 대한 고전적이거나 새로운 유럽의 관념들은 불필요한 소란을 일으킬 뿐, 진단상으로나 치료상으로 현실의 층위에 있지 않기 때문에 포기해야 한다고 생각합니다. 저는 어째서 다른 사회상에 반대하는지 설명할 수 있는 사회상을 처음부터 구축하지 않고서 어떻게 메시아적인 위치에 있다고 진심으로 생각할 수 있는지 모르겠습니다. 그러나 그런 메시아적인 위치는 이미 우리가 오랫동안 수행해왔지만 이제 더 이상 생태계에서 도움이 되지 않는 하나의 조작에 불과합니다. 무엇보다 이러한 세계상에 희망이 없는 것은 아닙니다. 어째서 무엇인가를 실제로 더 좋게 할 수 있다는 희망이나 가능성만을 메시아적인 위치처럼 중심을 강조하는 생각과 결부해야 하나요? 어째서 현상을 더 깊게 기술하면서 관계 개선을 강화하는 관점을 획득해서는 안 되나요?[22]

다른 체계에 반응할 때 체계의 오류를 조망하는 곳이 이러한 중심입니다.

사회 내부에서는 그럴지도 모르지요. 그러나 많은 중심이 있으며 그중 사회 전체를 처리할 수 있는 중심은 없습니다.[23] 예를 들면 오늘날 원자 기술은 확립된 모델에 대한 선호로

정해졌다는 의견이 있을 수 있고 이런 의견을 공론화할 수
있습니다. 여기서는 어떤 성찰 중심도 요구되지 않으며, 체
계이론 역시 필요하지 않습니다. 섬세하게 사물에 접근하기,
개별적으로 사물을 변화시키기, 이런 것들은 개선을 위한 중
심 이념이 필요하지 않습니다. 사람들의 지향이 실제적일 때
의 어려움은 가능성을 전부 소진하지 않는 데 있습니다. 이
럴 경우에 거의 마음대로 선택할 수 있는 범위 안에서 관여
할 수 있습니다. 사람들은 모든 영역에서 유연성을 장려하는
것과 같은 원칙을 가질 수 있어야 합니다.

**선생님의 인격적으로 성찰적인 통일성, 선생님의 도덕은
'겸손의 철학'인가요?**

그것은 클라우스 오페Claus Offe의 이의 제기입니다. 저는 학
문의 급진적인 도덕화에 반대해서 말했고, 오페는 그것 자
체가 도덕적인 이념이라고 말했습니다. 좋습니다. 당연히
우리는 모든 것을 도덕화할 수 있고 이런 위치 또한 도덕적
으로 평가할 수 있습니다. 그러나 문제는 그 위치가 문제에
서 독립해 어느 정도까지 정보를 제공할 수 있는가 하는 것
입니다. 개인적으로 그런 위치가 좋다고 생각하는지 여부는
이념의 정보 내용이나 지향 내용과 결부되어야 하는 문제가
아닙니다. 이는 도덕적인 것을 하찮게 여기거나 하찮게 여기
지 않는 저의 변덕이 될 수 있습니다. 그러나 그와 무관하게

모든 것을 도덕적으로 평가하는 보편적인 윤리에 몰두할 수
도 있다고 기꺼이 인정합니다.[24]

**《생태적 커뮤니케이션》으로 돌아가보겠습니다. 이 텍스
트 속 사회운동에 포함된 의미는 체계이론의 지향이 전환
되었다는 뜻인지요? 그 점에 대해서는 두 가지를 말해야
한다는 인상을 받습니다.**

대안운동의 둔감한 안주에 따른 모든 유보에도 불구하고,
체계이론은 더 이상 사회를 단순하게 자본주의의 관점에서
보는 대신 누군가에게 위해인 것이 다른 누군가에게는 생생
한 위험으로 간주되는 사실을 고려하면서 사회를 파악할 수
있는, 현재로서 유일하고 효과적인 시도입니다.[25] 상당히 고
통스럽지만 견딜 만한 특정한 이해관계를 더 잘 관철하는
대신 지금은 위험과 위해의 차이가 있습니다.[26] 여기서 완전
히 다른 개념이 생겨나는데, 이는 기능적으로 분화된 사회
에 대한 기술과 결합될 수 있습니다. 다른 한편으로 저는 체
계이론의 수용에 매우 회의적이지만, 이것을 체계이론이 이
제 하나의 주도 동기가 될 수 있는 가능성으로 바라봅니다.
어쨌든 시민성을 지향하는 가능성 대신 기능적 분화를 지향
하는 가능성이 경시되어서는 안 됩니다. 아마도 이러한 수준
에서 운동으로 가져올 수 있을 것입니다.

운동을 지향하는 것은 또 다른 문제입니다.

동의합니다. 하지만 운동에 대한 기술은 채택될 수 있습니다. 이때 운동에 대한 더 나은 기술을 채택하면서 배우게 됩니다. 이제 이론은 정치적으로, 트로이의 목마[27]처럼 작용합니다. ◆

9장

전기, 태도, 메모 카드[1,2]

진행 · 라이너 에르트Rainer Erd[3]
안드레아 마이호퍼Andrea Maihofer[4]

독일연방공화국/서독에는 위르겐 하버마스와 니클라스 루만이라는 비범하고 널리 알려진 사회과학자들이 있습니다. 하버마스에 대해서는 잘 알고 있습니다. 하버마스의 '훼손되지 않은 주체성'을 향한 규범적 지향은 사회를 변화시킬 프로그램을 가진 집단과 생산적으로 대결할 수 있다는 점에서 정치적인 성격을 띱니다. 간단히 말해서 하버마스의 평판은 그의 정치적인 이론 작업의 결과라고 할 수 있습니다. 반면 선생님에 대해서는 그 점이 확실하지 않습니다. 루만에 대한 커다란 관심은 대체 어디서 연유한 것인가요?[5]

그에 대한 설명은 간단하지 않습니다. '루만-수용Luhmann-Rezeption'[6]의 두 국면을 구별해야 합니다. 첫 번째는 1960년 말에 발생했습니다. 그때는 좌파 독자가 우세하던 시절입니다. 프랑크푸르트학파의 이념은 그 토대가 상대적으로 단순한 반면, 프로그램의 현실화는 여러 어려움을 야기하기 때문에 독자는 제 이론에 관심을 가졌습니다.[7] 그에 반해 오늘날의 관심에는 다른 이유가 있는 듯합니다. 비판이론을 보완하는 데 관심이 있다기보다 견고하게 구축된 이론에 대한 관심이 우세해진 것 같습니다. 그럼에도 제 이론에 대해, 특히 최근 저작인 《사회적 체계들》에 관심이 크다는 것은 저에게도 놀라운 일입니다.[8]

비판이론에 대한 실망 때문에 선생님의 이론에 관심이 생겼을까요?

만약 그렇다 하더라도 저는 '프랑크푸르트학파'의 이론적 개념으로는 학적으로 작업할 수 없다고 생각합니다. 그 개념은 충분히 복잡하지 않을 뿐 아니라, 다양한 변이를 감수할 정도로 풍성하지 않기 때문입니다. 비판이론은 저항하게 하거나 단념하게 하는 행동을 촉발하기에 충분히 복잡하지 않습니다.[9] 하버마스가 상이한 이론들을 논쟁시키고 종합하기 위해 제시하는 출구는 여전히 고유한 체계적 위치에 도달하지 못했습니다.

비판이론이 하나의 특정한 관점을 해결점으로 취한다고 질책한다면, 선생님의 이론은 중립적인가요?

제 이론은 구조 면에서 사회의 매우 다른 영역들에 더욱 개방되어 있습니다. 근대사회의 긍정적이고 부정적인 측면이 맞서 겨루는 일도 자유롭게 이루어집니다. 하버마스의 사고는 사회이론의 도덕적인 의무를 조직화하는데, 여기에 문제가 있습니다. 그것은 분명 사회이론의 특별한 매력이지만 동시에 한계이기도 합니다. 그런 위치에서는 가령 화폐 경제, 법, 정치적 기계 장치를 볼 수 없거나 부정적 또는 비판적으로 거부할 수밖에 없습니다.

다시 선생님의 위대한 학문적인 적수 하버마스에게 돌아가보겠습니다. 하버마스는 그의 학문적인 사고가 근본적인 이념에 기반한다고 말한 바 있습니다. "직관은 다른 이들을 상대하는 영역에서 오며, 훼손되지 않는 상호 주관성을 경험하는 것을 목표로 한다." "우호적인 공동의 삶"(베르톨트 브레히트Bertolt Brecht)은 하버마스가 사고를 규정하는 근본적인 이념입니다. 그러면 선생님의 학문적인 작업을 추동하는 것은 무엇입니까?

하나의 공식을 제시할 수 있을지 잘 모르겠습니다. 어쨌든 제시해본다면 그것은 더욱 개념적이거나 이론적인 선택이라고 할 수 있습니다. 예를 들면 더 풍성한 이론을 위해 통일성이 아니라 차이에서 출발하고자 해요. 또한 (화해라는 의미에서) 통일성이 아니라, 뭐라고 해야 할까요, 하나의 더 좋은 차이로 끝날 수 있도록 합니다. 그런 이유에서 저에게는 체계와 환경의 관계가 중요하며, 언제나 다양한 것들을 함께 비교할 수 있는 기능주의 역시 중요합니다. 만약 근본적인 직관을 제시해야 한다면 앞서 서술된 방식이 아니라, 다음의 방식을 목표로 한다고 하겠습니다. 저에게 그 방식은 개별적이기도 하지만 주기적으로 변화하는 것이기도 합니다. 즉 한번은 기능 개념이 중요하고, 한번은 체계와 환경의 차이가 중요하며, 다른 때는 자기지시하는 형상이 중요하고, 그다음에는 작동과 관찰의 차이가 중요한 식입니다. 지금까지 읽었던 것보다 모든 것을 훨씬 더 잘할 수 있다는 이념이 연구의 태도를 뒷받침하고 있습니다. 그래서 근대사회를 어떻게 생각할 수 있는지 알 때까지 도덕적 판단이나 비판을 억제해야만 하는 것입니다.

인간과 자연 또는 인간과 인간이 어떻게 뒤섞일 수 있는지, 즉 화해-판타지에 대해 선생님께서는 전혀 모르시는군요?

당연히 모르지는 않습니다. 다만 그것은 어떠한 역할도 하지 않습니다. 그 대신 저는 학문적인 의미에서와 마찬가지로 정치적인 의미에서도 실험적인 행동이 근본이 된다고 생각합니다.

개인적인 참여의 부재가 선생님의 이론을 구성한다는 점

이 놀랍습니다. 반면에 마르크스주의와 그 후의 이론적 전통에서 정치적으로 개인적인 경험이 있었습니다. 학문적인 작업을 동기화했던 경험이기도 하지요. 도대체 왜 차이에 관심을 가져야 하는지 설명해주시겠어요?

제가 17세였던 1945년의 상황을 한번 생각해봅시다. 그 이전에는 모든 것이 질서 있게 보였고, 그 이후에도 모든 것이 질서 있게 보였습니다. 즉 모든 것은 이전과 달랐지만 또 같기도 했던 상황이었어요. 그 이전에 문제는 레짐에 기인했지만 그 이후에는 기대만큼은 아니었습니다. 이런 이유에서 저에게는 법학 공부가 중요했습니다.

1945년 전과 후에는 모든 것이 달랐지만 동시에 모든 것이 같았다는 말씀이신가요?

1945년 전에는 [나치 시대의 물리적이고 정치적인 무질서와 폭력 기제들에 기반한] 강제 장치를 폐지하고 나면 모든 것의 질서가 스스로 잡힐 것이라고 기대했습니다. 그러나 제가 미국 포로수용소에서 겪었던 일은 그들이 저의 팔에서 시계를 낚아채고 저를 구타한 것이었습니다. 당연히 제가 이전에 생각했던 것이 아니었습니다.[10] 그렇게 사람들은 '좋은/나쁜' 축에 따라 정치적인 레짐을 비교할 수 없으며 제한된 현실에서 나타난 모습으로 판단해야 한다고 알게 되었

習니다. 그렇다고 제가 나치 시대와 1945년 이후의 시대를 동일한 가치로 관찰한다고 말하는 것은 아닙니다. 1945년 이후는 단지 실망스러웠을 뿐입니다. 그러나 그것이 그렇게나 중요한가요? 나치 레짐에서의 경험은 어떤 경우에도 저에게 전혀 도덕적이지 않았습니다. 다만 자의적인 것, 권력, 작은 인간의 대피 전술에 대해 경험했을 따름입니다.[11] 그 통일성이 정식화되어야 하는 차이가 무엇인지 정확하게 아는 것이 아니라면, 제가 통일성으로부터 사고하려는 어떤 욕구도 없음을 알게 되실 것입니다.

1945년 전과 후를 경험하며 선생님께서는 특히 법학 공부가 사고에 영향을 끼쳤다고 하셨습니다. 이론적 체계화와 그다지 관련성이 없는 법학 공부가 사고에 왜 중요했나요?

통상적으로 제가 공부한 것과는 완전히 다른 방식으로 법학을 공부할 수 있습니다. 무엇보다 저는 로마법을 공부했고, 시험에 붙어야 한다는 강제는 로마법에 비하면 그야말로 주변적이라고 생각했습니다. 제 관심은 사례들을 통해 사고하는 것이었고, 그 사례를 하나의 특정한 질서로 구축해보는 것이었습니다. 그 밖에도 확실히 저는 어떤 의미에서 사회학에 종사할 준비라고 할 수 있는 법비교적인 문제들에 특히 관심을 가졌습니다. 왜냐하면 법의 비교는 다양한 관계를 사회학적으로 설명할 수 있어야 하기 때문입니다.[12]

변호사가 되기 위해서 법을 공부하신 것은 전혀 아니네요?

원래는 변호사가 되려고 했지요. 그러나 작은 도시의 법관 시보試補로 생계를 꾸릴 수 있을지 고민해보았고, 그 일이 저에게 무익하다고 생각하게 되었습니다. 특히 언제나 거절할 수 없는 의뢰인의 불가능한 요구들을 가져오는 상사가 한 사람이 아니라 매우 많다는 점이 저를 난처하게 했습니다. 그런 까닭에 첫인상과 달리 행정 분야가 저에게 더 많은 자유를 줄 거라 생각해서 행정으로 갔던 것입니다.[13] 거기서도 저는 매우 빨리 더 정치적인 활동을 수행했습니다.

> 이런 점에서 《사회적 체계들》은 오늘날 더욱더 특별한 저술입니다. 이 책에서 사람들은 한때 루만이 행정 공무원이었다는 점을 재발견하기가 아주 어렵기 때문입니다. 어째서 선생님께서는 법학 공부와 수습 근무 이후에 법학자가 되지 않으셨나요?

당시 저는 대학에 어떤 흥미도 없었습니다. 대학의 법학자가 되고 싶지는 않았기 때문입니다. 저는 대학이라면 무엇인가 작은 것, 무엇인가 끊임없이 반복되는 것이라고만 생각했습니다.

> 그러나 행정 공무원으로서 선생님께서는 더 이상 자유로

운 공간을 갖지 못하셨지요. 당시 무슨 일을 하셨나요?

우선 1년간 뤼네부르크의 고등 행정 법원에서 행정 재판 결정을 위한 추천-체계 조직에 있었습니다. 법원은 고등 법원에서 매번 어떤 결정을 할지 예측할 수 있어야 했습니다. 동시에 저는 법원장의 조수였고 한번에 모든 것을 알기 위해서 여러 시의원과도 교류했습니다. 1년 뒤 정부가 교체되고 나서 저는 나치-보상 문제가 발생한 하노버로 갔습니다.[14] 그리고 1955년 과거 범죄에 대한 법률적 검토를 위해서 니더작센주 문화교육부로 가게 되었습니다. 공문서는 다수의 아이러니한 주석을 포함하고 있었지요.

예를 들어주실 수 있나요?

어떤 이유에서 보상 결정이 거부되는지에 대한 근거나, 장관 아들을 위한 공무용 차량 구입 여부에 답을 제시할 수 없는 근거를 예로 들 수 있겠네요. 3개월 후에야 제가 전체 보상 절차를 심리해야 했던 보고서를 받았습니다. 비록 여러 해를 문화교육부에서 보냈지만, 저는 공무원으로서 정식 경력을 쌓아가는 데 아무런 관심이 없었습니다. 지방에서 한 번이라도 근무하지 않으면 정식 공무원이 될 수 없을 것이라고 저에게 말했던 내무부의 한 담당자와 나눈 대화가 떠오릅니다. 제 대답은 "저는 횔덜린을 읽습니다Ich lese Hölderlin"였습니다.[15] 그러나 이런 식의 공무원 생활은 오랫동안 큰 부담이었습니다. 처음에는 오후 5시에 사무실을 나와 저의 다른 관심사를 집에서 이어갈 수 있었습니다. 하지만 업무가 늘면서는 더 이상 가능하지 않았지요.

오후 5시 이후, 일이 끝난 뒤에는 무엇을 하셨나요?

많이 읽었고, 무엇보다 메모 카드로 작업을 시작했습니다. 잔뜩 메모했습니다. 저에게 비중이 컸던 문학 작업을 했고, 또한 사회학과 철학 작업도 했습니다. 당시 저는 무엇보다 르네 데카르트René Descartes[16]와 에드문트 후설Edmund Husserl을 읽었습니다. 사회학이론에서는 초기 기능주의, 그러니까 브로니슬라브 말리노프스키Bronislaw Malinowski와 앨프리드 래드클리프브라운Alfred Radcliffe-Brown의 이론에 몰두했습니다. 이는 문화인류학과 민족학에 매우 몰두한 것까지 포괄합니다. 반면에 독일의 철학적 인류학에는 조금도 매료되지 않았습니다. 게오르크 헤겔과 카를 마르크스에 대해서는 당시 거의 관심을 갖지 않았지만, 이마누엘 칸트에 대해서는 관심이 있었습니다.

하버드 대학교에서의 연수 이후 선생님께서는 하노버의 행정직을 떠나셨습니다. 이런 결정과 관련해 하버드에서의 체험이 결정적이셨는지요?

164

아닙니다. 그렇게 말할 수는 없을 것 같아요. 하버드로 갔을 때 저는 《공식 조직의 기능들과 후속 결과들*Funktionen und Folgen formaler Organisation*》[17]이라는 제목으로 후에 출간되는 조직이론에 관한 책을 쓰려고 계획 중이었습니다. 그곳에서 저는 파슨스이론의 구조에 숙달할 만큼 많이 배웠습니다. 하버드에 가기 전, 저는 탤컷 파슨스의 기능 개념과 완전히 충돌하는 기능 개념을 구상하고 있었습니다. 그에 대해서 당시 우리는 매우 많이 토론했지만, 그는 항상 정형화된 대답을 했지요. "아주 멋지게 들어맞는군It fits quite nicely."[18] 그렇게 그는 제 아이디어를 자신의 이론에 가져갔고, 저는 그에게 영향을 받았습니다. 비록 그 영향으로 파슨스이론과는 완전히 다른 이론이 생겨났지만 말이지요. 저는 기능이 구조에 의존하는 것이 아니라, 교환 가능한 관점(기능적 등가)일 따름이라고 생각했습니다.[19] 제가 보기에는 다르지만 기능적으로는 동일한 여러 가능성이 이론적인 관심을 끕니다. 제가 하버드에서 떠들썩한 결정적 체험을 하지 않았다는 사실을 아셨을 것입니다. 제가 무엇보다 관심 있었던 것은 파슨스이론과 같은 하나의 거대한 이론이 어떻게 구축되었으며, 만약 좌초했다면 어디에서 좌초했는가 하는 점이었습니다. 그 시절 저는 파슨스와 인간적으로 좋은 관계를 맺었습니다.

전기 작가들의 부담을 덜어주는 답변이 아닌데요.

전기는 우발적인 것들의 집합입니다. 연속적인 것은 우발적인 것에 대한 감수성에 달려 있지요. 그렇게 본다면 저의 전기는 우발적인 것의 연쇄와 관련된다고 할 수 있습니다. 제가 생생하게 체험한 1945년의 정치적 격변이 그렇고, 일련의 조직 속임수와 동시에 눈치 보는 것을 배웠던 법학 공부가 그러한데, 말이 나온 김에 하자면 그런 눈치 보기는 언제나 대학 내 자치를 이유로 저를 망쳤습니다. 또한 파슨스와 후설에 대한 몰두,[20] 즉 의미 분석과 기능 개념의 결합이 그렇습니다.

선생님께서는 왜 대학에서의 자치에 적합하지 않으셨나요?

말씀하신 맥락에서는 다른 사람들이 화를 낼 때만 의미를 얻는 사소한 일이 자치에서 다뤄진다고 생각합니다. 사람들은 결정을 위임할 수 없습니다. 위원회의 회의에서는 다른 결정이 내려지며 모든 것이 훨씬 더 간단하게 처리될 것이라고 말한다면 그때의 결정은 믿을 수 없지요.

슈파이어 독일행정 대학에 가셨을 때 교수가 되어야겠다고 마음먹으셨나요?

더 높은 위치에서도 행정 활동은 반복되기 때문에, 이 영역을 벗어날 가능성을 두루 살펴보았습니다. 이론적인 관심을

위해 더 많은 시간을 확보하기를 바랐지만 대학교수가 되고
싶었던 것은 아닙니다. 저는 학자가 되는 것을 염두에 두고
있었습니다. 이때 학문이 실용적인 의미를 가질 수 있다는
생각은 결정적이지 않았습니다. 저는 실천에 적용되는 학적
인 인식이 있다고 생각하지 않아요. 정부 내각과 같이, 실천
은 저에게 고유한 논리에 따라 학문적인 환경에서 흥미로운
것을 자기 것으로 하면서 진행하는 체계입니다. 제가 실용
성 있는 이론을 모색하지 않는다고 보시겠지요. 어떤 이론이
자신의 기준에 따라 진술을 더 좋게 할 수만 있다면, 오히려
저는 실천과 마찬가지로 이론이 더 복잡해지는 것에 매료됩
니다.

**하지만 선생님께서는 실천과 관련된 기관에서 활동하고
계시지요?**

최근에는 아주 조금만 활동하고 있습니다. 이전에 저는 본
에 있는 위원회에서 활동해야 했습니다. 저는 언제나 위원회
가 정치적인 중간 결정을 내릴 기회를 가져야 한다고 주장
합니다. 일을 끝내기 전에 장관이나 주요 공무원에게 이 방
법이나 저 방법 중에 무엇을 선택할지 물을 수 있어야 합니
다. 대안을 염두에 두는 이런 생각은 모든 관행에 반하는 것
이었고, 그래서 저는 위원회에서 함께 일하는 것을 점점 더
거부하고 있습니다.

종종 선생님께 가해지는 비판이 있습니다. 선생님의 이론이 존재하는 것을 정당화하는 데 복무한다는 것인데요.[21] 비판이 확고해 보이지는 않습니다만, 이에 대해 어떻게 생각하시는지요?

그런 비판은 확실히 부당하며 새로운 정보를 제시하지도 않습니다. 예를 들면 저는 한때 보수적인 입장뿐 아니라 진보적인 입장도 관철될 수 없었던 공무원 개혁 위원회에 있었습니다. 위원회는 수용했지만 아직 정부가 수용하지 않은 공공 서비스를 완전히 새롭게 구성하는 작업에 협력하면서 많은 시간을 보냈습니다. 저의 정치적인 활동이 쓸데없어 보이겠지만, 저는 위원회의 구성에서 프로그램화된 정치적 교착을 약화시키고자 노력했습니다. 그러는 동안 저는 정치가 구조적 대안을 살펴보고 정치적 입장에 따른 결과를 철저히 생각하는 데 얼마나 능력이 없는지 계속 경험할 수 있었습니다. 저는 자연히 정치 체계가 자신의 논리를 따르고 강화한다고 평가합니다. 그 후 독일 기독교민주연합인 CDU가 자신의 프로그램에 대해 논의할 때 저는 그 당과 한 번 접촉했습니다. 하지만 그 프로그램은 문제를 제기하는 데 그치고 현실을 진단하는 곳까지 나아가지 못한 순수한 가치 철학이었습니다. 프로그램은 누구나 좋다고 간주하는 가치를 명명하면서 만족하는 대신, 사회를 있는 그대로 기술해야 합니다. CDU는 SPDSozialdemokratische Partei Deutschlands(독일사회민주당, 약칭 사민당)가 자신과 같은 가치를 가졌기 때문에 저의 제안이 선택 플랫폼Wahlplattform으로 기능하지 않는다는 것을 자연히 알게 되었습니다. 또한 제가 정치적으로 관여한다고 해서 많은 일이 생기지도 않았습니다.

선생님께서는 한 정치 정당만 받아들이지 않으시는군요?

네, 그렇습니다. 1960년대에 저는 SPD, 특히 사회민주적인 법률가 연구회에 관여했지만 이후에는 CDU에 참여했습니다. 저는 원리적으로, 정치적으로 언제나 개방적이며 협력할 준비가 되어 있어야 한다고 생각합니다. 정치가 설정한 제약들은 학자들에게 매우 큽니다. 그래서 실천의 경우 학자들이 아직 심각한 어려움을 보지 못한 곳에서 종종 그 불가능성이 시작됩니다.

특정한 사회 상태를 분석하는 일은 각 프로그램에 기반하기 때문에, 프로그램과 분석 사이에 차이가 있습니다. 선생님께서는 세계를 객관적으로 본다고 생각하시는지요?

저는 정치에서 현실과 연관된 질문이 나와야 한다고 생각합니다. 예를 들면 경제 상황을 케인지언의 방식으로 해석하는지 통화주의자의 방식으로 해석하는지 정치인에게 질문할 수 있어야 합니다. 그것이 현실과 연관된 질문입니다. 이와 반대로 저는 정치인이 평등과 자유를 지지하는지 알고 싶지 않습니다. 저는 정치인이 무엇을 할 수 없다고 말하는지에 관심을 갖습니다.

> 한 가지 이해하기 어려운 점이 있습니다. 선생님께서는 사적인 인물, 예를 들면 선생님의 자녀를 교육할 때 매일 규범적 지향을 따르시지요. 하지만 사회 속 개인으로 개념화하면 규범적 지향이나 가치에 이끌리지 않으려고 하십니다. 이 모순은 어떻게 설명할 수 있을지요? 학자가 도덕적인 입장을 취할 의무를 갖는다는 생각이 선생님께는 낯선 것인가요?

맞기도 하고 아니기도 합니다. 분명히 저는 사적인 생각에서 공적인 용무를 추론하지 않습니다. 하지만 다른 한편으로 저의 정치적인 지향을 규정하는 확실한 감정이 있습니다. 가령 정치인이 법을 집행하지 않으면, 특정한 정치적인 근거로 불법 점거자가 활보하도록 방치한다면, 저는 당혹감을 느낍니다. 저는 법을 변경해서 불법 점거가 합법이 되는 것에는 전혀 반대할 생각이 없어요. 하지만 정치적인 고려 때문에 법을 집행하지 않는 것을 옳다고 보지 않습니다. 이런 정치적인 태도는 저의 권리를 행사할 수 있는지 여부를 알고 싶다는 개인적인 이해 관심과 관련이 있습니다. 다른 예를 들어보겠습니다. 전에 어느 선거운동 입안자로부터 사람들은 단지 누가 선이고 누가 악인지 알고 싶어 하므로 말을 너무 복잡하게 해서는 안 된다는 이야기를 들은 적이 있습니다. 반대는 도덕적으로 언제나 수용될 수 있어야 하기 때문에, 정치적으로 반대편에 있는 당을 이런 방식으로 보는 것은 매우 비민주적이라고 생각합니다. 또한 정치 수도인 본에서조차 적수를 기술할 때 보이는 도덕주의가 개인적으로 당혹스럽습니다. 더 이상 어떤 선택 가능성도 없다는 것이 저를 이론적으로 괴롭힙니다. 예를 들면 미국에서는 이런 경계가 언제나 분명하게 존중되었습니다. 1950년대 조지프 매카시Joseph McCarthy는 그 경계를 위반했기 때문에 파멸했습니다. 이제 저에게 상대적으로 작은 영역에서만 동의할 수 있는 매우 분명하고도 개별화할 수 있는 태도가 있음을 아실 겁니다. 그러나 저는 정치적인 유권자로서 이끌리는 의견과 학자로서 흥미로운 이론 구성이라는 문제를 구별할 수 있다고 생각합니다.

선생님께서는 어떻게 사회가 최상으로 보여야 하는지에 대한 확실한 상이 있으신가요?

없습니다. 가령 은행과 생산 기업 간의 긴밀한 연결이 유리한 것인지 많은 의문을 갖고 있습니다. 저는 미국의 체계가 더 좋다고 봐요. 그러나 사회가 어떻게 좋을 수 있는지 또는 더 좋아질 수 있는지에 대해서는 전혀 모르겠습니다. 우리 사회에는 이전의 사회보다 더 많은 긍정적인 특성과 더 많은 부정적인 특성이 있다고 생각합니다. 오늘날 그것은 더 좋은 동시에 더 나쁘기도 하지요. 이는 통상적인 묘사보다 더 적절하게 기술할 수 있지만, 그것이 전체에 대한 판단으로 합산되지는 않습니다.

바로 알 수 있는 것은 아니지만 선생님께서 사회에 대한 어떠한 형태의 유토피아도 갖고 있지 않다는 것[22]이 분명해졌습니다. 저기 바깥의 멋진 발코니에서 아무 생각도 하지 않을 때 떠올리는 개인적 소망과 몽상은 있으시겠지요?

대체로 아닙니다. 저는 햇살을 좋아합니다. 햇살을 받으며 작업하는 것을 매우 좋아하지요. 저는 음악과 미술의 특정 양식을 선호하지만, 바라는 것이 있다면 더 많은 시간뿐입니다. 저를 정말로 화나게 하는 유일한 것은 시간 부족입니다. 하지만 무제한적인 시간을 갖는 것이 유토피아인지는 잘 모르겠습니다. 다른 사람에게는 하루가 24시간, 저에게는 30시간이 있다고 생각해봅니다. 제가 가능한 모든 걸 하는 동안 다른 사람들은 늘 자고 있는 셈이지요.

그렇다면 사적인 인물로서도 또 정치적인 개인으로서도 유토피아를 갖고 있지 않으십니까?

소망을 갖는 것은 저에게 어려운 일입니다. 물론 우리는 새로운 치아를 해 넣거나, 새로운 타이어를 사는 데 고심하지 않아도 될 만큼 많은 돈을 갖고 싶어 합니다. 그러나 그런 것이 아니라면…….

예를 들면 예술적인 활동처럼 완전히 다른 것을 한다고 상상하실 수 없으신가요?

수학과 경제학 같은 다른 분야를 너무도 공부하고 싶습니다.

완전히 다른 무엇인가는 아닌데요.

아니지요.

그런데 이전에 선생님께서는 삶에서 완전히 다른 것을 시작하셨습니다. 행정 공무원에서 교수가 되셨지요.

네, 맞습니다. 지금의 저에게 그 질문은 중요하지 않습니다. 하지만 누군가 저에게 정치적인 공직을 제안했다면, 그렇게 되지는 않았을 것이라고 상상합니다. 저는 그런 생각에 전혀 관심을 두지 않으니까요.

슈파이어 독일행정 대학에서 어떤 활동을 하셨는지 설명

해주실 수 있으신가요? 사회학 교수로서의 시작에 대해서
도 말씀해주시면 좋겠어요. 선생님께서는 39세에 박사 학
위를 받았고, 그와 동시에 교수 자격 논문을 취득했으며,
곧바로 빌레펠트 대학교의 사회학 교수가 되었습니다.[23]
통상적인 학문 경력은 아니지 않나요?

저는 그동안 법학만 배웠기 때문에 어쨌든 사회학을 새로
공부해야 했습니다. 사회학을 공부하는 데 실질적인 어려
움은 제가 조교가 아니라 고등 사무관이었다는 점이었습니
다.[24] 시간이 지남에 따라 교수가 되는 데 있어서 여러 기술
적인 문제가 나타났어요. 개인적으로 저는 직업을 교수로
바꾸는 것에 관심을 갖고 있었습니다. 특히 특정한 주제 영
역에 국한되지 않고 모든 것을 할 수 있는 사회학 교수 자리
에 관심이 생겼습니다.[25] 저의 희망은 빌레펠트에 연구 중점
대학이 설립되는 것이었습니다.

이런 희망은 충족되었나요?

아닙니다. 유감스럽게도 아니에요. 빌레펠트 대학교는 너무
나도 보통의 대학, 그러니까 연구 강화와 무관한 대학이 되
었습니다.

그럼에도 선생님께서는 빌레펠트 대학교에서 150편의 논

문과 30권의 책을 쓰셨습니다. 15년 동안 어떻게 이것이 가능했나요?

거의 20년입니다. 저는 많은 이들의 생각처럼 첫 번째 책에서 결정적인 저작을 써야 한다는 완벽함에 대한 강박이 전혀 없습니다. 제가 지금까지 쓴 모든 것은 이론 생산에 있어서 '제로 시리즈Null-Serie'에 불과합니다. 아마도 최근에 출간된 《사회적 체계들》은 예외가 되겠지만요.

그러면 《사회적 체계들》이 진정한 의미에서 선생님의 첫 번째 출판물인가요?

그렇게 말할 수 있겠지요. 어쨌든 그 책은 이후에 출간될 저작들의 출발점입니다. 만약 지금 여러 대목을 다르게 쓴다 하더라도 저는 이 책을 성급하게 기각하지 않을 것입니다.[26] 출판 활동의 범위에 대해서는 무엇보다 메모 카드-기술을 설명해야 할 것 같습니다. 그래요. 저는 모든 것을 혼자서 생각하지 않습니다. 생각은 메모 카드에서 광범위하게 벌어지지요.

이번 새 책의 한 대목에서 선생님의 책들은 스스로 쓰여진다고 하셨습니다.[27] 이 비밀을 알려주실 수 있는지요?

저는 초고를 타이핑하는 것이 본질적으로 시간 낭비라고 생각합니다. 매우 집중적으로 문체를 신경 쓰면서 작업했던 이번 책은 예외지만요. 일반적으로 저는 한번 무엇인가를 쓰고 나면 어떠한 수정도 하지 않습니다. 저의 생산성은 무엇보다 메모 상자 체계로 설명될 수 있을 것입니다. 이미 많은 사람이 이에 대해 관심을 표명했지요. 저는 1950년대 초반, 제가 학생일 때 메모 상자로 작업하기 시작했습니다. 이에 대해 짧게나마 말씀드릴게요. 모든 카드는 하나의 확정된 번호가 있으며 체계적인 분류를 따르는 것은 아닙니다. 메모 상자 역시 체계적으로 질서가 부여되지 않습니다. 개별 번호 밑에는 a, b, c, a1, a2, a3 등으로 세분되어 있으며 이는 때때로 12자리까지 갑니다. 그렇게 하면 저는 각 번호에서 메모 상자의 각기 다른 자리를 지시할 수 있게 됩니다. 선형성이 아니라 어디서든 시작 가능한 거미줄 형상의 체계가 있는 것입니다. 결정할 때 제 지시에 따라 다른 가능성을 연결할 수 있는 한, 제가 메모 상자의 어떤 자리에 넣을지는 상당한 자의성이 지배합니다. 이 작업을 할 때마다 들어간 방식과 다른 방식으로 나올 수 있는 하나의 내적인 구조가 생겨납니다. 저는 책을 쓸 때보다 메모 상자 작업에 더 많은 시간이 듭니다.

메모에는 무엇이 적혀 있나요?

기본적으로는 제 생각을 적습니다. 인용을 기록하기도 하는데 그런 경우는 매우 가끔씩 일어납니다. 또한 메모 상자에는 문헌에 대한 지시가 있습니다. 문헌에 대해서는 다시 메모 상자를 지시하는 2개의 체계가 분리되어 있는 것이지요.

> **제가 올바로 이해했다면 선생님은 어떠한 생각도 허비하지 않으시는 것 같네요. 선생님의 머리로 들어온 모든 것은 곧바로 메모 카드로 직행하나요?**

네, 비록 모든 것은 아닐지라도 제가 메모 상자에 모아둔 모든 것은 이후에 어떻게든 사용됩니다.

> **논문을 쓰기 시작할 때 메모 상자는 어떻게 기능하나요?**

우선 쓰고자 하는 것에 대한 계획을 세우고 나서, 제가 사용할 수 있는 것을 메모 상자에서 꺼내지요.

> **미리 만들어진 부분들을 조립하는 건축가와 대비되게, 학자는 개별적인 부분에 포함되지 않은 새로운 이념을 가져야 합니다. 그런 이념은 메모 상자에서 나오지 않지요?**

아니요. 그런 이념이야말로 메모 상자에서 나옵니다. 예를 들면 저는 '기능적 분화' 개념에 대한 많은 수의 메모를 갖고 있습니다. 이와 마찬가지로 '자기지시적인 체계'에 관한 일련의 기록들을 갖고 있지요. '이원성'에 관한 매우 복잡한 기록들도 있어요. 근대사회의 생태학 문제에 관한 강연을 앞두었다고 해봅시다. 초안이 작성된 3개의 개념적인 영역에서 메모를 가려내고, 이 주제에 관해 실질적인 것을 말할 수 있도록 메모 결합 작업을 합니다. 새로운 이념은 메모의 상이한 결합 가능성에서 각각의 개념으로 산출됩니다. 메모가 없다면, 즉 오로지 숙고를 통해서라면 저는 그런 이념에 도달하지 못할 것입니다. 생각들을 기입해두기 위해 제 두뇌는 꼭 필요하지만, 그것만으로 작업을 전적으로 책임질 수는 없습니다. 그런 만큼 저는 컴퓨터처럼 작업합니다. 주어진 자료를 예측할 수 없는 새로운 사건으로 결합을 통해 생산한다는 의미에서 창의적인 성격을 띠기 때문입니다. 이 테크닉은 어째서 제가 대체로 선형적으로 생각하지 않는지 말해줍니다. 각각의 장은 실제로 각각의 다른 장에서 다시 나타나야 하기 때문에[28] 책을 쓸 때 올바른 장의 전개를 찾으려고 고심해요. 저는 《사회적 체계들》을 그런 식으로 계속 바꾸었고, 체계이론을 어떤 특정한 장 앞뒤에 추상적으로 가져다 놓는 결정을 꽤 늦게서야 했습니다.[29]

그 책을 쓰는 데 얼마나 걸리셨나요?

개념을 구상하고 글을 쓰는 데 1년이 걸렸습니다. 그러나 당

연히 그 시간은 무엇보다 문체를 수정하는 데 걸린 1년이기
도 합니다.[30]

**선생님께서는 하루에 얼마나 많은 시간 동안 글을 쓰시는
지요?**

그때그때 다릅니다. 더 해야 할 일이 아무것도 없다면 하루
종일 쓰지요. 아침 8시 30분부터 점심때까지 쓰고 나서 개
와 짧게 산책을 합니다. 오후 2시부터 4시까지 한 번 더 쓰고
는 다시 개와 산책하지요. 이따금 15분 정도 누워서 쉬기도
하는데요. 매우 집중적으로 휴식을 취하는 것에 익숙해져
서 짧게 쉬고는 곧바로 다시 작업할 수 있습니다. 그리고 밤
11시까지 규칙적으로 씁니다. 보통 11시에는 침대에 누워서
그 시간에 소화할 수 있는 몇 권의 책을 읽지요. 저는 저에게
부담되지 않는 것만 하지, 강제된 그 무엇도 하지 않는다고
말씀드릴 수 있습니다. 저는 무엇인가가 어떻게 진행되는지
알게 될 때만 씁니다. 잠시 쓰기를 멈출 때면 그 일을 옆에
두고는 다른 것을 하지요.

어떤 다른 것을 하시나요?

다른 책들을 씁니다. 저는 언제나 서로 다른 여러 텍스트 작
업을 동시에 합니다. 많은 작업을 동시에 하는 이 방법 때문

에 장애를 겪는 일은 없습니다.

글을 쓰지 않고 하루를 앉아서 보내는 일은 없으시군요?

네, 집에 있다면 그렇습니다.

선생님께 작업이란 그 끝에 비작업Nicht-Arbeit으로 보답하는 고난이 전혀 아니겠네요?

네, 아닙니다. 저는 그런 고난을 알지 못합니다. 오히려 제 생각은 연이어 겹쳐 생겨나고, 여러 일을 동시에 하는 것을 가장 좋아합니다.

작업 때문에 희생을 치른다는 기분을 느껴보셨나요? 무엇인가를 소홀히 한다는 기분이요.

아니요. 오히려 정반대입니다. 저는 문제를 정확하게 제기하면서도 충분히 개념화하지 못한다는 기분이 들 때가 있습니다. 쓸 때는 무엇인가를 소홀히 한다는 기분이 들지 않아요. 반면 종종 외국 여행을 가서 어느 정도 시간이 지나면 저는 계속 쓰기 위해서는 지금 되돌아가야 한다고 생각하지요.

선생님께서는 다른 사람들, 그러니까 아내나 자녀와의 관

계에 대해 대체로 언급하지 않으시지요. 그 이유는 무엇인
가요?

저의 아내는 세상을 떠났고, 가장 친한 친구 역시 세상을 떠
났습니다. 아이들은 제 삶의 본질적인 부분입니다. 저는 제
아이들과 그 세대 문화에 온통 둘러싸여 살고 있지요. 그러
나 제가 사랑했고 잃어버린 제 세대의 사람들을 대신할 수
는 없습니다.

그 이후로[31] 이곳 외를링하우젠에서 세 자녀와 선생님 혼
자 살고 계신가요?

네, 아이들은 자라온 조건 때문에 처음부터 매우 독립적이었
습니다. 아내가 세상을 떠난 이후 저는 길면 이틀에서 사흘
동안 외국 출장을 갔습니다만, 모든 것이 제대로 잘 있는지
보기 위해서 곧 다시 돌아왔습니다. 지금은 가사 도우미 한
분이 일주일에 네 번 집에 오셔서 음식을 해주십니다.

지나온 삶의 단면을 조금 더 말씀해주실 수 있으신지요?
어떤 집안에서 성장하셨고, 그토록 이례적인 지성을 발전
시킬 수 있었던 정서적인 조건이 무엇이었나요?

어머니 쪽과 마찬가지로 아버지 쪽도 첫째 아들은 누구도 공

부하지 않았습니다. 집에 남지 않을 수 있는 아들들만 공부가 허락되었습니다. 전혀 공부하지 않으셨던 아버지는 더이상 경제적으로 타산이 맞지 않았던 시점에 할아버지로부터 양조장과 맥아 제조소를 넘겨받으셨습니다. 우리는 이 수입으로 생활할 수 있었지만, 항상 어느 정도 재정적인 문제에 처해 있었지요. 저의 아버지는 나치와 문제가 있었고, 그래서 집안에서는 언제나 [그 시절과] 완전히 투명하다고 할수 없는 거리를 느낄 수 있었습니다. 저의 어머니는 스위스인이셨는데 역시 학문과는 아무 상관이 없었습니다. 그러나저는 하고자 하는 것을 스스로 결정할 수 있었지요. 이런 점에서 저의 부모님은 매우 관대하셨습니다. 직업 선택에 관해서 어떠한 훈계도 없으셨어요. 집안의 전통으로 볼 때 공부하는 것은 전혀 당연하지 않았습니다. 물려받을 것이 아무것도 없는 자녀들이야말로 공부해야 했습니다. 저의 어머니는호텔리어 가문 출신으로, 둘째와 셋째 아들 역시 호텔을 세우는 것이 당연했고요. 마찬가지로 저의 두 남동생 역시 공부하지 않았습니다.

사회학자이자 철학자로서의 활동에서 선생님께서는 [가족으로부터] 어떠한 직접적인 자극도 받지 않으신 셈이네요. 이 두 영역이 어떻게 삶에 걸친 열정이 되었는지 설명해주실 수 있으신지요?

저도 모르겠습니다. 아마도 잘하는 것이 있다면 그것으로
좋다고 여겼던 집안의 자유로움 때문인 것 같습니다.[32]

선생님께서는 학교에서 분명 최우등생이었겠네요?

아닙니다. 저의 할머니가 신문에서 월반이 가능하다는 내용
을 읽었기 때문에, 저는 한 학년 월반했습니다. 다른 이들은
16세에 해야 했던 일이었으나 저는 이런 식으로 이미 15세
에 공군 보조원이 되었습니다. 이와 관련해서는 딱히 공포스
럽거나 흥미로운 어떤 것도 드릴 말씀이 없습니다. 저는 삶
이 역사에 의해 정해진다고 믿지 않습니다. 한 사람의 일생
은 점차 덜 움직이게 되는 어떤 것으로 조직화되는 우발적
인 것의 연쇄 그 이상입니다.

**저희에게 단편적으로 보여주신 간결한 전기 자료가 메모
상자를 활용하는 선생님의 작업 형식과 연관이 있을까요?**

아닙니다. 기억력이 나빠서 메모 상자 작업을 시작했을 따름
입니다. 처음에는 작성한 메모를 책 안에 끼워두었는데, 이
런 식으로 하니 책의 장정이 파손되더군요. 서류철도 써보았
지만 점차 두꺼워지면서 더 이상 도움을 받을 수 없었습니
다. 삶에 대해서는 계획을 세워야 하지만 책에 대해서는 그
럴 수 없다는 것이 명확해졌지요. 1952년이나 1953년부터

메모 상자 작업을 시작했습니다.

25세에 삶을 계획한다는 것이 선생님께 명확하던가요?

네, 저는 지식을 쌓고 결합 가능성을 열어두고자 했습니다.
어떤 면에서 메모 상자는 확실한 방식으로 복잡성을 구축하
는 환원입니다. 어떤 책을 읽을 때 저는 다음 방식으로 진행
했습니다. 일단 특정 쪽의 아이디어를 적는 메모지를 언제
나 지니고 있었습니다. 뒷면에는 참고 문헌을 기록하지요.
책을 다 읽고 나면 저는 이 메모들을 면밀히 점검하고, 이미
쓴 메모 중에서 어떤 것이 얼마나 가치를 갖는지 검토합니
다. 저는 언제나 책을 메모로 전환할 수 있는가의 관점에서
읽습니다. 어쩌면 단지 수집하려는 충동일 수도 있겠네요.
만약 메모 상자만으로 이론을 형성하더라도, 저에게는 이것
이 올바른 현실-인지를 위한 준비라는 확신이 없습니다. 그
대신 잘못이더라도 적어도 올바르게 잘못된[33] 결과-결정이
의존하는 인지를 위한 준비가 될 수 있겠지요. 그런 한에서
이론은 자신 안에 자신의 비자의성[34]을 구성합니다. 저는 어
떻게 사고해야 하는지를 확립하는 통상적인 학문이론적인
지침을 받아들이기 어렵습니다.

**선생님의 이론은 이전에 정식화된 입장을 확증하기보다
다양한 대안을 시험하는 것을 지향합니다. 그럼에도 정치**

적 개혁에 대해 제안할 때 어떻게 규범적인 지향 없이 작업하시는지 이해하기 어렵습니다. 선생님께서 제안하려는 것의 목표는 조직의 안정성인가요?

공무원 개혁이라는 개념을 사례로 대답해보겠습니다. 제안의 출발점은 현존하는 공무원 구조의 결함이었습니다. 저는 정부 부처에 있는 동안 행정부의 승진-정치에 대해 관찰할 수 있었습니다. 공무원이 각자 삶에서 가장 생산적일 수 있는 40세에서 55세 사이의 나이일 때, 이들은 일에 최상으로 몰두하려고 하지 않았어요. 이들이 지향한 것은 어떻게 유리한 연금 상황에서 가장 단순하게 승진할 수 있을까였습니다. 그래서 가령 63세의 공무원은 연금을 수령한 다음, 후임 공무원에게 그 자리를 넘기기 위해 공직 위원으로 승진됩니다. 그런 정치는 인적 자원을 최상으로 활용하는 것이 아닙니다. 보살핌이라는 개념일 뿐이지요. 두 번째 예는 다음과 같습니다. 공무원이 낮은 직위로 떨어졌다가 더 나은 조건이 있어 본래 위치로 복귀한다는 것은 상상할 수 없습니다. 더 이상 그런 위치가 없을 때에는 대신 그와 같은 수준의 준은퇴 방식으로 처리하지요. 미국에서는 완전히 다릅니다. 그곳에서는 승격과 강등이 도덕적으로 비판받지 않는 정상적인 것이지요. 그러나 승격과 강등의 정상화에 대한 제안은 공무원 장치의 경직성으로 좌초되었습니다. 제 생각은 이 모델, 저 모델이 무조건 옳다고 해명하는 데 있지 않습니다. 다

양한 대안을 그 가정과 후속 결과에 따라 철저히 사고하는
것이 중요합니다. 이런 사고 형식은 저의 전체 학문 프로그
램을 규정하는 것이기도 합니다. 저는 특정한 방식으로 사회
를 볼 때 어떤 결과일 수 있는지에 관심을 갖습니다. 이것이
제 사고의 출발점이기도 합니다.[35]

**좋다고 또는 옳다고 여기는 것에 대한 관념 없이 어떻게
대안을 논의할 수 있을까요?**

그에 대해서는 명확하게 대답할 수 없습니다. 제가 공무원-
정치에 대해 생각한다고 가정해봅시다. 저는 은행-정치를
위한 개념을 숙고해야 할 때와 완전히 다른 관념을 갖게 됩
니다. 대안이 아직 존재하지 않기에 볼 수 없는 다른 결함들
을 감수하는 반면, 현실에서는 구조적으로 강제된 결함을 피
할 수 있는 것처럼 보인다고 일반적으로 생각합니다. 저는
이런 방식의 사고가 전혀 보수적이라고 보지 않습니다.

**이해됩니다. 그렇다면 선생님께서 보수적인 이론을 정식
화한다는 비판은 어떻게 나온 것일까요?**

저는 진보적인 측면이 특정한 이론적 형상으로 채워졌다는
인상을 받습니다. 이런 이론적 형상에 맞지 않는 것은 진보
의 반대, 즉 보수라는 것인데요. 이런 고정 관념은 저에게 진

부한 관념을 강요하는 이들의 자기평가에서 나옵니다. 그에
반해서 저는 도덕 보수주의나 구유럽적인 형상이 프랑크푸
르트학파에서 여전히 어떤 역할을 한다는 인상을 받습니다.
그러나 이런 질문이 매우 중요하다고는 생각하지 않습니다.
실제로 보수적이라면 사람들은 오늘날 다양한 변화에 직면
해서 무엇인가를 유지하기 위해 많은 것을 바꿔야 합니다.[36]
이런 상황에서 '보수적'에 대해서 어떻게 의미 있는 방식으
로 말할 수 있겠습니까?

**다음 10년을 내다보신다면 무엇이 가장 긴급한 사회 정치
적 문제라고 보십니까?**

이번에도 하나의 고유한 관점을 특별히 강조하기가 어렵네
요. 저는 언제나 회자되는 것과 다른 것을 거명하는 경향이
있어서 지금까지 특정한 관점을 드러내지 않았습니다. 또한
제가 평화 정치를 첫 번째로 꼽지 않는다고 해서 전쟁을 옹
호하거나 평화 유지가 중요하지 않다고 보는 것은 아닙니다.
큰 전쟁이 어떠한 파괴적인 결과를 가져올지는 결과가 너무
도 명확해 전혀 말할 필요가 없습니다.

평화운동에 참여하신 적이 있나요?

없습니다. 이렇게 말해도 된다면, 평화운동은 저에게 너무

전쟁과 가깝거나 호전적으로 보입니다. 평화를 촉진한다고 할 수 없는 전제들을 갖고 운동을 하는 듯 보여요. 예를 들면 저는 군비 축소 정치가 평화를 촉진할 수 있다고 생각하지 않습니다. 저는 실제로 동구권과 서구권의 사고 구조는 융합-이론의 의미에서가 아니라, 소진된 자유주의 이념 세계만큼이나 소진된 마르크스주의의 이념 세계가 교체되는 방식으로 조화를 이루어야 한다고 생각합니다. 오늘날 우리는 여전히 19세기의 논쟁 속에서 살고 있습니다. 그런 이유에서 동(공산주의 진영)과 서(자본주의 진영)가 서로에 대해 가정하는 많은 것은 이론적으로 무의미합니다. 이론을 중요한 정치적 요소로 믿는 것은 당연히 잘못이지요. 그럼에도 불구하고 저는 미국뿐 아니라 소련의 자기이해에 대한 비판이 충분히 의미 있다고 봅니다. 그리고 그런 공격은 군비 축소 정치와 마찬가지로 평화에 가깝다고 생각합니다. 오늘날 기술적으로 더 이상 불가능해 보이지 않는 로켓 발사 가능성을 저지하는 데 성공한다면, 다른 선택지를 생각할 수 있습니다. 그러나 아마도 사람들은 다시 다른 무기를 갖고 서로 달려들 것입니다. 의학이 발전하면서 진화할 수 있는 질병의 성격에 대해 아무도 민감하게 느끼지 않는다는 것 역시 신경이 쓰입니다. 언제라도 의학적으로 저항하는 바이러스가 생겨서 확산될 수 있고, 약은 그 대책이 되지 못하며, 병에 대한 진단을 발전시키기 위해서는 몇 년이고 걸릴 수 있음을 배제할 수 없습니다. 진화적으로 개연적인 경우에는 항생제 사용으로 보호받습니다. 그래서 저는 괴물처럼 커다란 무엇인가가 폭발해 인간을 말살하는 것보다 앞서 설명한 것들이 훨씬 더 개연적이라고 간주합니다. 아니면 달러의 발전과 같은 다른 예를 들어보겠습니다. 부채가 너무 많아서 무너지게 하지는 못하지만, 대체될 수도 없다는 바로 그 이유에서 달러는 기축 통화입니다. 하지만 달러가 어느 날 붕괴하지 않는다고 누구도 확신할 수 없습니다. 비대해진 경제 체계의 붕괴 가능성은 어떤 보상도 받을 수 없는 대단히 급박한 문제라고 봅니다. 하지만 이를 이유로 자본주의에 대해서 요란하게 반대하는 것은 적절하지 않습니다. 이 질문에서 문제는 누가 생산 수단의 소유자인지가 아니지요. 섬세하게 조탁된 이론은 뺵뺵하게 구성된 후기 마르크스주의 이론이나 단순한 기술-혐오보다 많은 위험과 위해를 제시할 수 있어야 합니다.

선생님의 다음 작업은 후기 자본주의 사회의 구조적인 결함을 분석하는 것인지요?

저의 다음 작업은 《사회적 체계들》보다 낮은 추상 수준의 사회이론에 집중하는 것입니다. 그러나 저는 통상적인 의미에서 '사회 비판Gesellschaftskritik'을 수행하지 않을 것입니다. 구조적인 결함의 목록을 새로 추가하지도 않을 것입니다. '후기 자본주의Spätkapitalismus'라는 잘못된 지칭에 대해서는 완전히 침묵할 것입니다. 그런 문제들은 오직 이론 내부에서만 나타날 뿐입니다. 지금 우리가 살고 있는 사회와 다른 사회를 전혀 떠올릴 수 없기 때문에 우리 체계의 다양한 긍정적인 측면들을 제시할 것입니다.[37] 그것은 이 사회를 거부하거나 동의하는 것이 아닙니다. 사회의 구조적인 위험들, 자기위협들, 진화적인 비개연성에 대한 더 나은 이해를 하기 위해서입니다.[38]

저자가 루만인《정치 논문집》을 출간하지는 않으시나요?[39]

그렇습니다. 하지만 그렇다고 해서 제가 이론적인 질문의 맥락에서 현실적인 문제를 다루지 않는다는 의미는 아닙니다. ◆

10장

아르키메데스와 우리[1]

진행 · 프랑코 볼피 Franco Volpi[2]

오늘날 사회학의 상황을 어떻게 보십니까?

오늘날 사회학은 이론의 위기에 처해 있습니다.[3] 경험 연구처럼 매우 성과가 많은 연구는 확실히 주목할 만한 방식으로 우리의 인식을 풍부하게 했지요. 그러나 종합적인 분과 학문으로서 사회학을 위한 통일적인 이론이 출현하는 데는 기여하지 못했습니다. 오늘날 사회학은 하나의 이론을 향한 문턱에 머물러 있습니다. 마치 알렉산드리아학파가 보여주는 듯한 열정으로 고전이 연구되며 소화되고 있지요. 집중적인 작업 외에도 상이한 이론의 결합을 볼 수 있습니다. 그러나 그것이 곧 진보를 말하는 것은 아닙니다. 무엇보다 탤컷 파슨스의 죽음 이후 대단한 성과를 거둘 수 있는 학제 간 토론의 연관성이 사라졌습니다.[4] 체념이 만연하면서 누구도 사회학의 대상이 되는 장의 특수성이나 학문적 분과로서 사회학의 특수한 통일성을 정초하려고 시도하지 않습니다.[5]

**이를 근거로 체계이론을 사회의 기술에 적용하는 선생님
께서는 동시대 사회학 내부의 전환을 이론화하셨습니다.
이 전환의 특징을 무엇이라고 생각하시는지요?**

이런 전환을 충분히 기술하기 위해서는 제가 제안한 사회
학이론의 체계론적인 정식화를 고전적인 정식화와 대립시
켜야 합니다. 가장 공공연한 차이는 막스 베버, 에밀 뒤르켐
Émile Durkheim, 게오르크 지멜의 고전 사회학이론은 행위, 역
할, 기대, 관계 등과 같이 충분히 정의되지 않은 근본 개념으
로 작동한다는 점입니다.[6] 이런 개념들의 기술 잠재력은 고
갈된 것 같습니다. 항상 사회학의 고전들을 새로 해석하려고
시도하지만, 해석은 비생산적입니다. 이는 남은 뼈까지 모두
핥아 먹는 것이라고 할 수 있습니다.[7] 그와 반대로 사회에 대
한 이론으로서 체계이론의 기본 의도는 서로 결합하는 복잡
한 도구와 개념들의 계열을 제공하는 것입니다. 의미, 사건,
관계, 복잡성, 우연성, 행위, 커뮤니케이션, 체계, 환경, 구조,
과정, 자기지시, 폐쇄성, 자기조직, 자기생산 등이 그것입니
다. 이는 전통이라는 저수지에 있는 물고기를 낚으면서가 아
니라, 간학문적인 관점의 발전을 통해 획득됩니다. 이런 의
미에서 체계이론은 사회적 체계를 분석하기 위한 새로운 가
능성들을 제공하는 패러다임 전환을 제시합니다.[8]

이런 가능성은 어디에 있을까요?

새로운 가능성은 사회적 체계를 자기지시적 체계로 보는 데서 나옵니다. 체계의 자기지시는 조직이라는 의미에서 구조 층위뿐 아니라 자기생산, 즉 생산과 자기재생산이라는 의미에서 요소 층위와도 관련이 있습니다. 이런 모델에 기반해서 사회적 체계들은 자신의 요소들, 자신의 과정들, 자신의 구조들, 자신의 부분들, 그리고 자기 자신인 모든 단위들을 자기 자신으로부터 구성해야 하는 체계로 파악될 수 있습니다. 동시에 체계이론은 그 모두를 위해서 환경의 복잡성 환원이 필연적이라고 주장합니다.

선생님께서는 첫 번째 저작에서 닫힌 체계들과 자신의 환경과 커뮤니케이션하는 열린 체계들, 즉 유기체들, 사회적 체계들, 심리적 체계들을 명확하게 구별하셨습니다. 최근 저작에서는 자기지시적 체계이론 내부에서 이런 구별을 새롭게 정식화하고 의미를 부여하셨고요. 이런 발전을 설명해주시겠습니까?[9]

사람들은 체계를 기술하기 위해서 처음에 자기조직화 개념을 사용했습니다. 그러나 자기조직화 개념은 단지 한 체계의 구조와 연관을 맺을 뿐입니다. 그사이 이런 구조와의 연관은 통일성 — 체계의 통일성 또는 그 요소들의 통일성 — 과의 연관으로 대체되었습니다. 자기지시적 체계이론은 체계들의 독립 분화가 자기지시를 통해서만 실현된다고 주장

194

합니다. 다시 말해 체계는 자신의 요소들과 자신의 기본적인 작동들을 구성할 때 자기 자신, 즉 체계 자신의 요소들, 체계 자신의 작동들, 체계 자신의 통일성과 관계해야 한다는 자기 지시적인 사태를 통해서만 독립 분화합니다. 이를 가능하게 하기 위해서 체계는 자기 자신에 대한 기술을 구축하고 사용해야 합니다. 체계의 지향으로, 그리고 정보 생산의 원리로서 적어도 체계가 체계와 환경의 차이를 사용해야 함을 알아야 하는 것입니다. 여기서 자기지시적 닫힘은 오직 그 환경에서만 가능하며 생태학적 조건에서만 가능합니다. 그동안 '열린' 체계와 '닫힌' 체계의 고전적인 구별은 '어떻게 자기지시적인 닫힘이 열림을 생산하는가'라는 물음으로 대체되었습니다.

> '일반이론의 개요'라는 의미 있는 부제가 붙은 최근의 대작 《사회적 체계들》에서 사회학이론의 새로운 기반을 제안하셨습니다. 이른바 이해사회학 내부에서 사회를 완전하게 기술하기 위한 베버의 프로그램과 선생님의 의도는 어떤 연관이 있습니까?[10]

베버의 프로그램은 사회적 체계이론이 가진 의도와 상이합니다. 사회학의 과제 상황이 기본 국면에서 베버의 경우와 다르기 때문입니다. 베버에게는 이론적 층위에서 새롭게 출현한 분과 학문으로 사회학을 공고화하는 것이 문제였습니다. 그에 반해 오늘날에는 이를 넘어서는 발전을 할 수 있는 지가 문제입니다. 이에 대해 두 번째 이론적 공고화를 해내는 것, 그리고 분과적으로 확장된 일반이론의 기초를 사회학에 제공하는 것이 문제가 됩니다. 이것은 베버를 따라서도, 파슨스를 따라서도 더 이상 추구될 수 없습니다.

> 베버의 계승은 무엇보다 두 방향에서 수용되고 발전되었습니다. 하나는 알프레트 쉬츠Alfred Schütz의 사회적 행위의 분석 방향입니다. 행위의 주관적 의미 차원을 다루었지요. 그에 반해 다른 하나는 인물을 넘어서는 기능주의적 측면을 강조하는 파슨스의 방향입니다. 위르겐 하버마스의 '의사소통 행위이론'은 체계이론이 이 양방향 중 한쪽으로만 발전했다고 비난했습니다. 즉 경제나 관료제처럼 사회를 오직 체계의 고유한 합리성 모델을 따르는 기능적 관점에서만 다룬다는 것입니다. 이와 반대로 체계이론은 생활세계와 주관적 의미의 지평에서 행위하는 주체의 관점을 경시한다고 비난받기도 했습니다. 이런 비난에 대해서 어떻게 대답하시겠습니까?

사회적 행위에 담긴 주관적 의미는 고전적인 사회학이론에서 중심적인 문제입니다. 체계이론은 초월적 구성 요소 및 주체와의 연관과 급진적으로 결별했습니다. 체계이론은 정보, 전달, 이해의 통일성이라 할 수 있는 커뮤니케이션 개념으로 사회적 행위를 파악하고자 합니다. 주체 개념이 가장 문제적이라고 판명되기 때문입니다. 체계이론 외에는 주체-초월적 관점과 엄격하게 결별할 수 있는 동시대 사회학이론은 없는 것으로 보입니다. 하버마스도, 프랑스 이론가들도, 파슨스도 물론 아닙니다. 따라서 저는 주체 범주를 사용하지 않는 편이 더 좋다고 생각합니다. 그것이 바로 체계이론이 할 수 있는 일이지요. 사람들이 개별적이고 심리적인 삶의 관점을 말하기 위해 주체라는 명칭을 사용하더라도, 이것은 '개체'나 '인물' 개념으로 문화적 의미론 수준에서 다루어 질 수 있습니다. 그리고 체계적 관점에서는 '심리적 체계'라는 더 엄격한 명칭을 사용할 수 있습니다. 만약 주체 관점을 포기한다면 전통적으로 의미 있는 사회적 행위로 이해되어온 것을 새로운 방식으로 기술할 수 있습니다. 즉 의미 체계를 형성하도록 하는 기본 작동은 행위가 아니라 이른바 정보, 전달, 그리고 이해의 통일성으로서의 커뮤니케이션입니다. 의미에 대한 전통적인 해석학적 문제도 마찬가지입니다. 의미는 복잡성의 자기기술과 다르지 않으며, 또한 그것 때문에 심리적 체계나 사회적 체계가 보다 높은 복잡성을 부대현재화[11]할 수 있는 근본 작동과 다르지 않습니다.

처음부터 선생님께서는 저작들에서 구유럽적이라고 명명한 모든 범주를 포기하셨습니다. 또한 장프랑수아 리오타르Jean-François Lyotard가 근대의 거대한 의미 서사라고 명

명했던 게오르크 헤겔의 변증법, 역사에 대한 카를 마르크스적 전망, 의미의 해석학, 진보하는 인간성 해방이라는 신프랑스적 관념 등과 아이러니한 거리를 취하셨습니다.

세계를 인간주의적으로 이해하지만 복잡성을 파악할 수 없는 포괄적인 전망, 즉 구유럽적인 전망이 문제가 됩니다. 더구나 이는 그 결과를 전망할 수 있고, 그에 상응해서 논쟁적인 갈등 요소의 부담을 안고, 그렇게 지속적으로 상호 갈등에 빠지게 됩니다.[12] 그에 반해 자기지시적 체계이론에 기반해서 사회적 복잡성을 기술할 때 구유럽적 기술의 논쟁적인 갈등 요소는 논박되며, 엄밀하고 급진적인 방식으로 새롭게 파악됩니다.

"마르크스주의라는 꺼져버린 화산erloschenen Vulkanen des Marxismus"[13] 위로 비행한다고 선생님께서 쓰셨던 것처럼, 선생님의 사회학이론은 변증법적 유물론으로 역사를 관찰하는 방식에 대한 암시적인 비판인지요?

자기지시 이념에 기반하면 마르크스주의에서 상세하게 다루었던 모순과 갈등이라는 고전적인 문제가 사회적 체계 내부에서 새롭게 파악될 수 있습니다. 모순은 더 이상 변증법적으로 구조의 변동에 영향을 끼치는 다이내믹한 요인이 아닙니다. 모순은 커뮤니케이션을 위한 연결 가능성을 창출하기 위해 커뮤니케이션에서 특정한 어려움이 생길 때 기능하는 사회적 체계의 '면역 체계' 요소로 볼 수 있습니다.[14] "마르크스주의라는 꺼져버린 화산"이라는 표현은 무엇보다 동독에서 볼 수 있는 결과인 것 같습니다. 저는 동독에서 부친 "꺼져버린 화산의 나라로부터 진심 어린 인사"라는 편지를 받은 바 있습니다. 이렇게 편지를 받을 수 있다는 것은 검열이 잘되지 않는다는 하나의 암시이기도 하지요. 반면에 서구 마르크스주의자들은 화산이 한 번 더 시작되기를 희망하고 있습니다.

> 선생님께서는 구유럽적인 현실 이해에 대해 거리를 취하면서도, 보편적이고 모든 것을 포괄하는 지식으로서 이론이라는 구유럽적인 이상, 완전한 자기투명성의 이상을 고수하십니다. 오늘날 인식이론의 요새에까지 확산된 오류 가능한 입장에 반한다고 생각하지는 않으시나요? 이는 또한 현실을 읽어내는 단서의 다양화라는 이념에 반하고, 범례들과 다성plurivocità, 多聲 및 다형성Polymorphie, 多形性의 분화 요구에 반하는 것은 아닌가요?

저는 구유럽 전통의 근본주의적 이상과 체계이론 같은 추상적 이론의 형식적인 목표를 구별해야 한다고 생각합니다. 예를 들어 체계이론은 모든 사회적 체계를 기술하고 무엇보다도 자기 자신을 지칭하는 한 현실의 전 영역을 포괄할 것을 요구합니다. 즉 사회학은 연구에서 분석 대상으로 다시 나타나지요. 즉 체계이론은 보편적이면서 자기지시적입니다. 보편적인 것은 체계이론이 대상을 완전한 실재로 반영하고자 한다는 의미가 아닙니다. 모든 인식 가능성을 이용하겠다는 의미도, 다른 이론들에 배타적인 진리 요구를 한다는 의미도 아닙니다. 보편성은 상호 작용, 규칙, 유동성, 근대사회의 특수성 같은 전체 영역의 단면만이 아니라 사회적인 것의 전체 영역을 다룬다는 의미입니다. 그러나 사회적인 사태의 영역은 세계의 한 부분으로 실체화될 수 없고 그런 식으로는 사회학적인 관찰 대상이 되지 않습니다. 사회적 체계의 체계 지시와 연관된 것으로, 즉 사회적 체계와의 연관 속에서 체계와 환경의 고유한 차이로 생각할 수 있는 전체 세계가 사회학적 관찰 대상이 됩니다.[15] 그렇게 체계이론의 자기지시성이 예외 없이 결합됩니다. 비대칭적인 이론과 순환적인 이론을 구별할 수 있습니다. 보편적인 이론은 자기지시적인 관계 내부에서 대상을 관찰합니다. 관찰 대상 안에 관찰자와 관찰 도구를 포함하는 자기지시의 이런 형상은 구유럽적 전통에서 볼 수 없었던 보편적인 이론이 지닌 특수한 특징이라고 생각합니다. 최근까지도 언제나 외부, 바깥에서ab extra 주체를 매개로 한 기술이 중요했습니다. 제 생각은 다음과 같습니다. 고전적인 논리학이나 고전적인 존재론은 거짓이거나 참인, 다시 말해 2개의 가치를 관찰하기 위해서 관찰자의 위치를 언제나 외부에 두었습니다. 그러나 이런 전통에서는 관찰자가 현실을 관찰하기 위해서 자신 또한 관찰해야 함을 고려하지 않습니다.[16] 이런 의미에서 저는 구유럽적 전통과 결별한 것입니다. 그럼에도 불구하고 저는 연관, 지평, 범례들의 파편화뿐 아니라 유럽의 근대에서 지식의 통일성이라는 이상에 직면해서 제기된 조사 도구들과 기술 도구들의 파편화 요구에는 동의하지 않습니다. 그렇게 되면 연관과 통일성 문제는 우리의 시야에서 완전히 사라져버리기 때문입니다. 다른 한편 각각의 보편적인 이론 또한 관찰되며, 경우에 따라서 대안을 구상하면서 보충되거나 대체될 수 있습니다.

> 지금 상황은 자기기술의 위기와 그곳에서부터 전체를 기술할 수 있는 '아르키메데스Ἀρχιμήδης의 점'의 결핍으로 특징지을 수 있을 것 같습니다. 예술과 종교도, 철학과 정치도 사회의 다른 부분들을 대신할 특권적인 준거점으로 보기 어려울 것 같아요. 이런 상황에서 사회학적 사유의 과제는 어디에 있을까요? 오히려 사회학, 특히 체계이론적인 정식화로 구축된 사회학이 전체를 기술할 수 있는 아르키메데스의 점으로 수행할 수 있지 않을까요?

현재 상황에 대한 선생님의 기술에 동의합니다. 하지만 저는 오늘날 전체를 기술하기 위해서 아르키메데스의 점을 생각하는 것은 더 이상 가능하지 않다고 봅니다. 사회학도 그런 점이 될 수 없습니다. 그러나 저는 사회학이 이 문제를 성찰하는 가능성을 어떤 식으로든 가지고 있다고 생각합니다. 즉 사회 내부에 자신의 장소를 가짐으로써 자신을 성찰하는 자기지시적 기술로 고유한 관점을 성찰할 수 있는 것입니다. 또한 존재론적으로, 주체-초월론적으로, 인식론적으로 특권화된 위치에 있는 사회학이 거부 역시 성찰할 수 있습니다. 예를 들어 저는 사회를 기능적으로 분화된 체계로 기술한다고 말할 수 있습니다. 그러나 저에게 이런 기술은 단지 학문적인 기술일 뿐입니다. 만약 예를 들어 정치가 그런 기술의 결과를 수용하지 않는다면, 이는 정치가 다른 위치, 같은 현실에 대해 다르게 기술하는 다른 관점을 대표하기 때문입니다. 그러나 사회학자로서 저는 어떤 근거에서 정치가 저의 기술을 수용하지 않는지 이해할 수 있습니다. 학문적인 관점에서 저는 사회학이 보다 높은 층위의 기술이라는 점을 견지합니다. 그리고 이를 보여줄 수 있다고 믿습니다. ◆

주

편집자 서문 · 조형적인 비대칭

1   "공론communio opinio에 반하는 기습적 논거를 들어 거기에 의구심을 제
    기하는 것 역시 마찬가지이다. 역설의 소통에 있어서는 그 작동적 효과
    가 결정적이다. 역설은 모든 점유된 입장이 반대 입장을 주장하도록 강
    제함으로써, 그리고 반대 입장 역시 같은 상황에 처히게 함으로써 소통
    을 진동Oszillieren 속으로 몰아넣는다." 니클라스 루만·페터 푹스, 〈말
    하기와 침묵하기〉, 《문학과 사회》 27권 1호, 박술 옮김(문학과지성사,
    2014), 639쪽.
2   에피스테메와 독사의 고전적인 구별과 그에 따른 소크라테스식의 대화
    가 근대 학문에서 진리를 보장하지 못한다는 '전도'에 대해서는 다음을
    참고할 수 있다. "확실한 지식(에피스테메)과 의견 지식(독사)의 고대 이
    래 중요한 구분의 관점에서 일단 학문적 지식은 확실성이 더 높다는 점
    에서 일상 지식과 구분된다고 추측할 수 있을 것이다. 이것은 교조주의
    와 회의주의에 대한 이중의 반대를 갖는 근대 초기 학문운동의 의도에
    도 원인이 있었다. 하지만 그 반대 경우가 사실이 된다. 학문적 지식은
    일상 지식보다 덜 확실하다. …… 학문을 통해서는 확실성이 아니라 불확
    실성이 상승한다." 니클라스 루만, 《사회의 학문》, 이철 옮김(이론출판,
    2019), 390쪽.
3   탤컷 파슨스와의 일화는 이 대담집 9장 〈전기, 태도, 메모 카드〉를 참고
    하라.
4   이 대담집 9장 〈전기, 태도, 메모 카드〉에도 동일한 표현이 나온다.
5   1984년 출간한 《사회적 체계들: 일반이론의 개요Soziale Systeme: Grundriß
    einer allgemeinen Theorie》의 마지막 문장을 염두에 둔 표현이다. "이제는 올
    빼미가 더 이상 구석진 곳에서 흐느껴 울지 말고 야간 비행을 시작할 수
    있는 용기를 약속할 수 있다. 우리는 야간 비행을 감시할 도구들을 가지
    고 있고, '근대사회의 정찰Erkundung der modernen Gesellschaft'이 관건이
    라는 것을 알고 있다." 니클라스 루만, 《사회적 체계들: 일반이론의 개
    요》, 이철·박여성 옮김(한길사, 2020), 901쪽. 정치에 대한 소명에 관한
    막스 베버Max Weber의 문제의식을 일반화하면, 어떤 불모의 상황에서도
    이를 이겨낼 만큼 강인한 의지를 갖고 그 상황을 돌파할 수 있는 내적인
    의미를 모색해야 한다. 그렇지 않으면 '지금 아직 남아 있는 가능한 것'

조차 성취할 수 없기 때문이다. 세계의 윤리적인 비합리성에 대해, 세계의 저열함과 빈곤함에 좌절하지 않고 다룰 수 있는 전제 조건을 모색하며 그 전제 조건에서 가능성을 찾아 현실화하기 위해서는 커뮤니케이션을 커뮤니케이션하면서 새로운 사회적 의미를 창출할 수 있어야 한다. 그때 커뮤니케이션의 의미 연관이 새로운 현실을 구성할 수 있다. 그렇게 끊임없이 대칭성을 비대칭성으로 전환하고, 반대로 비대칭성을 대칭성으로 전도시키는 새로운 형식을 추구해야 한다. 이런 점에서 "돌로 뒤덮인 땅에서 기꺼이 우리의 길을 찾아낼 것"은 개인이 불굴의 의지로 실현하는 것이 아니라, 대칭성과 비대칭성 간의 조형적인 질료를 새로운 형식으로 의미를 창출하는 사회적 체계를 통해 실현되는 것이다.

6   니클라스 루만, 《사회적 체계들》.

7   이 대담집 5장 〈그러므로, 사랑〉의 진행자이기도 한 디르크 베커Dirk Baecker는 총 10편의 대담 중 이탈리아어로 진행된 4편을 독역했다. 4편의 대담은 1장 〈정치적인 것의 개념〉, 3장 〈인간의 삶에 관하여〉, 4장 〈시칠리아에서의 인터뷰〉, 10장 〈아르키메데스와 우리〉이다. 또한 그는 루만 사후에 출간된 1991~1992년 강의록 《체계이론 입문Einführung in die Systemtheorie》과 1992~1993년 강의록 《사회이론 입문Einführung in die Theorie der Gesellschaft》을 편집하고 각각의 편집자 서문을 썼다. 니클라스 루만, 《체계이론 입문》, 윤재왕 옮김(새물결, 2014); 니클라스 루만, 《사회이론 입문》, 이철 옮김(이론출판, 2015). 또한 2017년에는 루만의 다른 미출간 논문 모음집 《불투명성의 통제Die Kontrolle von Intransparenz》를 편집했으며, 루만 생전에는 그의 60세 기념 논문집을 공동 편집했다. Dirk Baecker·Jürgen Markowitz·Rudolf Stichweh·Hartmann Tyrell·Helmut Willke(Hrsg.), 《열정으로서의 이론: 니클라스 루만 60세 기념 논문집Theorie als Passion: Niklas Luhmann zum 60. Geburtstag》(Frankfurt am Main: Suhrkamp, 1987). 이렇게 보면 이 책 〈아르키메데스와 우리〉는 《열정으로서의 이론》과 더불어 루만의 60세 기념집이 된다. 그는 루만의 체계이론에 기반해 다양한 주제를 이론화하는 많은 저작을 발표했다. 그중 중요하게 꼽히는 책들은 다음과 같다. Dirk Baecker, 《기업의 형식Die Form des Unternehmens》(Frankfurt am Main: Suhrkamp, 1993); 《커뮤니케이션의 형식과 형식들Form und Formen der Kommunikation》(Frankfurt am Main: Suhrkamp, 2005); 《어째서 이론?Wozu Theorie?》(Berlin: Suhrkamp, 2016). 편집본으로는 다음의 책들이 있다. Dirk Baecker, 《형식의 계산Kalkül der Form》(Frankfurt am Main: Suhrkamp, 1993); 《형식의

문제들*Probleme der Form*》(Frankfurt am Main: Suhrkamp, 1993).

8 독문학자 게오르크 슈타니체크Georg Stanitzek는 매체이론과 문학이론 연
   구자로 이 대담집 6장 〈중단의 어려움〉의 진행자이기도 하다. 빌레펠트
   대학교에서 그는 《절대적 현존*Das Absolute Präsens*》으로 국내에 소개된 칼
   하인츠 보러Karl Heinz Bohrer, 《지나간 미래*Vergangene Zukunft*》와 《코젤렉
   의 개념사 사전*Geschichtliche Grundbegriffe*》 시리즈로 잘 알려진 라인하르
   트 코젤렉Reinhart Koselleck, 독일 교양 소설의 권위자인 빌헬름 포스캄프
   Wilhelm Voßkamp, 철학자 위르겐 프레세Jürgen Frese 그리고 루만에게 지
   도받으며 배웠다. 1986년 같은 대학에서 박사 학위 논문, 1996년 쾰른
   에서 교수 자격 논문을 취득했으며 이후 정년이 될 때까지 지겐 대학교
   에서 독문학 및 일반 문학 교수로 재직했다. 칼 하인츠 보러, 《절대적 현
   존》, 최문규 옮김(문학동네, 1998); 라인하르트 코젤렉, 《지나간 미래》,
   한철 옮김(문학동네, 1998). 포스캄프와 독문학자 최문규의 대담은 다음
   을 참고하라. 최문규·빌헬름 포스캄프, 〈문화·매체 그리고 (인)문학〉, 최
   문규, 《자율적 문학의 단말마?: 문화학적 경향과 문학의 새로운 지평 탐
   색》(글누림, 2006), 382~399쪽.

1장 · 정치적인 것의 개념

1 [원주] 이 대담은 1980년 1월 18일 잡지 《부활*Rinascita*》 3호에 〈권력의
   인플레이션L'inflazione del potere〉이라는 제목으로 수록되었다.

2 이탈리아의 철학자, 정치학자, 독문학자. 테오도어 아도르노Theodor
   Adorno, 헤르베르트 마르쿠제Herbert Marcuse, 페르디난트 퇴니스
   Ferdinand Tönnies, 에른스트 프랭켈Ernst Fraenkel, 에른스트 카시러Ernst
   Cassirer의 책을 번역했다.

3 "특히 갈등 자체도 하나의 체계라는 언명을 통해 기존의 이론을 뛰어넘
   을 수 있다. 갈등은 체계이다. 왜냐하면 누군가를 적으로 여기고 그에 따
   라 공격적, 방어적 또는 예방적으로 행위하게 되면 다른 사람을 제한된
   변이의 범위 안으로 끌어들이는 상황을 만드는 것이 되기 때문이다. 다
   시 말해 상대방은 더 이상 제멋대로 행동할 수 없게 된다. 물론 할 수만
   있다면 도망갈 수도 있고, 어깨를 으쓱거리면서 별 관심이 없다고 말할
   수도 있다. 하지만 도망갈 수 없는, 전형적인 사회적 상황에서는 갈등이
   존재한다는 생각이나 제공된 의미에 대해 고집스럽게 '아니요'를 고수
   하는 것만으로 체계를 생산하는 동기가 된다. 즉 작동의 연결 가능성을

조직하는 동기가 된다. …… 갈등은 사회적 결합의 측면에서든 주제의 측면에서든 조직화하는 힘을 갖고 있다. …… 따라서 갈등은 최상의 체계형성 원칙에 해당하고, 체계이론은 협력뿐만 아니라 갈등에 대해서도 얼마든지 충분한 설명을 제공할 수 있다. 그러므로 갈등은 체계이론에서 제대로 조명되지 못하는 주제라고 말하는 것은 한마디로 난센스일 뿐이다. 갈등이야말로 고도로 통합된 체계이다." 니클라스 루만, 《체계이론 입문》, 451~453쪽.

4　'갈등사회에 대한 사회학적인 인식'에 따라, 게오르크 지멜Georg Simmel에게 영향을 받은 코저의 '기능적 갈등이론'과 카를 마르크스Karl Marx와 막스 베버로부터 영향을 받은 다렌도르프의 '변증법적 갈등이론'을 소개한 논문집이 있다. 루이스 코저·랄프 다렌도르프·페이르 판덴베르흐·안드레 군더 프랑크, 《갈등의 사회학》, 박영신 편저(까치, 1980). 코저의 다음 저작을 참고할 수 있다. 루이스 코저, 《갈등의 사회적 기능》, 박재환 옮김(한길사, 1980).

5　1950~1960년대 사회학에서는 중요한 이론으로 '갈등'이 정치적으로 부각되면서 이데올로기적인 논쟁의 성격을 갖게 되었다. "다렌도르프는 파슨스를 공격함으로써 유명해졌고, 아무런 텍스트상의 근거도 없이 그저 파슨스이론은 합의를 과대평가하고 갈등을 과소평가한다고 오해한 다른 학자들도 다렌도르프의 견해를 추종했다. 그러나 정작 중요한 문제는 합의 대 갈등 또는 협력 대 경쟁 — 이는 1920년대의 시카고학파가 다룬 오래된 주제이다 — 이라는 차원에서 그중 어느 한 측면만 선택해, 예컨대 우리 사회는 본질적으로 갈등사회, 즉 계급사회라고 말한다든가 또는 거꾸로 합의는 한 사회의 필수 불가결한 전제 조건이고, 따라서 어떤 것에 대한 합의 없이는 아무것도 성립할 수 없다고 말하는 이론이 도대체 성립할 수 있는가이다. 분명 이 두 가지 생각 모두 옳다. …… 커뮤니케이션이라는 작동 자체에서 갈등과 합의가 계속해서 이원적 대안으로 재생산된다는 사실을 알 수 있을 것이다. 따라서 우리가 이론에 대해 사회를 일차적으로 합의라는 관점에서 서술하라든가 또는 갈등이라는 관점에서 서술하라고 지시하면 결국 이론은 일면성과 편파성이라는 부담을 떠안지 않을 수 없다." 니클라스 루만, 《체계이론 입문》, 449~450쪽. 다렌도르프의 저작은 국내에 여러 권 소개되었는데, 이 주제와 관련된 저작으로는 다음을 참고하라. 랄프 다렌도르프, 《산업사회의 계급과 계급 갈등》, 정대연 옮김(홍신사, 1980). 더불어 '구조화된 갈등' 또는 '갈등의 제도화'에 대해서는 다음을 참고하라. 니클라스 루만,

《절차를 통한 정당화》, 윤재왕 옮김(새물결, 2022), 172~182쪽. 구교와
신교, 노동자와 자본가, 흑인과 백인 등과 같은 갈등의 전선이 사회의 모
든 분야, 모든 역할에 일반화되어 팽팽하게 대립할 때, 이를 '사회의 동
량화棟梁化'라고 한다. 이 경우 갈등이 정치적으로 첨예화되고 사회적 대
립의 강도가 더 강해져서 내전 발발의 위험이 생긴다. 이런 가능성 때문
에라도 "갈등의 전선들이 사회 내에서 여러 가지 방식으로 파괴될 때만
사회적 갈등을 정치화하더라도 아무런 해악이 발생하지 않는다. 즉 사
회가 이미 충분한 복잡성을 갖고 있을 때만 사회의 정치 체계도 고유의
복잡성을 획득할 수 있다". 같은 책, 270~271쪽.

6   루만에 따르면 근대사회는 사회적 계급으로 구성되는데, 근대사회를
     이 계급들 간의 불평등을 재생산하는 '계급사회'라고 기술하는 것은 가
     장 성공적이면서 지배적인 기술이었다. 왜냐하면 "그것이 지위에 따
     라 수직적으로 편성된 사회라는 예전의 관념과 완전히 결별하지는 않
     으면서, 또한 근대사회의 중요한 계기들이 들어갈 수 있도록 그 관념을
     충분히 느슨하게 만든다는 사실로부터 설명될 수 있다. '계급사회' 명
     제는 야누스의 얼굴을 갖고 있는 것으로, 구사회를 시야에 놓치지 않으
     면서도 이미 근본적 변화들을 기록할 수 있는 출발점을 제공하는 과도
     기 의미론의 가장 인상적인 성취에 속한다". 그러나 "20세기 말, 이 전
     체 구상은 무너지는 것으로 보인다. 불평등들이 존재한다는 것은 명백
     하다. 그것도 이전보다 더하다. 하지만 '새로운' 불평등들에 관한 논의
     가 가르쳐주듯이, 불평등들은 더 이상 계급 구조로 환원될 수 없다. 너
     무도 많은 영향들이, 오늘날식으로 말하자면 사회적 환경에 따른 영향
     들이 작용한다. 또 성차나 연령차 같은 자연적 조건들이 사람들이 이전
     에 생각했던 것보다 더 강하게 작용한다. 고도로 개인적인 기대들, 요구
     들, 정체성 투사 방식들에 대한 커뮤니케이션이 열리는 것 역시 계급사
     회라는 도식화를 무너뜨리는 작용을 한다". 니클라스 루만, 《사회의 사
     회》 2, 장춘익 옮김(새물결, 2014), 1208~1211쪽. 이 문제를 본격적으로
     다루는 연구는 다음을 참고할 수 있다. Niklas Luhmann, 〈사회적 계급
     에 대하여Zum Begriff der sozialen Klasse〉, Niklas Luhmann(Hrsg.), 《사회
     적 분화: 이념의 역사Soziale Differenzierung: Zur Geschichte einer Idee》(Opladen:
     Westdeutscher Verlag, 1985), 119~162쪽.

7   이른바 부르주아 사회의 소유 구조에 대한 마르크스의 비판은 소유권/
     비소유권의 이원주의와 부/빈곤의 이원화와 혼동하고 있다는 지적이 가
     능하다. 하지만 여전히 마르크스의 논의는 특정 범주의 인격이 소유권

을 인격화하는 반면, 그 범주에 포함되지 않은 인격들은 소유권으로부터 원칙적으로 배제되는 현실을 지적하는 경고의 기능을 갖고 있다. 이러한 상태가 되면 "소유권은 사회적 과정에 대한 코드 기능을 상실할 것이고, 아무런 기능도 없는 특권이 될 것"이어서, "경제는 다시 정치화되고 말 것이다". 니클라스 루만,《사회의 체계이론》, 윤재왕 옮김(새물결, 2022), 501쪽 각주 33.

8 베버의 경우 합리적 행위에 대해서 그 원인이나 결과, 작용을 가치의 관점에서 이해한다는 점과도 관련된다. 그럴 경우 합리적 행위의 구조는 가치 지평과 인과 해석이 서로 뒤섞이게 된다는 문제를 갖는다. 루만은 이러한 설명이 한 사람의 행위자, 하나의 합리적 행위를 인과적으로 설명하는 데는 타당할 수 있을지 모르지만, 여럿이 참여하는 행위 체계에서도 그럴 수 있는지 문제를 제기한다. 이는 사회학적으로 베버의 행위이론에서 루만의 체계이론으로 이행하는 계기가 된다. 하지만 루만의 체계이론은 행위를 제거하기 위한 것이 아니다. 루만은 사건으로서 행위의 능력을 더 높은 복잡성의 차원에서 복원하고, 동시에 하나의 행위가 아니라 복수의 행위들 간의 연관이 구성해내는 사회적 현실에 더 관심을 갖는다. Niklas Luhmann, 〈목적-지배-체계: 막스 베버의 기본 개념들과 전제들Zweck-Herrschaft-System: Grundbegriffe und Prämissen Max Webers〉,《국가Der Staat》, V. 3(1964), 130~131쪽. 체계이론으로 프로테스탄트 윤리와 그에 따른 동기에 기반한 베버의 행위이론을 포괄하면서 베버의 문제의식을 재정식화하는 것으로는 다음을 참고하라. 니클라스 루만,《근대의 관찰들》, 김건우 옮김(문학동네, 2021), 77~79쪽. 이런 접근이 2차 등급 관찰을 이론화한 이후라면, 관찰 문제를 본격적으로 이론화하기 이전에도 루만은 베버의 접근이 한계를 갖는다고 보았다. 대표적으로 다음의 지적을 참고할 수 있다. "막스 베버의 합리화이론과 비교하면, 우리는 베버처럼 서구의 합리주의를 근대사회로의 전환을 추동한 동기 부여 요인으로 보는 것이 아니라, 규모의 증대 및 기능에 지향된 분화로의 전환에 따른 결과를 완화하고 상쇄하는 것으로 파악한다." 니클라스 루만,《사회의 체계이론》, 69쪽 각주 55.

9 루만은 1980년부터 다음 논문집을 발표한다. Niklas Luhmann,《사회 구조와 의미론: 근대사회의 지식사회학적 연구들Gesellschaftsstruktur und Semantik: Studien zur Wissenssoziologie der modernen Gesellschaft》(Frankfurt: Suhrkamp, 1980). 1권은 1980년, 2권은 1981년, 3권은 1989년, 4권은 1995년에 출간되었다. 1권의 첫 논문이자 이 시리즈 전체의 사회학적인

기획과 목표를 이론적으로 정립한 논문이 다음으로 번역되어 있다. 니클라스 루만, 〈사회 구조와 의미론적 구조〉, 니클라스 루만 외, 《언어와 소통: 의미론적 쟁점들》, 이철 옮김(소화, 2016), 320~401쪽.

10 헤겔이나 아리스토텔레스의 정치는 어떠한 구속으로부터 자유롭고 그런 의미에서 사회의 다른 영역들보다 더 우위에 있는 공간으로 개념화된다. 이는 다시 정치적 행위를 정치적 윤리의 우위를 통해 정당화하는 것이다. 특히 헤겔은 이론적으로 또 실천적으로 국가 개념에 주목했지만, 이는 동시에 국가에 대한 사회의 주변화를 수반하는 것이었다. 하지만 '국가-사회'라는 대당에서 사회는 국가가 아닌 모든 것으로 주변화되는 결과를 초래한다. 이런 전통이 정치를 확장하는 동시에 사회를 축소하는 것이라면, 루만의 사회학적 입장은 반대로 사회를 확장하면서, 그 확장된 사회 안에서 정치 공간의 자율성을 획득하는 데 있다. 이를 위해서는 포괄적인 정치 개념이 아니라 제한된 정치 개념이 필요하다. 제한된 정치 개념으로 정치의 공간이 축소되는 것이 아니라 사회가 확장하는 만큼 정치의 자유와 자율성 역시 확장한다. 사회의 모든 주제를 정치화하는 것은 문제를 해결하는 대신, 베버식으로 말하면 세계의 윤리적 비합리성을 더욱 증가시킨다. 그럴 때 세계와 정치에 대한 냉소와 한탄이 정치의 자율성과 정치적 합리성에 대한 지속적인 모색을 대신한다.

11 "현대 국가의 모든 성취물은 정치이론의 도움을 받아 수용되었고, 사회적 현실로 도입되었다. 우리가 이러한 이론적 배경을 회고하고자 한다면, 단순히 홉스, 로크John Locke, 몽테스키외Montesquieu, 루소와 같은 이름들을 열거하거나 국가 개념, 권력 분립, 다수결 원리, 소수집단 보호 등과 같은 것을 생각하는 것으로 족할 것이다. 하지만 현대 헌법 국가의 관철을 가능하게 했던 이와 같은 이론들은 이로 인해 조성된 상황을 성찰하기에는 적절치 못하다. 그러한 이론들은 학문적으로 진부할 뿐만 아니라, 그 이론들이 이제부터 판단을 내려야 할 현실을 공동으로 창출해왔다는 사실을 고려해보아도 역시 진부하다." 니클라스 루만, 《복지국가의 정치이론》, 김종길 옮김(일신사, 2001), 169쪽.

12 레닌처럼 민주주의를 하나의 국가 형식으로 파악하는 것은 그리스 이래의 고전적인 정치 사유의 계보에 포함된다는 점을 지적하면서도 국가의 몰락, 계급 없는 사회, 국가 형식의 소멸을 목표이자 이념으로 하는 레닌의 정치 개념에 대한 '철학적 전유'를 통해서, 그리고 루소의 일반의지가 갖는 보편과 특수 간의 아포리아를 통해, 또한 '불가능성'이라는 영원성의 지평 속에서 민주주의 개념을 정초하려는 시도로는 다음을 참고

할 수 있다. 알랭 바디우, 《메타정치론》, 김병욱·박성훈·박영진 옮김(이학사, 2018), 103~123쪽.

13 루만에게 이는 '정치적인 것의 정당성' 문제이다. 강제력의 추방을 위해 강제력이 필요하다는 역설에 기반하면서 강제력은 정당한 권력을 요구했고, 그것은 19세기 중엽에 관철된 것처럼 국가적 강제력으로 수렴되고 독점되었다. 국가/사회의 구별이라는 19세기의 도식 역시 이런 독점에 기반하고 동시에 이를 강화하는 것이었다. 그러나 20세기 들어 '정당한 권력'은 '국가적 강제력'으로 대표될 수 없었다. 이제 여러 가치들을 통해 정당성을 발견할 수 있다는 희망 속에서 정당성은 가치 관계의 언어로 표현된다. "그렇지만 가치 관계가 가치 갈등의 경우를 위한 지침을 포함하지 않기 때문에, 실제적-정치적으로 관련된 문제들에 있어서 상황 의존적으로만, 관철 가능성의 관점에서만, 기회적으로만 충족될 수 있는 고려 및 결정 필요는 지속된다. 정당성은 따라서 늘 기회주의의 공동정당화Mitlegitimation des Opportunismus이다. 그 밖에 정당화하는 가치 관계들에 속하는 것은 그것들이 주어진 것으로서 가정되고 문제시되지 않는다는 사실이다. 이는 물론 정치적 갈등들을 배제하지 않는다. 하지만 그렇다면 그것은 갈등 자체로서 정당하여야만 하고, 예를 들어 적의 말살을 목표로 삼지 말아야 한다." 니클라스 루만, 《사회의 정치》, 서영조 옮김(이론출판, 2018), 149~151쪽.

14 카를 슈미트Carl Schmitt의 "주권자란 예외 상태를 결정하는 자Souverän ist, wer über den Ausnahmezustand entscheidet"라는 규정에서 가져온 질문이다. 이때 슈미트는 '예외 상태를 가리킬 때' 'über'라는 단어를 사용한다. 주권자는 정상 상태에서도 그 예외로서 정상적인 법질서의 정지를 합법적으로 결정할 수 있고 그렇게 예외 상태를 창출할 수 있다. 예외 상태는 정상 상태가 멈추는 외부에만 있는 것이 아니다. 예외 상태의 안과 밖을 포괄하는 이중성에 주목해서 슈미트는 'über'의 계리를 강조하는 것이다. 그러나 이 대담에서 질문자는 이런 민감한 고려 없이 주권자는 예외 상태에서 '결정하는 자im Ausnahmezustand'라고 말하고 있다. 하지만 루만의 답변은 이런 차이를 염두에 둔 것이 아니라 "예외 상태를 결정"한다는 슈미트의 의미에 따른 것이다. 카를 슈미트, 《정치신학》, 김항 옮김(그린비, 2017), 16쪽.

15 루만은 프라이부르크에서 법학을 공부하던 시절 나치 이후 독일의 탈나치화와 이른바 '나치 인민Nazivolk'의 민주화와 민주주의를 훈련하는 것에 대한 법학적이고 정치적인 판단을 술회한 바 있다. 다시 나치 시대

로 회귀할 가능성이 없다는 판단 아래, 그는 정치적인 민주주의보다 법치국가적인 측면, 즉 정치적인 측면보다 법적인 측면이 자신에게는 더 중요했고 문제적으로 보였다고 진술한다. 그러한 진술에 대해 질문자는 서독의 기본법에서 이른바 '법치국가 논쟁'을 주도했던 보수적인 공법학자이자 행정법 이론가인 에른스트 포르스트호프Ernst Forsthoff와 그의 실질적인 스승이자 독일 보수주의를 대표하던 카를 슈미트를 소환한다. 루만이 슈미트에 대해 평가하는 매우 흥미롭고 드문 경우이기도 하다. 해당 대목은 다음과 같다. "질문: 선생님께서는 실제로 법철학에 대해 대결적인 입장이셨나요? 그러니까 선생님께서는 카를 슈미트와 에른스트 포르스트호프를 알고 계셨습니까? 루만: 네, 그렇습니다. 그러나 저는 늘 슈미트가 직업 역사학자였을 수는 있으나 법학자로서 과대평가되었다고 생각했습니다." Wolfgang Hagen(Hrsg.), 《루만 선생님, 왜 선생님께서는 텔레비전이 없나요?Warum haben Sie keinen Fernseher, Herr Luhmann?》(Berlin: Kulturverlag Kadmos, 2011), 26~27쪽. 더불어 루만은 오늘날 의회와 입법 문제를 어떤 정신에 비추어 실체가 사라지고 있다고 판단하는 슈미트의 '의회주의'에 대한 논의 역시 절차에 대한 사회학적인 고려를 염두에 두면 매우 잘못된 판단이라고 본다. 니클라스 루만, 《절차를 통한 정당화》, 42~43쪽·289쪽; 카를 슈미트, 《현대 의회주의의 정신사적 상황》, 나종석 옮김(길, 2012).

16   가령 나치 시대 독일의 국내 정책은 광범위한 여론과 더불어 국가 시민들 사이에 자리 잡고 있는 깊은 분열에 익숙해지며 다양한 부문에서 차별과 배제, 그리고 그에 따른 인종의 절멸을 초래했다. 독일의 역사학자 한스울리히 벨러Hans-Ulrich Wehler는 이 '친구/적 도식'이 일상화될 때 초래하는 심리적 저항선의 와해를 다음처럼 지적한다. "이들은 개인과는 관계없이 적용되어야만 하는 법치국가의 일상적인 법규범에 근거한 합법성의 영역에서 배제되었던 것이다. …… 열등한 이웃이 몇몇 있다는 것은 독일 제국 50년 기간 동안에 일상적인 경험이었으며, 이것이 바로 적과 동지라는 흑백논리Freund-Feind-Denken를 조장한 터전이었던 것이다. …… 역사적 관점에서 볼 때 '제국의 적'으로부터 '유대인 예배당 공격'뿐만 아니라 절멸되어야 할 '인민의 기생충'이라는 필연적인 보충어와 더불어 인민 공동체라는 나치의 이념으로까지의 길을 우리는 추적할 수 있기 때문이다." 한스울리히 벨러, 《독일 제2제국》, 이대헌 옮김(신서원, 1996), 179~180쪽.

17   이는 다음 저작을 말한다. Michel Crozier·Samuel P. Huntington·Joji

212

Watanuki, 《민주주의의 위기: 삼극위원회에 대한 민주주의 통치 가능성에 관한 보고서 *The Crisis of Democracy: Report on the Governability of Democracies to the Trilateral Commission*》(New York: New York University Press, 1975). 국가의 능력을 초과하는 과도한 사회의 요구들에 따른 '결정 체계의 부담 overload of the decision-making system'은 통치 불가능성 문제를 제기한다. 이에 관한 독일 문헌으로 다음을 참고하라. Wilhelm Hennis·Peter Graf Kielmansegg·Ulrich Matz(Hrsg.), 《통치 가능성: 그 문제화에 관한 연구 *Regierbarkeit. Studien zu ihrer Problematisierung*》, Bde. 2(Stuttgart: Klett-Cotta, 1977·1979).

18 루만은 권력을 작동하게 하는, 권력이 정치적인 매체가 될 수 있게 하는 '긍정적인 제재positive Sanktionen'와 '부정적인 제재negative Sanktionen'를 구별한다. 전자는 실제로 일어나야 하는 제재로, 대체로 긍정적으로 보상받는 결과를 초래한다. 이런 점에서 "근대사회에서 긍정적인 제재의 전형적인 경우는 화폐 지불, 이를테면 특별히 경제적인 작동이다". 그래서 이런 제재는 상호 작용에서의 행동 합력을 창출하는 '일종의 자본'으로 기능하면서 어떤 희망과 기대에 대한 '교환' 형식을 취한다. 반면 후자는 전자보다 '정치적인' 성격을 띠며 경제와 정치의 분화를 설명한다. 즉 "부정적인 제재는 위협을 통해 소통되거나, 아니면 단순히 선취되어서, 명시적인 위협을 전혀 더 이상 필요로 하지 않는다. 긍정적 제재와의 결정적인 차이는 그것이 실행될 필요가 없다는 데 있다". 부정적인 제재는 그것의 '비사용Nichtbenutzung'에 의존한다. 이런 메커니즘을 통해서 권력 매체는 보편성을 획득하는데, 산수에서 숫자가 아닌 것을 숫자처럼 다루기 위해서 '영0'을 필요로 하는 것처럼 "권력 역시 지속적으로 그것이 행하지 않는, 성취하고자 하지 않는 어떤 것에 관계해야만 한다. …… 권력은 그것의 수단을 보여주어야만 하지만, 동시에 그것을 사용할 수 있다는 사실을 숨겨야만 한다". 니클라스 루만, 《사회의 정치》, 56~59쪽.

2장 · 저는 카를 마르크스를 택하겠습니다

1 [원주] 이 대담은 〈사명 없는 공공성: 지식인 개념에 관하여. 니클라스 루만과 발터 판 로숨의 대화〉라는 제목으로 진행된 '사명 없는 공공성' 시리즈의 네 번째 대담이었고, 1987년 11월 1일 오전 9시 30분부터 10시까지 독일 라디오 방송에서 송출되었다. 이 책에 수록된 대담은 실제 방

송을 많이 축약한 것이다.

2 독일의 언론인이자 출판인.

3 "나는 조금 망설이긴 하지만 바로 이 점(기능 체계 차원)과 관련된 현대
적 지성의 보편적 매체가 존재한다고 말할 수 있다고 생각합니다. 여러
분은 파슨스이론에서 AGIL Adaptation·Goal-attainment·Integration·Latency
도식의 4개의 칸 가운데 '지성'이라는 매체가 위치하는 것을 확인할 수
있습니다. 이에 대해서는 파슨스가 충분할 정도로 설명하지 않았지만
우리가 우리 사회에서 기능 체계 — 예컨대 학문적으로 책임져야 할 연
구 활동, 가설 검증, 데이터 수집, 기술 발전 등을 담당하는 학문 체계 —
바깥에서 근대적 지식인들을 기능 체계 자체 내에서는 드러나지 않는
현상으로 파악할 수 있다는 점에서 얼마든지 그러한 매체의 존재를 생
각해볼 수 있습니다." 니클라스 루만, 《체계이론 입문》, 윤재왕 옮김(새
물결, 2014), 210쪽.

4 루만은 '자유부동하는 지식인'을 하나의 은유로 본다. 자유부동하는 지
식인이 예외적인 위치에 있다고 주장하더라도 관찰자로서 관찰의 맹점
을 갖는다는 점에서는 예외가 아니다. 자유부동하는 지식인의 관찰조
차 자신이 볼 수 없는 것을 볼 수 없음을 보지 못하기 때문에, 가령 참/거
짓을 구별하는 그 구별이 참인지는 볼 수 없는 것이다. 자유부동하는 지
식인은 관찰의 역설 앞에 판단 정지한다. 오히려 자유부동하기 때문에
구별의 통일성을 관찰하지 못하며, 그렇게 관찰의 역설에 무력하다. 카
를 만하임Karl Mannheim의 이 개념이 실패한 이유도 여기에 있다. 루만은
만하임 대신 파슨스에게서 '매체'로서 '지성' 개념을 확보하고, 2차 등
급 관찰의 일반화가 탤컷 파슨스가 상정한 지성으로 가능한지 검토하고
있다. 상세한 설명은 다음을 참고하라. 니클라스 루만, 《체계이론 입문》,
210~211쪽.

5 실제로 "학문적인 명성 덕분에 학문 외부에도 알려져 있으며 여론에 대
한 영향력을 획득하는 '지성인'의 신분"의 양가성에 대해 루만은 에드
워드 실즈Edward Shils와 파슨스의 연구를 참고한다. 니클라스 루만, 《사
회의 학문》, 이철 옮김(이론출판, 2019), 422쪽 각주 107.

6 루만은 이 대담집 6장 〈중단의 어려움〉에서 좋아하는 작곡가를 묻는 질
문에 "모차르트와 쇼팽"이라고 대답한다. 루만이 비판하는 지식인에 대
한 전형적인 관점에 따르면 이런 기호는 지식인답지 않은 것일 수 있고,
또는 엘리트주의적이라고 비판받을 수도 있다. 루만은 당연히 이를 의
식하고 있다. 가장 추상적인 사회학이론을 구축한 지식인에게 기대하는

214

음악적인 취향과 그 하비투스는 바흐의 대위법이나 새로운 시간 체험을 제공하는 현대음악일지 모른다. 하지만 현실은 그렇게 좌표상의 특정 위치에 체험과 행위가 귀속되지 않는다. 가장 추상적인 이론가는 전위적인 음악부터 재즈를 포함한 다양한 장르의 대중음악을 향유한다. 루만의 체계이론은 개인을 특정한 위치에 놓고 설명하는 대신, 개인의 선택성이 어떻게 조건화하고 강화되는지 관심을 갖는다. 더 많은 가능성을 조건화할 수 있는 자유를 사회학적으로 설명하는 것이 이론적으로 중요하기 때문이다. 인간의 위치가 있다면 그곳은 습성이나 하비투스의 공간이 아니라, 체계보다 복잡하고 우연한 체계의 바깥인 환경이다. 그럴 때 우리는 더 우연하고 더 복잡하게, 즉 다르게도 가능한 채 선택하고 행위할 수 있다. 만약 하비투스라는 것이 있다면, 그것은 "인간에게 본래 주어진 가능성이나 능력이 개발되어 완성된 상태"를 말하는 토마스 아퀴나스Thomas Aquinas식의 하비투스와는 더욱 무관하다. 비판적인 지식인의 비판과 지식이 실제 사회 현실과 갖는 거리를 보충하는 만큼 사회는 더 완전해질 수 없다. 더구나 근대사회는 1~2명의 특정 인물이나 이론가의 개념, 이론, 비판으로는 설명할 수 없다. 지식인의 하비투스라는 것이 있다면, 자신의 개념을 통해서 이질성을 통제할 수 있는지, 이질적인 것들을 이론적으로 결합하고 비교할 수 있는지, 그렇게 다르게도 관찰할 수 있음을 성찰할 수 있는지를 자기관찰하는 관찰자의 하비투스일 것이다. 이 대담에서 루만은 이런 지식인의 모습을 카를 마르크스에게서 볼 수 있다고 평가한다. 이런 맥락에서 그는 "저는 카를 마르크스를 택하겠습니다"라고 말하는 것이다. 아퀴나스의 하비투스 개념은 다음을 참고하라. 막스 베버, 《프로테스탄티즘의 윤리와 자본주의 정신》, 김덕영 옮김(길, 2010), 311쪽 각주 249.

7 사후에 출간된 저작을 포함해 루만의 모든 저작에는 '인물 색인'이 없다. 이론가 '누가' 무슨 말을 했는지, 그리고 그 말을 재해석하거나 현재화하는 것으로는 사회에 대한 이론을 구축할 수 없다고 보았기 때문이다. 그 대신 그의 저작에는 '항목 색인'만 있다. 사회학으로 국한하면 에밀 뒤르켐Émile Durkheim, 마르크스, 막스 베버Max Weber, 게오르크 지멜, 파슨스, 어빙 고프먼Erving Goffman, 피에르 부르디외Pierre Bourdieu, 위르겐 하버마스, 노르베르트 엘리아스Norbert Elias, 앤서니 기든스Anthony Giddens 등이 무슨 말을 했는지가 아니라 의미, 세계, 사건, 관계, 기능, 합리성, 목적/수단 관계, 시간, 구조, 과정, 체계, 환경, 자기지시, 자기조직, 자기생산, 사회, 복잡성, 우연성, 상호 침투, 행위, 커뮤니케이션 등과

같은 문제들 간의 연관을 얼마나 깊고 첨예하게 주제화하고 이론화할
수 있는지가 중요하기 때문이다. 그는 거장이나 중요한 이론가를 비판
하면서 자신의 이론이 개입할 공간을 마련하지 않기 때문에, 이는 특유
의 서술 스타일과 양식을 구축하는 데 중요한 '이론적인' 이유로 작용한
다. 건조하고 추상적이지만 선명하고 명료한 그의 문장은 이처럼 사람
이 아닌 '주제'와 '문제'에 집중하는 그의 작업에 고유한 개성을 부과한
다. 불투명한 세계와 사회를 관찰하고 기술하면서 이론화하는 그의 문
장은 투명하다. 더불어 이런 작업은 역사적인 전망, 즉 과거의 의미론과
미래의 전망 속에서 어떻게 구조적으로 현재에 사건으로 의미를 생산할
수 있는가 하는 전망을 수반한다. 덧붙이자면 '사랑의 의미론'을 사회
구조적인 진화의 맥락에서 추적하기 위해 17세기 이래 소설을 광범위하
게 검토할 때에도 그는 우리에게 잘 알려진 전범이 되는 작가나 작품을
대상으로 하지 않고 "매우 의식적으로 이류와 삼류 문학작품을 탐색"했
다. 이 역시 전범의 권위에서 연구를 정당화하는 것이 아니라, 사랑이 갖
는 육체적이고 감정적인 측면과 질료적인 차원을 가능한 밀착해서 역사
적인 재료를 확보하기 위한 것이었다. 니클라스 루만, 《열정으로서의 사
랑: 친밀성의 코드화》, 정성훈·권기돈·조형준 옮김(새물결, 2009), 24쪽.

8 움베르토 마투라나Humberto Maturana는 생명의 특정한 순환적인 구조,
즉 살아 있는 "생명 체계 자체에서 생산된 요소를 통한 생명의 자기재
생산"을 의미하는 '자기생산Autopoiesis'을 이론화했다. 루만은 마투라
나를 1986~1987년 빌레펠트 대학교로 초청한다. 그리고 대학교에서 강
의와 연구를 하는 마투라나와 '자기생산' 개념의 확장 가능성, 즉 루만
의 재해석에 따라 이 개념을 '사회적 체계'로까지 확장할 수 있는지 많
은 토론을 했다. 하지만 생명 체계나 신경 체계를 커뮤니케이션 체계로
볼 것을 강조하는 마투라나가 사회는 커뮤니케이션이 아니라 인간으로
구성된다는 입장을 고수하면서, 두 이론가는 결정적인 지점에서 갈라진
다. 루만은 마투라나가 사회학적인 유연성이 없다고 평가하면서, 인간을
배제하지 않으려는 그의 지향과 감정적인 요소까지 포함되어 있다고 평
가한다. 하지만 루만과 마투라나의 이 극복 불가능한 간극을 강조할 필
요는 없다. "마투라나는 '사회적 체계'라는 표현이 집단을 형성하는 등
의 행동을 하는 구체적 인간을 뜻한다는 것을 포기하지 않고자 한다. 단
지 이 측면에서만 마투라나와 나 사이에 견해 차이가 있다." 마투라나에
따르면 자기생산은 "하나의 체계가 체계 고유의 작동을 오로지 체계 고
유의 작동들의 연결망을 통해서만 생산할 수 있다는 뜻이다. 그리고 이

체계 고유의 작동들의 연결망은 다시 작동을 통해 생산된다"라고 정의
할 수 있다. 그러나 이런 규정은 루만도 지적하듯이 너무 포괄적이어서
분석적인 설명을 요구한다. 이에 대한 루만의 상세한 해명은 다음을 참
고하라. 니클라스 루만, 《체계이론 입문》, 84쪽·101쪽·140쪽 이하. 마투
라나는 루만을 통해서 '자기생산' 개념이 유명해졌다고 하면서도, 오히
려 루만의 체계이론적인 확장은 생물학적인 현상을 사회적 현상에 적용
하는 '원리'로 일반화하는 '환원주의'의 성격을 갖는다고 평가한다. '자
기생산'이라는 용어의 유래를 포함해 루만의 사회학에 대한 마투라나의
평가는 다음을 참고하라. 움베르토 마투라나, 《있음에서 함으로》, 서창
현 옮김(갈무리, 2006), 155쪽·166~181쪽.

9   실제로 마투라나는 자신의 이론적 이정표와 같은 '자기생산' 개념을 '역
사 없는 단어'라고 하면서 돈키호테의 실천praxis/action과 생산poiesis/
creation/production 간의 선택에 대해 친구와 대화하면서 우연히 창안
하게 되었다고 밝혔다. Humberto Maturana·Francisco Varela, 《자기
생산과 인지: 삶의 실현Autopoiesis and Cognition: The Realization of the Living》
(Boston: D. Reidel Publishing Company, 1980), xvii.

10   루만의 답변처럼 학자의 '이름'은 명성과 관련 있다. 즉 "명성을 처분할
수 있는 사람은 자기 이름을 임대물로서 내어놓을 수 있지만, 자기 이름
을 사용할 때 적절한 민감성을 가져야 한다. 그는 자기 서명을 통해 효과
를 만들어낼 수 있지만, 그에 따라 문의들이 쇄도할 것임을 예상해야 한
다. 간단히 말하면 그는 스스로 진리 매체의 인플레이션을 추동하는 요
인이 된다"라는 것이다. 이런 점에서 명성은 "자기를 강화하며 작용하
는 경향이 있다. 명성은 일단 획득되면 더 나은 성장 기회들을 만들어줄
가능성을 갖는다. 명성의 귀속은 진리라는 기본 매체와 연결될 수 있거
나, 일종의 긍정적인 피드백에서 경미한 차이를 강화하는 경향이 있기
는 하지만, 비교적 사안에 적합하거나, 어쨌든 응집성 있고 합의 능력이
있게 판단한다. 하지만 특히 명성은 복잡성 환원을 통해 체계의 자기조
종에 기여한다. 명성의 전망은 외적 상황들보다 훨씬 더 많이 체계의 주
제 선택에 영향을 미치며, 출간물들이 신속하게 주목을 끌 조건들에 영
향을 미친다"는 것이다. 니클라스 루만, 《사회의 학문》, 295쪽·423쪽.
이렇게 명성은 설명과 증명할 수 있다고 가정된 능력이며, 진리라는 커
뮤니케이션 매체를 통한 커뮤니케이션에서 부수 코드의 기능을 한다.
즉 실제와 무관하게 "진리에 대한 부수 코드로서 명성은 실제로 존재하
는 정보에 대한 과도한 일반화와 과장에 의존한다". 더 상세한 설명은

다음을 참고하라. 니클라스 루만, 《사회의 체계이론》, 598~599쪽.

11   이런 이유에서 루만은 "사람들은 가르치기 위해서가 아니라 관찰되기 위해서 출판한다"라고 말할 수 있었다. 니클라스 루만, 《근대의 관찰들》, 55쪽.

12   이는 이론적인 자원의 상이함까지 포함한다. 루만은 '관찰' 개념을 사회학적으로 재구성하기 위해, 하인츠 폰 푀르스터Heinz von Foerster와 조지 스펜서브라운George Spencer-Brown의 개념을 가져올 때에도 같은 말을 한다. 이렇게 보면 루만이 지식인의 가능성의 조건에 대해 사회학적으로 관찰하고자 하고 그 존재에 어떤 회의를 표명할지라도, 그는 매우 '지성적인' 작업을 하고 있는 지식인이라는 증명을 하는 셈이다. "여러분은 내가 상이한 출발 상황들을 하나의 이론 틀 안에 끌어들이려 시도하는 것을 보고 있습니다. 상이한 것을 대략 같은 것으로서 보려는 시도 말입니다. '관찰자', '구별' 그리고 '지시'는 사이버네틱스에서 유래하며 2차 등급 사이버네틱스 관점하에서 사용되는 용어학의 개념들입니다. 그것은 하인츠 폰 푀르스터와 수학적 버전에서는 조지 스펜서브라운의 개념입니다." 니클라스 루만, 《사회이론 입문》, 69쪽.

13   '기지'는 초기 낭만주의 예술의 핵심 개념들 중 하나다. 이 개념에 대한 프리드리히 슐레겔Friedrich Schlegel의 정의를 보자. "기지는 선행된 것과 관계없이 개별적으로, 아주 예기치 않게 그리고 갑작스럽게 흡사 탈주자처럼 나타난다. 또는 의식적인 세계와 더불어 우리에게 항상 있는 무의식적인 세계에서 나온 섬광이라 할 수 있으며, 바로 그러한 식으로 우리 의식의 단편적인 상태를 매우 적절하게 표현해낸다. 그것은 의식적인 것과 무의식적인 것의 결합이며 혼합이다. 선행된 것과 관계를 맺는 것이 아니라, 오히려 반대로 선행된 것과 현저한 모순을 이루는 그 무엇이 의도 없이 그리고 의식 없이 갑작스럽게 발견된다." 이 인용과 더불어 슐레겔의 이런 이론을 이후 발터 벤야민Walter Benjamin의 '변증법적 이미지'와 연관해서 해명한 것으로는 다음을 참고하라. 최문규, 《탈현대성과 문학의 이해》(민음사, 1996), 158쪽 이하. "이미 18세기에, 매우 상이한 것을 포괄하는 범상한 비교를 적용하려면 천부적 재능, 기지, 상상력 등, 어쨌든 '개별적으로만 주어지는' 능력이 필수적이라는 테제가 통용되었다." 니클라스 루만, 《사회적 체계들》, 이철·박여성 옮김(한길사, 2020), 171쪽 각주 119. 이와 관련해 예술과 예술 작품, 희곡과 극작가에 대한 '독일적 교양 전통'에 특유한 관념으로서 '천재'에 대한 카를 슈미트의 증언 역시 참고할 수 있다. "독일인들은 시인을 임의로 선택한 어

떤 원천으로부터든 뭔가를 창조해내는 천재로 간주하는 데 익숙해져 있다. 18세기 독일의 질풍노도 시기에 만들어진 천재에 대한 숭배적 예찬 문화는 셰익스피어의 소위 자의적 창조에 대한 강조에서도 볼 수 있듯이 독일 예술철학에서 일종의 신조가 되기에 이르렀다. 시인의 창작의 자유는 이로써 예술가적 자유의 징표이자 주관성의 중심으로 자리 잡게 된다." 카를 슈미트, 《햄릿이냐 헤쿠바냐: 극 속으로 침투한 시대》, 김민혜 옮김(문학동네, 2021), 40쪽.

14 헬무트 셸스키Helmut Schelsky의 기획과 계획에 따라 1969년 빌레펠트 대학교가 설립되었고, 1966년 셸스키에게서 박사 학위와 교수 자격 논문을 취득한 루만은 이 대학의 첫 번째 교수이자 사회학 교수로 부임한다. '일반 사회이론'을 담당하는 루만의 교수직은 당시 서독에서 유일한 자리였다.

15 "Ich nehme mal Karl Marx." 루만의 답변이 이 대담의 제목으로 채택되었다.

16 루만이 '담론'을 강조한 것은 이 주제에 대한 위르겐 하버마스Jürgen Habermas의 다음 저작을 염두에 두었기 때문이다. 위르겐 하버마스, 《현대성의 철학적 담론》, 이진우 옮김(문예출판사, 1994). 1983년 3월, 파리의 콜레주 드 프랑스Collège de France에서 있었던 네 번의 강연을 포함한 모두 12개의 강연이 수록된 이 모음집은 게오르크 헤겔Georg Hegel에서 시작해 프리드리히 니체Friedrich Nietzsche, 막스 호르크하이머Max Horkheimer, 테오도어 아도르노, 마르틴 하이데거Martin Heidegger, 자크 데리다Jacques Derrida, 조르주 바타유Georges Bataille, 미셸 푸코Michel Foucault, 코르넬리우스 카스토리아디스Corneliuss Castoriadis를 거쳐 마지막을 루만의 체계이론에 할당했다. 강연 이후 루만의 작업만을 따로 논평한 것이다. 이 논평은 루만의 《사회적 체계들》에 대한 서평의 성격을 갖는다. 자신의 강연 모음집이 출간되기 직전에 나와 체계이론을 사회학이론으로 정립한 루만의 이 작업에 대해 하버마스는 "주제철학적 유산을 체계이론으로 모방"한 것이라고 평가한다. 위르겐 하버마스, 《현대성의 철학적 담론》, 424~442쪽.

17 [원주] William James, 《선생님이 꼭 알아야 할 심리학 지식과 삶의 이상에 대한 학생들의 대화Talks to Teachers on Psychology and to Students on Some of Life's Ideals》(New York: Dover Publications, 1962), 113~129쪽.

18 '맹점Blinder Fleck'은 관찰이라는 작동을 가능하게 하는 조건이 된다. 볼 수 없기 때문에 볼 수 있다는 역설, 관찰자의 아프리오리a priori 역시 이

관찰의 맹점을 통해서 가능하다. 다시 말해 통일적인 세계상이 불가능해진 시대, 세계의 총체성을 더 이상 관찰할 수 없는 세계, 본질이 부재한 사회에 대해 '비극적'이라고 규정하는 대신 체계이론은 이러한 관찰의 맹점과 관찰의 역설을 이론화한다. 즉 이른바 '포스트모던'적인 상황에서 낙담하거나, 불모의 회의에 빠지거나, 비극적 인식을 강화하는 대신, 또 다른 가능성은 없는지, 더 나은 질서가 가능하지는 않은지 모색할 수 있는 기대를 이론화하는 것이기도 하다. 완전히 새로운 것은 불가능하기 때문에 그런 기대는 사회 구조적인 제약 안에서 실망을 수반하는 기대다. 다음을 참고하라. "'2차 사이버네틱스', 즉 관찰자 체계의 사이버네틱스Kybernetik beobachten der Systeme의 표현 방법을 이용하면 상황을 좀 더 낙관적으로도 그려보는 것도 가능하다. 이는 '맹점'이라는 은유를 사용한다. 관찰자는 자신이 보지 못하는 것을 보지 못한다. 그는 자신이 보지 못하는 것을 보지 못한다는 사실 역시 보지 못한다. 그렇지만 여기에도 하나의 수정 가능성이 존재한다: 바로 관찰자를 관찰하는 일이다. 2차 관찰자도 물론 자신의 맹점에 매여 있다 — 그렇지 않다면 그가 관찰하는 일 역시 불가능할 것이기 때문이다. 맹점은 말하자면 관찰자의 아프리오리라고 할 수 있다. 그러나 그가 다른 관찰자를 관찰하는 경우, 그는 이 두 번째 관찰자가 가진 맹점과, 아프리오리와, '잠재적 구조들latente Strukturen'을 관찰할 수 있다. 그리고 이 관찰자가 작동을 행하며 세계를 일구는 동안, 그 자신도 마찬가지로 관찰의 관찰에 노출된다. 결국 특권을 가진 관찰 위치는 존재하지 않고, 이념의 비판자는 그 추종자보다 나을 것이 없다." 니클라스 루만·페터 푹스, 〈말하기와 침묵하기〉, 《문학과 사회》 27권 1호, 642~643쪽.

19   마르틴 하이데거, 《니체》 1·2, 박찬국 옮김(길, 2010·2012).

20   루만은 비판이론을 비판한다. 모순으로 가득한 현실에서 비판의 근거를 확보하는 것을 목표로 하면서도 실제로는 다른 사람들의 잘못된 견해를 비판하는 것을 근거로 삼기 때문이다. 비판이론은 '좋은 삶', 진정한 해방과 합리적인 사회를 구축한다. 이론이 상정하는 커뮤니케이션을 계속 산출하는 것이 아니라 거짓과 허위, 은폐된 진실과 왜곡된 진리에 대한 커뮤니케이션을 계속 연결한다고 보는 것이다. 이는 비판이론의 긍정적인 내용에 대해서는 아직 '일치'를 보지 못했지만, 권위 있는 이론가가 다른 대가를 어떻게 쓰는지 다시 쓰는 방식으로 긍정적으로 인용하든 또는 비판을 위해 부정적으로 인용하든, 어떤 식으로 '동의'를 구할 수 있고, 어떤 식으로 비판의 권위를 확보하고, 정당화할 수 있는지 아는

것이다. 그러나 이는 누가 누구에 대해서 어떻게 쓰는지를 비판적으로 쓰는 것이어서, 자신 스스로 상정하는 '올바른 입장'의 최종적인 토대는 계속 '유예'된다. 더구나 비판이론가 역시 한 사람의 관찰자로서 관찰하면서 보지 못한 것을 보지 못한다는 문제에 직면한다. 체계이론은 비판이론이 자신의 관찰의 맹점을 성찰적으로 비판할 수 있는가라는 문제를 제기하고 있다고 볼 수 있다. 이런 점에서 체계이론은 비판이론의 비판이 충분히 비판적이지 않을 뿐 아니라, 일면적이라고 본다.

3장 · 인간의 삶에 관하여

1 [원주] 이 대담은 1985년 이탈리아의 잡지 《세그노 10Segno 10》 4~5호 (48~49호) 25~33쪽에 〈니클라스 루만 인터뷰Intervista a Niklas Luhmann〉라는 제목으로 수록되었다.

2 이탈리아의 사회학자.

3 이탈리아의 정치철학자.

4 이탈리아 트렌토 대학교 교수, 사회학자.

5 이탈리아 팔레르모 대학교 교수, 경제학자이자 노동사회학자.

6 Niklas Luhmann, 〈의식의 자기생산Die Autopoiesis des Bewußtseins〉, 《사회적 세계Soziale Welt》, V. 36(4)(1985), 402~446쪽. "어떤 식으로도, 그리고 어떤 의미로도, '공통의'(집단적인) 의식이 산출될 수 없다. 그러니까 문자 그대로 완전한 일치라는 의미에서의 합의에도 역시 도달할 수 없다. 그 대신 커뮤니케이션이 기능하는데, 이런 점에서 또한 커뮤니케이션은 순수하게 사회적이다. 커뮤니케이션은 하나의 사회적 체계의 가장 작은 단위이다. 그러니까 커뮤니케이션은 그에 대해 커뮤니케이션으로만 반응할 수 있는 단위이다. 같은 논지를 달리 표현하자면, 커뮤니케이션은 다른 커뮤니케이션들과의 재귀적 연관 속에서만, 그러니까 그것의 재생산에 각각의 개별 커뮤니케이션 자신이 함께 작용하는 네트워크 속에서만 산출될 수 있다는 점에서 자기생산적이다." 의식과 커뮤니케이션의 관계에 대해서는 다음을 참고하라. 니클라스 루만, 《사회의 사회》 1, 장춘익 옮김(새물결, 2014), 106쪽·108쪽 이하.

7 [원주] 〈당대Il Contemporaneo〉, 《부활》(1983년 3월 4일), 14쪽. 입장이 상세히 개진된 것으로 다음을 참고하라. Cesare Luporini, 〈마르크스/루만: 세계를 전환하고 통치하다Marx/Luhmann: Transformare il mondo e governarlo〉, 《사회주의의 문제Problema del Socialismo》 21호(1981), 57~70쪽.

8 카를 마르크스, 《정치경제학 비판 요강》 1~3, 김호균 옮김(백의, 2000). 잘 알려진 것처럼 안토니오 네그리Antonio Negri의 마르크스 해석 역시 《자본론Das Kapital》이 아닌 이 저작을 정치적으로 급진화한 것이다.

9 "18세기에 신분 질서가 몰락하고 구조에 대한 서술이 점차 시간화하고 역사화하면서, 통일성을 구축하는 차이는 '등급 질서'에서 '진보'로 전환되었다. 데이비드 흄David Hume, 장자크 루소, 프리드리히 랑게Friedrich Lange, 이마누엘 칸트Immanuel Kant 등에 따르면 법은 폭력을 역사적으로 문명화하는 것이다. 그러나 이미 찰스 다윈Charles Darwin은 '더 높은과 더 낮은'을 무조건적으로 반대했고, 그에 따라 진보 이념을 거부했다. 이제 게오르크 헤겔의 정신형이상학 역시 그 설득력을 박탈당했다." 니클라스 루만, 《사회의 법》, 윤재왕 옮김(새물결, 2014), 39쪽.

10 이 대담이 1985년 10월에 진행된 점과 진술 내용을 고려하면, 루만이 언급한 최근 작업은 1984년 출간된 《사회적 체계들》이다.

11 본문에는 '두더지Maulwurf'라고 표현되어 있지만, 이는 다니엘 벤사이드Daniel Bensaïd의 저작이 보여주는 것처럼 규범화된 질서 외부의 저항 세력에 대한 은유이다. 다니엘 벤사이드, 《저항: 일반 두더지학에 대한 시론》, 김은주 옮김(이후, 2003). 이와 더불어 잘 알려진 것처럼 질 들뢰즈Gilles Deleuze의 규율사회와 통제사회의 구별에 따르면 두더지는 정주하는 주체로서 규율사회에, 뱀은 자본의 유동성이 보여주듯 끊임없이 유동적인 주체로 통제사회에 귀속된다. 이는 체계 작동의 양상, 삶의 방식 그리고 타인과의 관계 변화를 동물 유형학으로 일반화한 것이다. 이에 대해서는 다음을 참고하라. 질 들뢰즈, 《대담 1972~1990》, 김종호 옮김(솔, 2001), 198~205쪽.

12 [원주] Achille Ardigò, 《통치의 위기와 치명적인 세계Crisi di governabilità e mondi vitali》(Milano: Nuova universale cappelli, 1982), 55쪽.

13 이와 유사한 방식으로 루만은 근대사회의 자기기술 측면에서 '근대화' 문제를 설명한다. "근대사회의 자기기술의 기이한 점들 가운데 하나는 근대사회 역시 '근대화'를 필요로 한다는 점이다. 개인들에게 그들이 실제로 개인일 뿐만 아니라 또한 자기실현을 필요로 한다고 암시하는 것과 마찬가지로, 근대성에 관한 사회이론은 근대사회가 아직 근대적이지 않으며 마침내 근대적으로 되도록, 말하자면 자기 자신을 따라잡기 위해 노력해야 한다는 데서 출발하는 것으로 보인다." 니클라스 루만, 《사회의 사회》 2, 1237쪽.

14 프랑스 작가 귀스타브 플로베르Gustave Flaubert가 1857년 발표한 장편 소

설 《마담 보바리*Madame Bovary*》의 주인공.

15 장자크 루소, 《사회계약론》, 김영욱 옮김(후마니타스, 2018), 11쪽.

16 위르겐 하버마스, 《의사소통행위이론》 1·2, 장춘익 옮김(나남출판, 2006).

17 [원주] 1983년 이탈리아의 팔레르모에서 개최된 학회 '개인, 집합성 그리고 국가Individuo, collettività e stato'에 참석한 루만은 〈개인과 사회: 역사적 발전과 논쟁의 현재적 중요성Individuo e società: lo sviluppo storico e la rilevanza attuale di una controversia〉이라는 강연을 했다. 이는 다음 저작으로 출간되었다. Francesco Lentini(Hrsg.), 《개인, 집합성 그리고 국가 *Individuo, collettività e stato*》(Palermo: Acquario, 1983), 21~32쪽. [강연은 다음 논문으로도 재출간되었다. Niklas Luhmann, 〈개인과 사회Individuum und Gesellschaft〉, 《유니버시타스*Universitas*》, Jg. 39(1984), 1~11쪽.]

18 루만은 '산일 구조'를 진화의 맥락에서 파악한다. 즉 산일 구조는 체계이론과 진화이론의 결합을 시도할 수 있는 보편적인 계기로서, 이는 비단 물리적 체계나 생물학적 체계에 국한되지 않고 사회적 체계에도 적용된다. 산일 구조는 장애나 교란처럼 환경 내에서 상응물을 갖지 않는 체계 고유 상태의 맥락에서 이해할 수 있다. 다음 내용을 참고하라. "여러 영역들에서의 후퇴와 정체뿐만 아니라 급격한 변화 역시 진화이론을 갖고 설명하려 시도할 수 있을 것입니다. 그것은 불연속성, 불연속적 변경들, 일리야 프리고진Ilya Prigogine의 의미에서 또는 기대될 수 없는 것의 수학의 의미에서 이산 구조들과 같은 생각들을 갖고 작업하는 체계이론에서의 변화에서도 마찬가지로 나타납니다. 그에 따르면, 언제 그리고 어디서 발생하는지를 정확하게 확정할 수 없는 비약들이 있습니다. 그런데도 우리는 물이 얼거나 끓는 지점과 같은 단순한 보기들을 알고 있습니다. 그것은 지속적인 과정이 아닙니다. 어떤 특정한 지점에서 갑자기 다른 상태가 됩니다. 그래서 우리는 이러한 비약성, 이러한 돌발성을 구축해 넣을 때만 진화이론을 제대로 유지하고 계속 사용할 수 있다고 확신하게 됩니다." 니클라스 루만, 《사회이론 입문》, 278쪽.

19 이에 대해서는 다음 논문을 참고할 수 있다. Niklas Luhmann, 〈커뮤니케이션의 비개연성Die Unwahrscheinlichkeit der Kommunikation〉, 《사회학적 계몽*Soziologische Aufklärung*》, Bd. 3(Opladen: Westdeutscher Verlag, 1981), 25~34쪽.

4장 · 시칠리아에서의 인터뷰

1   [원주] 이 대담은 1983년 3월 11일 금요일, 이탈리아의 일간지 《지
    오날레 디 시칠리아*Giornale di Sicilia*》에 〈언어로서의 사랑*Amore come*
    linguaggio〉이라는 제목으로 수록되었다.

2   이탈리아의 언론인.

3   이탈리아 시칠리아섬의 주요 도시 팔레르모의 한 지역으로 해변이 아름
    답기로 유명하다.

4   루만은 '구유럽*Alteuropa*'의 의미론이 '전체와 부분' 도식으로 가령 신
    이나 다른 인간들, 자기 자신에 대한 영혼의 관계를 단순화할 수 있었
    다고 본다. 구조적 복잡성의 증가에 의미론적 복잡성의 증가가 상응하
    므로 이는 중세의 의미론, 전체와 부분 도식 자체가 문제라기보다 중
    세의 구조적 복잡성이 우리가 살아가는 세계만큼 복잡하지 않기 때문
    이다. 루만은 《사회의 사회》 5장 〈자기기술들〉에서 5개의 절 — 존재
    론, 전체와 그 부분들, 정치와 윤리, 학교 전통, 야만에서 비판으로 — 에
    걸쳐 '구유럽의 의미론'을 다루었다. 니클라스 루만,《사회의 사회》 2,
    1022~1097쪽.

5   프란체스코 알베로니*Francesco Alberoni*는 이탈리아의 사회학자이다. 그
    는 의학과 심리학을 공부하고 사회학자가 되었다. 1973년 이탈리아 최
    대 일간지 《코리에르 델라 세라*Corriere della Sera*》에 기사를 쓰기 시작한
    언론인이기도 하다. 1982년부터는 매주 월요일에 〈공적인 것과 사적인
    것*Pubblico e Privato*〉이라는 제목으로 기사를 썼다. 이 대담에서 언급한
    것처럼 그는 사랑에 관한 다수의 저작을 발표했으며, 여러 책이 한국어
    를 포함해 다양한 언어로 번역된 베스트셀러 작가이기도 하다. 그는 다
    음과 같은 사회학이론서도 저술했다. Francesco Alberoni, 《발생하려
    는 상태: 집합적 과정에 관한 연구*Statu Nascenti: Studi sui processi collective*》
    (Bologna: Il Mulino, 1971); 《운동과 제도: 일반이론*Movimento e istituzione:*
    Teoria generale》(Bologna: Il Mulino, 1981); 《발생*Genesi*》(Mailand: Garzanti,
    1989). 국내에도 여러 저작이 소개되어 있다. 프란체스코 알베로니,《성
    공한 사람들은 말의 절반이 칭찬이다》, 이현경 옮김(스마트비즈니스,
    2006); 《우정론》, 조석현 옮김(새터, 1993); 《에로티시즘》, 김순민 옮
    김(강천, 1992); 《소중한 사랑을 얻기 위한 18가지 지혜》, 이강광 옮김
    (서원, 1997); 《남을 칭찬하는 사람, 헐뜯는 사람》, 이현경 옮김(황금가
    지, 1998); 《지도자의 조건》, 홍재완 옮김(교양인, 2007). 이 대담에서 인
    용한 책《사랑에 빠지기와 사랑*Innamoramento e amore*》은 다음의 제목으

로 국내에서 출간되었다. 프란체스코 알베로니, 《장미꽃 향기가 나는 남자》, 김수영 옮김(새터, 1994).

6   대담 진행자가 말하는 '지중해적인 테제'는 알베르 카뮈Albert Camus가 말한 '정오의 사상'과 무관하지 않을 것이다. 본문에 언급된 루만의 그을린 얼굴에서 확인할 수 있는 것처럼, 이날의 날씨는 폴 발레리Paul Valéry가 세 가지 신으로 명명한 바다·하늘·태양을 그대로 증언한다. 문학 평론가 김현에 따르면 〈지중해의 영감Inspirations méditerranéennes〉이라는 제목으로 강연하기도 한 발레리의 지성과 감각은 곧 '지중해적 지성과 감각'의 장점과 단점을 모두 갖는 것이었다. 이때 장점은 지성과 감각의 투명성에 있으며, 단점은 역사적 감각의 결여에 있다. 폴 발레리, 《젊은 운명의 여신》, 김현 옮김(혜원출판사, 2000), 13쪽. 장 그르니에Jean Grenier에게 지중해는 "마치 어린아이가 단 하나의 그림으로 한 세계를 만들듯이 영원을 암시하는 어떤 간결함"이었고, "인간을 새롭게 할 수 있는 서민적 지혜"를 갖고 있어 '인간적인 것에 대한 감정'을 상기하며 고양하는 공간이다. 그래서 "사람들 저마다에게는 행복을 위하여 미리부터 정해진 장소들이, 활짝 피어날 수 있고 단순한 삶의 즐거움을 넘어 황홀에 가까운 어떤 기쁨을 맛볼 수 있는 풍경들이 존재한다. …… 지중해는 그런 영혼의 상태를 영감처럼 불어넣어줄 수 있다. 지중해는 그 특유의 선들과 형태들이 주는 강렬한 인상으로 진리를 행복과 떼어놓고 생각할 수 없게" 만드는 것이다. 장 그르니에, 《지중해의 영감》, 김화영 옮김(이른비, 2018), 20쪽·64쪽·132쪽. 따라서 대담 진행자의 이 언급은 인간중심주의에 비판적인 체계이론가 루만조차 지중해라는 특수한 장소에서 인간적이 된다는 것을 강조하는 대목이다.

7   "우리는 사랑하는 사람들로서 서로를 알 뿐 아니라 느낄 수 있기 위해서도, 사랑하는 사람인 상대의 눈으로 자신을 보고, 사랑하는 사람으로서 내가 사랑하는 사람과의 상호 작용에 들어선다는 바로 그 점을 사랑해야 한다." 니클라스 루만, 《사랑 연습》, 이철 옮김(이론출판, 2017), 91쪽.

5장 · 그러므로, 사랑

1   [원주] 이 대담은 축약되어 다음 서평에 사용되었다. 〈사랑 그리고 자기실현: 니클라스 루만 《열정으로서의 사랑: 친밀성의 코드화》에 대하여Liebe und Selbstverwirklichung: Zu Niklas Luhmann 'Liebe als Passion: Zur Codierung von Intimität'〉(Frankfurt am Main: Suhrkamp, 1982); Tilmann

Moser, 〈친밀의 단계들: 연인들을 위한 교과서Stufen der Nähe: Ein Lehr-buch für Liebende〉(Frankfurt am Main: Suhrkamp, 1981). 또한 이 대담은 1983년 2월 14일 오전 10시 5분부터 10시 30분까지 독일 라디오 '도이 칠란트풍크Deutschlandfunk'에서 송출되었다.

2 독일의 사회학자. 편집자 서문에서 상술.

3 이는 사랑을 '열정적 사랑'으로 해석하게 된 진화적 성취와 관련이 있다. "열정은 그전에는 명시적으로 배제되었으며, 인간적인 불가피성으로서 사회 기능이 없는 것으로 다루어졌지만, 이제는 중심 특성이 되었다. 오늘날 열정을 진부하게 생각하게 된 일반적인 배경에는, 아무것도 하고 싶지 않은 상태에 사로잡혀 있음, 병에 걸린 것처럼 속수무책 상태에 빠져 있음, 만남의 우발성과 서로에게 있어서 운명적인 규정, 언젠가 인생에서 겪게 될 기대할 수 없는 (하지만 간절히 열망되는) 기적, 발생한 일을 설명할 수 없음, 충동성과 영원한 지속, 강제성과 최대의 자기실현 자유와 같은 의미들이 작용하였다. …… '열정'은 우리가 소극적으로는 고통을 겪고 있으며 적극적으로는 비활동 상황에 있는 상태를 뜻한다." 니클라스 루만, 《사랑 연습》, 51~53쪽.

4 "낭만주의는 열광적인 축제를 통해 — 혼인이 범사회적·가족적 강압에서 풀려나온 것을 계기로 일어난 — 통상적이지 않은 일을 축하한다. 하지만 그것은 사랑의 일상에 대해서는 아무런 대비책도 마련해놓지 않는다. 즉 결혼 생활에 돌입한 후 그들 자신 말고는 누구도 탓할 수 없는 상황에 처하게 될 때를 미리 배려하지 않는다." 니클라스 루만, 《열정으로서의 사랑: 친밀성의 코드화》, 219쪽. 더 상세한 설명은 219쪽 이하의 내용을 참고하라.

5 《열정으로서의 사랑: 친밀성의 코드화Liebe als Passion: Zur Codierung von Intimität》는 16개의 장으로 구성되어 있는데, 1장 〈사회와 개인〉의 부제는 '인격적 관계들과 비인격적 관계들'이다. 따라서 루만이 말하는 '출발점Ausgangspunkt'은 문자 그대로 1장에서 그 내용을 다룬다는 의미를 지닌다. 또한 이 대담에서 확인할 수 있는 것처럼 '우리는 비인격적 관계가 삶을 지배하는 세계에 살지 않는다'라는 사회학적인 관찰을 가능하게 하는 '연관점Bezugspunkt'의 의미도 갖는다. 이런 이중적 의미에 대해서는 다음을 참고할 수 있다. "이어질 연구에서 우리의 출발점은 다음과 같다. 과거의 사회 구성체들과 비교할 때 현대사회는 이중의 증가라는 특징, 즉 비인격적 관계들을 맺을 가능성이 증가하며 또한 더 집중적인 인격적 관계들을 맺을 가능성도 증가한다는 특징을 갖는다. 사회

가 전반적으로 더 복잡해지기 때문에, 그리고 상이한 종류의 사회적 관계들 사이의 상호 의존을 더 잘 규제하고 간섭들을 더 잘 걸러낼 수 있기 때문에, 이런 이중의 가능성은 한층 더 확장될 수 있다." 니클라스 루만, 《열정으로서의 사랑》, 28쪽.

6 이와 관련해서는 다음을 참고하라. "기능적 분화의 다른 후속 문제들은 사랑이 친밀 관계들을 위해 보전되어 있으며, 그 관계들 안에서 더 분명하게 기대된다는 데서 만들어진다. 그리고 그 밖의 다른 곳에서는 없다. 근대사회의 냉정함과 거리 둠 — 페르디난트 퇴니스가 이 개념 자체 안에 해석해 넣은 — 에 대한 확산된 불평들, 소외와 노동, 교제, 조직이 감정적인 충족감을 주지 못한다는 일반적인 불평이 이 상황을 반영한다." 니클라스 루만, 《사랑 연습》, 99~100쪽.

7 "개별 사회의 경계들을 확장하고, 그럼으로써 사랑의 명령 그 자체를 인류 차원으로 확장하려 애썼던 철학적이며 종교적인 일반화들은 유토피아적인 특성을 유지한다. 그러나 진화상 성취는 반대 방향에 놓여 있었다. 진화의 성취는 매체의 보편화가 아니라, 매체의 제한과 활성화에 있었다. 진화의 성취는 모든 사람을 사랑하는 데에 있는 것이 아니라, 임의로 선택된 특정한 사람을 사랑하는 데에 있다." 니클라스 루만, 《사랑 연습》, 50~51쪽.

6장 · 중단의 어려움

1 [원주] 이 대담은 이 책 《아르키메데스와 우리》를 위해 따로 진행되었다.
2 독일의 독문학자. 편집자 서문에서 상술.
3 예술사회학과 문학사회학이 분과 학문으로 독립하기 이전, 이와 관련된 프리드리히 니체의 다음 발언은 흥미롭다. "독일인은 예술가를 통해 일종의 몽환적인 열정에 사로잡히기를 원한다. 이탈리아인은 예술가를 통해 실제 자신들의 열정에서 벗어나 쉬기를 원한다. 프랑스인은 예술가를 통해 자신의 판단을 과시하고 사람들과 이야기를 나눌 수 있는 기회를 갖기를 원한다. 따라서 우리는 공정하자!" 프리드리히 니체, 《아침놀》, 박찬국 옮김(책세상, 2004), 242~243쪽.
4 루만이 설명한 다음의 내용을 참고할 수 있다. "예술의 종언을 언급하며 게오르크 헤겔이 말한 "이 모든 관계에서 예술은, 나름대로 최고의 규정에 따르면, 우리에게는 지나간 과거이며 앞으로도 그러하다"라는 문장은 아마 다음과 같은 뜻인 것 같다. 다시 말해 예술은 세계 관계에 대한

사회의 직접적인 관련성을 상실했으며 따라서 이제는 자신의 독립 분화를 자각해야 한다. 예술은 여전히 모든 것에 대한 보편 역량을 요구할 수 있지만, '오로지 예술로서만', 특유의 고유한 기준들을 준수하는 작동 방식에만 근거해야 한다." 이와 더불어 다음의 문장도 참고할 만하다. "숱하게 논의된 '예술의 종언'이라는 구호가 반드시 정체 상태를 의미하는 것은 아니다. 예술은 강 정도는 아닐지라도 바다처럼 계속 꿈틀거릴 수 있다. 예술의 종언, 예술의 불가능성, 가능한 모든 형식의 남김 없는 소진은 자기기술인 동시에 예술 작품을 자처하는 하나의 형식을 취한다. 그래서 바로 이 방식이 자기 고유의 부정을 포함해서, 말하자면 완전한 자율적 체계로서 예술의 재생산을 보장한다." 작은따옴표는 원저에서 굵은 서체로 강조한 부분이다. 니클라스 루만, 《예술체계이론》, 박여성·이철 옮김(한길사, 2014), 315~316쪽·538쪽.

5   "예술은 아마 낭만주의에서 최초로 문서로서 총체적으로 성찰되었을 텐데, 그것을 위해 천명된 하나의 형식 프로그램 명칭이 바로 '포에지 Poesie'이다. 이때 수사학이나 계몽을 겨냥하기보다 오히려 도달할 수 없는 무엇을 붙잡아두는 고정이 중요하다. 이것은 문학이론 자체가 원래부터 문학이어야 하고 문학 또한 문학이론이어야 한다는 [순환] 추론을 촉발하지만, 그런 주장은 거부된다. 이후로 사람들은 예술의 성찰이 학자들의 논문뿐 아니라 특히 예술 작품 자체에도 표현되어야 한다고 생각하게 되는데, 전형적인 사례가 바로 프리드리히 슐레겔의 《루친데》이다." 이제 낭만주의는 커뮤니케이션 가능성의 과잉과 커뮤니케이션의 연결 불확실성인 미완결성 문제를 '예술 비평'으로 해결하는데, 이에 따라 "비평이야말로 예술을 완성하는 본질적인 요소라는 구상을 통해 [미학]이론은 체계를 체계 속에 자기기술하는 최초의 사례로 인정받는다"라고 볼 수 있다. 니클라스 루만, 《예술체계이론》, 517~519쪽; 프리드리히 슐레겔, 《루친데》, 이영기 옮김(문학동네, 2020). 특히 루만은 초기 낭만주의자들의 이런 작업에 대해 다음 저작의 서문을 참고하라고 추천한다. 필리프 라쿠라바르트·장뤼크 낭시, 《문학적 절대: 독일 낭만주의 문학 이론》, 홍사현 옮김(그린비, 2015).

6   "사람들이 어떤 것을 보고자 한다면 빛과 같은 어떤 것이 있어야 하고, 사람들이 어떤 것을 듣고자 한다면 어떤 식으로든 소리의 수송이 일어나야 합니다. 그럴 경우에만 사람들은 다른 한편 간명한 형식들을 형성할 수 있습니다. 사람들은 빛이 있다는 이유에서만 어떤 경계를 가진 사물을 조금이라도 볼 수 있는 것입니다. 매체는 프리츠 하이더Fritz Heider

에 의해, 느슨하게 연동되었고 언제나 다시 재조합될 수 있는 양의 요소들로서 정의됩니다. …… 특정한 형식들의 단단한 연동을 위한, 느슨하게 연동된 전제로서의 매체와 하나 차이가 있습니다. …… 매체는 느슨한 연동의 추상성 속에서 시간이 흘러도 변하지 않으며, 단단한 연동의 응축된 상태에 있는 형식들은 순간 발생하며 무상합니다." 니클라스 루만, 《사회이론 입문》, 65~68쪽. 이 대담에서 지속적으로 주제가 된 '매체/형식의 차이'의 맥락에서 예술을 사회학적으로 정초하기 위해 루만은 《사회의 예술 *Die Kunst der Gesellschaft*》의 한 장을 〈매체와 형식〉에 할당했다. 니클라스 루만, 《예술체계이론》, 207~258쪽. 1980년대 중반 이후 하이더의 매체이론을 본격적으로 도입한 루만은 하이더의 매체 개념을 통해 '매체/형식의 구별' 이론을 탤컷 파슨스의 '상징적으로 일반화된 교환 매체' 이론과 결합하면서 '상징적으로 일반화된 커뮤니케이션 매체'를 사회학이론으로 급진화한다. 니클라스 루만, 《사회의 학문》, 219쪽 이하.

7 체계이론이 어떻게 '매체/형식의 차이'를 이론적인 자원으로 하는지는 다음 진술에서 확인할 수 있다. "매체/형식의 구별은 체계가 행하는 작동의 연속성이 지닌 비개연성을 체계 내에서 다룰 수 있는 차이로 번역하고, 그리하여 그것을 체계의 자기생산을 위한 기본 조건으로 변모시킨다. 체계는 자신의 매체를 자신의 형식으로 결합하는 식으로 작동한다. 이때 매체는 (빛이 우리가 사물을 본다고 해서 소모되지 않는 것처럼) 소모되지 않는다. …… 매체와 형식의 차이는 작동 속에서 사용되면서 유지되고, 이를 통해 재생산된다. …… 우리는 요소들의 느슨한 결합과 엄격한 결합의 구별로 그러한 일을 한다. 매체는 느슨하게 결합된 요소들이고, 이에 반해 형식은 그 요소들을 묶어 엄격한 결합을 이루도록 한다. …… 매체는 결속되었다가, 다시 풀어진다. 매체 없이는 형식도 없고 형식 없이는 매체도 없다. …… 매체의 결속과 해소의 이런 진행과 관련해 매체가 체계 안에서 '순환'한다고도 말할 수 있다. 매체의 통일성은 운동에 있다. 니클라스 루만, 《사회의 사회》 1, 장춘익 옮김(새물결, 2014), 237~239쪽.

8 '아름다운/추한'이라는 예술 코드의 경우, '더 이상 아름답지 않은' 작품들이 오늘날 예술로 간주되는 현실에서 이 코드의 기능에 대한 문제제기와 대담에서 보이듯이 루만 본인의 회의가 있었다. 앞서 질문으로 제기했던 헤겔의 '예술의 종말' 테제와도 연관된 이 문제는 '흥미로움/흥미롭지 않음'이라는 새로운 코드로 재이론화된다. 이는 커뮤니케이션의 물질성이라는 감각적인 차원이 예술의 가능성의 공간으로 확장되는

현실에 예술적인 활동과 그 의미를 현재화하려는 시도이기도 하다. 이
에 대한 상세한 설명은 다음을 참고하라. 최문규, 《탈현대성과 문학의
이해》, 297쪽 이하.

9   자아의 체험, 자아의 행위, 타자의 체험, 타자의 행위의 결합에 따라 커
뮤니케이션 과정은 구조화된다. 커뮤니케이션 매체의 유형은 그 결합에
따른 네 가지 관계로 설명할 수 있는데, 이는 가능한 결합태를 기술한다
는 점에서 이념형적인 상황으로 이해할 수 있다. 이와 더불어 상징적으
로 일반화된 커뮤니케이션 매체와 그에 따른 이항 코드의 제도화는 매
체의 유형과 매체의 문제로 정식화된다. 파슨스의 매체이론에 대한 비
판적인 검토를 포함해 상세한 설명은 다음을 참고하라. 니클라스 루만,
《사회의 체계이론》, 483~625쪽.

10   연결은 예술에 국한된 것이 아니라 경제에서도 중요한 보편적인 문제라
는 점을 강조하기 위해 '예술 작품Werke'과 '공장Werke'을 의도적으로
나란히 놓고 있다.

11   루만의 이론에서 보자면 세계의 도달 불가능성은 예술 작품, 궁극적으
로 예술 체계의 폐쇄성에 상응한다. '스타일Stil'은 18세기 후기 이래 많
은 예술 작품의 공통적인 변화를 관찰하고자 사용한 역사화된 개념이다.
"요한 요아힘 빙켈만Johann Joachim Winckelmann 때부터 비로소 '문서', 제
작 방식, 묘사 방법, 즉 사실 차이에 관련된 양식 개념이 추가적으로 시
간 차원에 근거를 두었고 역사적 차이들을 인식하기 위해 — 그리고 그
후 역사적 차이들을 만들어내기 위해서도 — 사용되었다. 차이들, 예술
작품의 스타일에서의 '저항'은 갱신 압박의 소용돌이에 빠져들었다. 개
별 예술 작품만이 다른 것과 구별되어야 하는 것은 아니다. 예술 작품들
이 서로 구별되지 않는 차원들 역시 다른 비교 차원에서 구별될 수 있어
야 한다. 그리고 바로 그것이 양식 개념으로 정당화되었다. 이제 양식에
서는 양식이 스스로 규칙을 준다는 것이, 즉 주어진 어떤 규범을 따르
지 않고 사전 규정과의 연관성에서 이질성을 통해 스스로를 표현할 것
이 동시에 기대된다." 니클라스 루만, 《예술체계이론》, 255쪽. 더 상세
한 내용은 같은 책의 386쪽 이하를 참고하라. 루만이 말한 '스타일'에
세이는 다음 논문이다. Niklas Luhmann, 〈예술 작품과 예술의 자기재생
산Das Kunstwerk und die Selbstreproduktion der Kunst〉, 《예술과 문학 논문집
Schriften zu Kunst und Literatur》(Frankfurt: Suhrkamp, 2008), 139~188쪽.

12   여기서 '빌헬름 마이스터'는 요한 볼프강 폰 괴테Johann Wolfgang von
Goethe의 작품 《빌헬름 마이스터의 수업시대Wilhelm Meisters Lehrjahre》와

《빌헬름 마이스터의 편력시대*Wilhelm Meisters Wanderjahre oder die Entsagen-den*》를 말한다.

13 '커뮤니케이션 수용의 형식'으로서 '침묵'에 대해서는 다음을 참고할 수 있다. "문자, 인쇄술, 그리고 오늘날에는 정보(처리 매체) …… 이 매체들을 이용하면 일단 커뮤니케이션을 시작하되, 이해의 순간에 이루어지는 커뮤니케이션의 완성은 유예하는 것이 가능하다. 이는 차이가 만들어지는 형식을 변화시키며, 마찬가지로 비참여자가 지니는 비가시성의 비형식도 변화시킨다. 이를 통해 역사와의 관계는 고유한 방식의 선별성을 가지게 되며, 지나간 것을 재현실화하려는 모든 노력은 이 선별성을 더욱 첨예하게 하는 것이다. 텍스트는 접근을 허용하지만, 접근 자체는 선별의 영역에 속하게 된다. 말하기와 침묵하기, 그리고 커뮤니케이션과 비커뮤니케이션 사이의 차이는 해소되지 않는다. 모든 말하기는 침묵을 반복할 뿐이다." 니클라스 루만·페터 푹스, 〈말하기와 침묵하기〉, 《문학과 사회》 27권 1호, 649~650쪽.

14 근대의 새로운 세계상에 주목한 막스 베버는 이른바 '가치다신교價値多神敎' 논거의 한 사례로 샤를 보들레르Charles Baudelaire를 언급한다. "즉, 어떤 것은 그것이 아름답지 않음에도 불구하고 신성할 수 있을 뿐 아니라, 또 그것이 아름답지 않기 '때문에', 그리고 그것이 아름답지 '않은 한에서', 신성할 수 있다는 것입니다. …… 그리고 어떤 것은 그것이 선한 것이 아님에도 불구하고 또 그것이 선한 것이 아닌 바로 그 부분에서 아름다울 수 있다는 것을 우리는 니체 이래로 다시 알게 되었습니다. 그리고 니체 이전에는 보들레르가 《악의 꽃*Les Fleurs du mal*》이라고 이름 붙인 그의 시집 속에 그러한 생각을 형상화하고 있음을 여러분은 확인할 수 있을 것입니다. 또한 어떤 것은 아름답지도 않고 신성하지도 않으며 선하지도 않음에도, 또 그렇기 때문에 객관적 사실이라는 의미에서 참된 것일 수 있다는 것은 누구나 다 아는 일입니다. 그러나 이것들은 개별적 질서 및 가치의 신들 간에 벌어지는 투쟁의 가장 근본적인 차원일 뿐입니다." 막스 베버, 〈직업으로서의 학문〉, 《'탈주술화' 과정과 근대: 학문, 종교, 정치》, 전성우 옮김(나남출판, 2002), 61~62쪽.

15 이 대담이 열린 후 이듬해에 논문이 출간되었다. 루만이 에세이 관점에서 쓴 짧지 않은 분량의 이 논문은 여성 문제에 대한 체계이론적인 접근을 다룬다. Niklas Luhmann, 〈여성, 남성 그리고 조지 스펜서브라운 Frauen, Männer und George Spencer-Brown〉, 《사회학보*Zeitschrift für Soziologie*》 V. 17(Stuttgart: Lucius & Lucius, 1988), 47~71쪽. 1972년 발행을 시작한

《사회학보》는 빌레펠트 대학교 사회학과에서 발행하는 사회학 전문 학 술지이다. 현재는《쾰른 사회학 및 사회심리지Kölner Zeitschrift für Soziologie und Sozialpsychologie》,《베를린 사회학 저널Berliner Journal für Soziologie》,《사 회적 세계Soziale Welt》와 더불어 독일 사회학을 대표하는 학술지가 되 었다.

16 루만이 '클레브 공작부인Princesse de Clèves'에게 관심을 갖게 된 사회학 적인 이유는《열정으로서의 사랑》에 비교적 상세하게 설명되어 있다. 다소 길지만 이 책의 주제와 관련해서도 중요한 대목이어서 그대로 옮 겨보면 다음과 같다. "나는 17~18세기 소설들을 광범위하게 끌어들였지 만, 이것들이 잠언집이나 논박문과 맺는 관련은 처음에는 강하다가 점 차 약해진다는 인상을 받게 되었다. 그래서 이런 측면에서 자료 활용에 도 난점이 생겼다. 소설 자체가 연애에서 학습과 방향 설정을 위해 쓰였 다는 것은 17세기 이래 잘 알려진 사실이지만, 소설이 보여주는 지점을 개별적인 테제, 개념, 학습 명제, 경험 규칙 등으로 나누기는 어렵다. 다 만 우리가 다시금 확인할 수 있는 것은 소설의 등장인물들이 코드에 맞 추어 행동한다는 점, 따라서 코드에 무언가 새로운 것을 덧붙이기보다 는 코드를 생기 있게 만든다는 점이다. 하지만《클레브 공작부인》이나 그에 이은 일련의 체념 소설들처럼 중요한 경우는 예외라는 것을 즉각 알 수 있다." 니클라스 루만,《열정으로서의 사랑》, 24쪽. 클레브 공작부 인이 '소설 영웅'인 이유는, 사랑이라는 커뮤니케이션 매체의 독립 분화 와 사랑의 이상화라는 의미론 간의 충돌이라는 역사적인 조건에서 찾을 수 있다. 사랑과 사회를 다시 통합하는 형식으로 '감정의 도덕적 정당화 die moralische Legitimation des Gefühls'가 출현한 사회적인 상황에서, "다 른 한편 열정적인 사랑을 한 번도 언급하지 않는 새로운 여성 문학이 등 장한다. 소설 또한 이 방향으로 나아간다. 황폐하게 만드는 '사랑의 무질 서désordres de l'amour'에 직면해 소설은 클레브 공작부인의 모범에 따라 체념과 단념을 도덕적 성취라고 ― 그리고 향유라고! ― 추천"하는 것 이다. 니클라스 루만,《열정으로서의 사랑》, 122쪽; 라파예트 부인,《클 레브 공작부인》, 류재화 옮김(문학동네, 2011).

17 이 친구는 1979년 세상을 떠난 프리드리히 루돌프 홀Friedrich Rudolf Hohl 일 가능성이 매우 높다. 이 대담은 홀의 사후 8년이 지난 시점에 진행되 었다. 루만의 가장 친한 친구였던 홀은 루만과 함께 프라이부르크 대학 교에서 법학을 공부하면서, 철학과 예술에 대한 열정과 사랑을 공유했 다. 법학 사강사私講師로 있으면서도 시 쓰기를 평생 계속했으며, 이는

루만이 권장한 것이기도 했다. 루만이 언급한 것처럼 홀의 생전에는 시집이 출간된 적이 없다가, 그의 사후에 약 470여 편을 수록한 시집이 처음 출간되었다. 루만은 홀의 시를 '사유시Denkgedichte'라고 했는데, 이는 루만의 체계이론적인 사고를 시로 표현한 것이었다. 둘은 정신적, 지적, 정서적으로 공명하면서 평생 가장 깊고 진실한 우정을 나누었다. 이는 루만의 사회학적인 개념 및 사유와 홀의 시 사이에서 내적인 관계로 확장되었다. 루만은 '사랑'에 관한 저작을 "사랑만이 오직 스스로 이런 투명함일 수 있다"라는 홀의 시를 인용하며 마무리한다. 루만은 생전에 출간되지 않았던 친구의 시를 1982년 출간한 《열정으로서의 사랑》의 말미에 자신의 작업과 함께 발표하는 것으로 가장 사랑했던 친구에 대한 마음을 표현했다. 더구나 이 책은 "프리드리히 루돌프 홀을 회상하며"라는 헌사와 함께 홀에게 헌정한 것이다. 홀은 마르쿠스 툴리우스 키케로Marcus Tullius Cicero적인 의미, 즉 "진정한 친구는, 말하자면 우리의 다른 자아이다"라는 의미에서 루만의 '타아alter ego'라고 평가받기도 한다. 니클라스 루만, 《열정으로서의 사랑》, 259쪽. 홀의 시들은 루만과 나눈 두 통의 서신을 함께 수록해, 루만의 저서 《열정으로서의 사랑》을 환기할 만한 《열정으로서의 포에지: 루만 세계에서의 시Poesie als Passion: Gedichte aus Luhmanns Welt》라는 제목으로 2012년 출간되었다. 루만의 아들 클레멘스 루만Clemens Luhmann은 〈프리드리히 루돌프 홀, 니클라스 루만, 한 우정Friedrich Rudolf Hohl, Niklas Luhmann, eine Freundschft〉이라는 글을 통해 두 사람의 관계를 깊이 있게 증언하기도 했다. Friedrich Rudolf Hohl, 《열정으로서의 시: 루만 세계에서의 시》(München: Wilhelm Fink, 2012), IX~XVI. 참고로 1977년에 세상을 떠난 아내 우르줄라 폰 발터Ursula von Walter에게 루만은 "이론이 말할 수 있는 것보다 더 많은 것을 의미한 나의 아내에게"라는 헌사와 함께 다음 책을 헌정했다. Niklas Luhmann, 《종교의 기능Die Funktion der Religion》(Frankfurt: Suhrkamp, 1977).

18   프리드리히 니체의 《아침놀Morgenröte》에는 '모든 좋은 것에 필수적인 건조'라는 단장이 있다. 어떤 작품을 그 작품이 출현한 시대의 관점에서 평가하고 그 시대의 파악을 따라야 한다는 관점에 대해 비판하면서 니체는 그렇게 하지 않을 때, 즉 '시차'라는 거리 두기를 할 수 있을 때 해당 작품에서 더 많은 기쁨과 놀라움을 느끼며 배울 수 있다고 말한다. "그대들은 새롭고 좋은 어떤 작품이라도 그것이 그 시대의 축축한 공기 속에 존재하는 한, 그것에 시장과 적대 세력, 최신의 의견들 그리고 내

일은 생각할 수도 없는 모든 무상한 것들의 냄새가 너무나 많이 배어들어 있기 때문에 가장 적은 가치를 소유하게 된다는 사실을 깨닫지 못했는가? 나중에 작품은 건조해지고 '시대성'은 사멸한다. 그때에야 비로소 그것은 심원한 빛과 좋은 냄새뿐 아니라, 만일 그것이 영원의 조용한 눈을 추구하고 있었다면 그 눈 역시 얻게 된다." 프리드리히 니체, 《아침놀》, 379쪽. 그러나 루만의 구절은 니체의 경우처럼 비단 작품의 가치 평가에 국한된 것이 아니라, 구체적으로 경험하고 행위하는 세계를 이론적으로 관찰하고 기술하기 위해 요구되는 관점으로 확장할 수 있을 것이다. 그리고 그러한 관점의 가치를 적극적으로 긍정하는 것이다.

7장 · '1984', 로베르트 융크와의 논쟁

1   [원주] 이 대담은 1984년 12월 28일 스위스 취리히의 일간지 《타게스 안차이거Tages-Anzeiger》에 〈인간에 대한 희망이냐 체계에 대한 희망이냐?Hoffnung auf die Menschen oder auf Systeme?〉라는 제목으로 실렸다.

2   로베르트 융크Robert Jungk는 오스트리아의 작가이자 과학 저널리스트로 평화운동, 반핵운동, 미래운동에 헌신했다. 제2차 세계 대전 당시 미국과 독일의 원자 폭탄 경쟁을 다룬 그의 책이 우리말로 소개되었다. 미국의 맨해튼 계획과 독일의 프로젝트를 가능하게 했던 물리학자들의 이론을 그들의 개인적이고 정치적인 경험과 이력을 중심으로 흥미롭게 재구성했다. 로베르트 융크, 《천 개의 태양보다 밝은: 우리가 몰랐던 원자 과학자들의 개인적 역사》, 이충호 옮김(다산북스, 2018). 이 주제와 관련해 다음을 참고하라. 노진철, 《불확실성 시대의 위험사회학》(한울아카데미, 2010); 《불확실성 시대의 신뢰와 불신》(한울아카데미, 2014); 찰스 페로, 《무엇이 재앙을 만드는가?: '대형 사고'와 공존하는 현대인들에게 던지는 새로운 물음》, 김태훈 옮김(알에이치코리아, 2013).

3   독일의 과학자.

8장 · 트로이의 목마

1   [원주] 이 대담은 1986년 10월 21일 독일 일간지 《타즈Taz》에 〈체계이론과 체계 비판Systemtheorie und Systemkritik〉이라는 제목으로 11~13쪽에 축약되어 실렸다.

2 이 대담은 사회운동을 체계이론의 관점에서 관찰하고 이론화하는 다음 논문 모음집에도 수록되어 있다. Niklas Luhmann·Kai-Uwe Hellmann(Hrsg.), 《저항: 체계이론과 사회운동Protest: Systemtheorie und soziale Bewegungen》(Frankfurt: Suhrkamp, 1996), 64~74쪽.

3 독일의 사회학자.

4 독일의 사회학자.

5 니클라스 루만, 《생태적 커뮤니케이션: 우리 사회는 생태적 위험에 대비할 수 있는가》, 서영조 옮김(에코리브르, 2014). 이와 관련해 그레고리 베이트슨Gregory Bateson을 언급할 수 있다. 루만이 이 대담에서 이름을 말하지는 않았지만 중요하게 생각하는 인물이다. 다음 두 책을 참고하라. 그레고리 베이트슨, 《정신과 자연》, 박지동 옮김(까치, 1990);《마음의 생태학》, 박대식 옮김(책세상, 2006). 루만은 베이트슨을 정보이론의 맥락에서 자원으로 삼는데, 가령 '차이를 만드는 차이'로서 정보라는 베이트슨의 정식이 그러하다. 정보를 어떻게 획득하는가는 곧 차이를 어떻게 산출하는가의 문제라는 점에서 베이트슨의 작업은 체계이론에 기여한다. 루만이 바라보는 체계는 '전체'와 '통일성'이라는 체계가 아니고, 그런 통념에 반하는 '체계와 환경의 차이'로서 체계이기 때문이다. 정확히 말하면 "체계는 체계와 환경의 차이" 자체로 존재하는 '사실'이다. 니클라스 루만, 《체계이론 입문》, 86~118쪽.

6 '체계/환경-이론'은 부분과 전체의 관계라는 전통적인 관념을 체계와 환경의 차이로 대체한 이론이다. 그래서 "분화된 체계는 더 이상 일정한 수의 부분과 부분 간 관계들을 구성 성분으로 두지 않는다. 분화된 체계는 오히려 많든 적든 작동을 통해 사용 가능한 수많은 '체계/환경-차이들'로 구성된다"라고 할 수 있다. 니클라스 루만, 《사회적 체계들》, 85쪽.

7 "나는 세계의 종말이 있을 수 있다고 생각합니다. 유성이 지구에 충돌할 수 있다고 생각하기도 합니다. 우리는 모두 병들거나 방사능에 중독될 수도 있습니다. 하지만 그때도 유기체만 파괴될 것입니다. 사회 자체는 오직 소통을 통해 생태학적이며 화학적이며 물리학적인 사실들과 생물학적인 사실들에 대해 독성들, 오염, 자원 소비와 그 밖의 것에 반응할 수 있습니다. 이는 의식의 연동이 필요하다는 것을 뜻합니다. 누군가가 어떤 것을 볼 수 있고, 지시를 읽어낼 수 있고, 통계를 해석할 수 있어야 합니다. 누군가가 사실들을 확인할 수 있고, 숲속에 쓰레기가 있다는 것을 보고, 나무들이 말라가고 숲이 황폐화되고 있다는 것을 볼 수 있어야 합니다. 그렇게 볼 수 있다는 것은 어쩌면 삼림 감독관의 눈을 전제할지

도 모릅니다. 그리고 그다음에 삼림 감독관이 자신이 본 것에 관해 말할 것입니다. 오직 이러한 기제를 통해서만 사회 안에서 경고 효과가 만들어질 수 있습니다. 그것은 생태학적 소통에 관해 내가 몇 년 전 집필했던 책의 테제입니다." 니클라스 루만,《사회이론 입문》, 152~153쪽.

8   이에 대해서는 다음을 참고하라. 니클라스 루만,《생태적 커뮤니케이션》19장 〈불안과 도덕 그리고 이론〉.

9   독일 68운동에 대한 루만의 입장은 다음을 참고하라. 그는 비판받는 자들의 편도 아니었지만, 비판하는 자들의 편에 있지도 않았다. Herfried Münkler·Dirk Baecker·Wolfgang Hagen(Hrsg.),《루만 선생님, 무엇을 하시나요? *Was tun, Herr Luhmann?*》(Berlin: Kulturverlag Kadmos, 2009), 34~35쪽. 루만은 과거 속에서 현재를 사는 것은 불가능하며, 과거의 시간을 사는 것도 불가능해서 이데올로기적으로 과거의 시간을 의식적으로 신봉할 수 있을 뿐이라고 지적한다. "누구도 과거에 머물러 있을 수도 없다. 이 점은 오늘날 특히 비극적인 일이다. 왜냐하면 상당수의 68세대들은 여전히 과거에 머물러 있고 싶다는 느낌을 갖고 있기 때문이다. 오늘 그들이 모이면 그들은 그들에게는 전혀 과거가 아닌 과거를 이야기한다. …… 함께 모이면 그들은 마치 다시 한번 진격 나팔 소리를 듣고 싶어 하는 늙은 퇴영 장병들처럼 보인다." 니클라스 루만,《체계이론 입문》, 260쪽.

10   "하버마스는 …… 의사소통적 합리성을 강조하기만 할 뿐입니다. 그것이 오늘날 프랑크푸르트[학파]의 방식입니다. 그것은 존재하지 않는 것의 이상화를 지향합니다. 어느 순간 최종적인 합의가 있다고 하지만 그러한 합의는 현재에는 아직 존재하지 않습니다. 우리는 합의 가능성을 가리키는 지표가 있습니다. 우리는 이 최종적인 합의를 분명하게 목표로 삼을 수 있기 위해 지배를 배제해야 합니다. 그밖에도 "존재하지 않는 것의 이상화Idealisierung des Abwesenden"라는 말은 미국의 군대 연구에서 유래하며 참전 군인들이 고향을 그리는 마음, 부인과 부모와 집과 정원에 대한 생각을 기술하는 표현입니다. 나는 그 표현이 하버마스 프로젝트를 표현하기에 좋은 공식을 제공한다고 생각합니다. …… 모든 저자들과 모든 사실들을 비판적으로 다룰 수 있습니다. 모든 사람들과 모든 사실들은 하버마스가 이상화한 지점에서 표현될 요구에는 미치지 못하기 때문입니다." 니클라스 루만,《사회이론 입문》, 115~116쪽.

11   루만은《생태적 커뮤니케이션》13장 전체를 '정치'에 할당하고 있다. 이 답변과 관련해서는 다음의 진술을 참고할 수 있다. "자신에게 고유한 재

해 보상 요구를 지닌 생태적 주제가 오래된 사회 정치적 주제를 차츰 몰아내는 것은 전적으로 가능한 일이다. 사람들은 제한된 반향을 늘 고려해야 하지만, 경쟁민주주의와 정부에의 참여의 개방성에 의한 정치의 코드화가 생태적 주제에서 실패할 것인지의 여부는 결코 확정된 것이 아니다." 니클라스 루만, 《생태적 커뮤니케이션》, 140~141쪽.

12 이러한 경향은 '사회는 지금 있는 것이 아닌 무언가'라는 역설에 직면해 과거를 회상하는 것으로 표현되기도 한다. "회상들은 끊임없이 있기 때문입니다. 바로 지금도 말입니다. 생태학적 위협들과 관련해 우리는 다시 아리스토텔레스를 읽고 에토스를 발견하려 시도합니다. 민중들에게서 약간 실망한 민주주의에서 민주주의로 전환하는 좌파들은 이제 시민성, 시민권, 시민사회를 발견했습니다. 물론 그것은 이 운동에서 작용하지 않는 모든 가능한 것에 대해 시민 도덕을 경고하기 위해 대변 기능을 하는 사람들 자신들입니다. 항상 새로운 수용이 있습니다. 그 수용은 역사적인 차이들을 생각하는 데 익숙해 있는 누군가를 위해, 가끔씩 감동시키는 순진한 어떤 것을 가집니다." 니클라스 루만, 《사회이론 입문》, 423쪽. 이런 맥락에서 다음 역시 참고할 수 있다. "지식인들의 집단에서 사람들이 다시 시민사회라고 부르는 것은 매력을 주지만, 그것은 경제뿐만 아니라 국가적으로 그리고 정당 형태로 조직화된 정치에 대해 거리를 유지하고, 그 대신에 성숙한 남성과 여성이라는 시민들을 중심에 놓는다는 의미에서 그러하다." 니클라스 루만, 《사회의 정치》, 293쪽.

13 이와 관련해서 다음 저작을 참고하라. 케이트 브라운, 《플루토피아》, 우동현 옮김(푸른역사, 2021); 《체르노빌 생존 지침서》, 우동현 옮김(푸른역사, 2020).

14 앞서 지적한 것처럼 루만은 '생태적 커뮤니케이션'이라는 주제에서 '불안Angst'이 갖는 사회학적인 의미를 《생태적 커뮤니케이션》의 19장 〈불안과 도덕 그리고 이론〉에서 설명하고 있다. 이 답변과 관련해서는 다음을 참고할 수 있다. "불안은 순수 이성의 모든 비판에 저항한다. 그것은 근대적 선험성이다. 경험적인 것이 아니라 선험적인 것이다. 그것은 모든 원칙이 좌절된다 해도 좌절되지 않는 원칙이다. …… 불안은 보편적인 것, 즉 일반 의지volonté générale가 되기를 요구할 수도 있다. …… 불안은 사태의 불확실성을 불안의 확실성으로 전환하기 때문에 어떤 이론적 바탕도 필요로 하지 않는 자기확신의 원칙이다." 니클라스 루만, 《생태적 커뮤니케이션》, 190~193쪽.

15 이는 체계이론이 존재와 사고의 연관에서 존재가 그 기준이 되는 '존재

의 자기준거에 대한 학Lehre von der Selbstreferenz des Seins'으로서 전통적인 형이상학을 기각하는 것과 관련된다. 이항적 도식에 근거하는 이런 형이상학은 존재와 사고의 관계를 질서 짓는 데 사용되지만 "존재에서 벗어나는 사고를 부정적으로 평가하고 존재에 적응시킨다는 의미에서 사고를 재조정할 것을 요구"한다. 이는 사회학적으로 볼 때 '구조의 협소화die Engführung der Struktur'에 따라 사고가 존재에 적응할 것을 요구한다고 할 수 있다. 즉 사회 체계의 분화가 아직 심화되지 않은 시대와 사회에서 가능한 형이상학인 것이다. 하지만 계층적 분화에서 기능적 분화로 사회 구조가 이행되면서 이러한 전통적인 형이상학의 전제와 토대는 사라진다. 그래서 이제 "사회는 갈수록 자신이 직접 만들어낸 실재와 지속적으로 대립"하는 사회적 사태가 존재와 사고의 관계에 대한 새로운 인식론과 존재론을 요구한다. 루만의 체계이론은 전통적인 형이상학을 의미의 자기추상화 또는 자기단순화로 대체한다. 이에 대한 상세한 설명은 다음을 참고하라. 니클라스 루만, 《사회적 체계들》, 239~245쪽.

16   이 대답이 있기 전 1960년대 후반은 체계이론을 다음처럼 평가한다. "물론 체계이론은 결코 아무런 반론이 없는 이론적 발전이 아니라 다수의 학자가 단호하게 거부하는 경향이 있는 이론이다. 그렇기 하지만 체계이론은 현재 사회학이론이라고 주장할 수 있을 정도로 충분한 타당성을 갖는 유일한 이론적 구상이다." 니클라스 루만, 《절차를 통한 정당화》, 78쪽 각주 2.

17   "그 이후 마르크스는 (국가 개념을 통해 혁명으로부터 자유로운 정치적 윤리의 우위를 혁신하려는) 이러한 헤겔의 입장에 맞서 일차적으로 경제적으로 파악된 사회체계를 절대화하는 반대 모델을 제기할 수 있었다. 헤겔과 마르크스의 이론적 시도가 실패로 돌아간 이후 사회이론을 새롭게 건설해야 할 필요성이 생겼다. 마르크스주의가 계속 보관하고 있던 과거의 잔재는 이러한 필요성에 아무런 자극도 되지 못하지만, 아마도 고찰 방식 및 성찰 능력과 관련된 최소한의 요건은 분명하게 보여주는 것 같다. 즉 새로운 사회이론이 이 이하의 수준으로 내려가서는 안 된다는 기준을 제시해주고 있는 셈이다." 니클라스 루만, 《사회의 체계이론》, 19~22쪽.

18   여기서 우리는 '학자Lehrer'와 '지도자Führer' 간의 고전적인 구별을 환기할 수 있다. 막스 베버는 이 둘이 겹치는 것, 즉 삶의 가치와 운용을 예언자처럼 제시할 수 있는 지도자의 자질과 학자의 자질이 한 사람 안에

겹치는 것은 순전히 우연이기 때문에, 그런 결합을 장려할 수 없다고 본다. 더 탁월한 학자가 사람들에게 더 공명을 일으키고 더 호소할 수 있는 지도자라는 보장은 전혀 없다. 가령 소명을 갖고 정치적인 신념을 설파하고 정치 현실에서 학자적인 소신을 현실화하는 것은 학문적인 성과와 별개의 문제라는 것이다. 그 반대 역시 마찬가지다. 그러나 이는 흔한 오해처럼 베버가 가치자유에 따라 전자만 옹호한 것이 아니라, 학자와 지도자 간의 연속성에 대한 요구를 근대적으로 비판한 것이라고 볼 수 있다. 근대인인 우리는 지식과 예언이 결합된 또는 학문과 종교가 정치로 결합된 사회가 아니라 그 각각이 자율적인 가치 영역으로 분화된 사회를 경험적인 현실로 한다. 이런 점에서 학자와 지도자 간의 연속성을 불연속성으로 분리하는 것은 근대적인 현실 때문이다. 그리고 이때 학문과 정치 각각의 합리성을 증진시킬 수 있다. 더불어 이런 베버의 입장은 학자가 정치적인 소명이나 신념 윤리를 공표하고 주제로 하는 것을 어떠한 경우에도 금지하는 것이 아니다. 어디서든 자유롭게 할 수 있지만 "참석자들이나 또 어쩌면 자신과는 달리 생각할 수도 있는 참석자들이 침묵하고 있을 수밖에 없는 곳에서, 즉 강의실에서 교수가 신념 고백자로서 용기를 보여주는 것은 아무래도 너무 안일한 태도"라고 제한하고 있다는 점에 주목할 필요가 있다. 막스 베버, 《'탈주술화' 과정과 근대》, 66쪽.

19 루만과 하버마스의 논쟁은 직접 대면한 토론의 방식이 아니라, 논문으로 서로의 입장을 개진하고 그에 대한 비판과 그 비판에 대한 답변을 주고받는 형식이었다. 이런 이유에서 루만은 하버마스와 논쟁에서 그의 글을 읽었다고 말하는 것이다. 1969년 여름 학기에 하버마스의 제안에 따라 루만은 첫 논문 〈전체 사회 분석 형식으로서 근대적 체계이론 Moderne Systemtheorien als Form gesamtgesellschaftlicher Analyse〉을 발표하고, 곧이어 이후 그의 사회학에 하나의 이정표가 되는 〈사회학의 기본 개념으로서의 의미Sinn als Grundbegriff der Soziologie〉를 제출한다. 이에 하버마스는 〈소통 능력 이론을 위한 준비 고찰Vorbereitende Bemerkungen zu einer Theorie der kommunikativen Kompetenz〉을 통해 자신의 입론의 토대를 마련하고 〈사회이론인가 사회공학인가?: 니클라스 루만과의 논쟁〉으로 본격적으로 루만의 체계이론과 사회학에 대해 평가하고 비판한다. 그리고 이런 비판에 대한 루만의 답변이 〈체계이론적 논증: 위르겐 하버마스에 대한 반박Systemtheoretische Argumentationen: Eine Entgegnung auf Jürgen Habermas〉이다. 다음 책을 참고하라. 위르겐 하버마스·니클라

스 루만, 《사회이론인가, 사회공학인가? 체계이론은 무엇을 수행하는
가?》, 이철 옮김(이론출판, 2018). 이에 대한 루만의 증언은 다음과 같
다. "얼마 안 되어 하버마스와의 논의가 묶여 나온 책이 《사회이론인
가, 사회공학인가? 체계 이론은 무엇을 수행하는가?*Theorie der Gesellschaft
oder Sozialtechnologie. Was leistet die Systemforschung?*》였다. 사회이론이 어떤 모
습이어야 하는지에 대해서는 견해차가 있었지만 두 저자 중 누구도 사
회공학 편에 서려 하지 않았다는 점에서 이 제목은 아이러니하다. 그리
고 사회이론의 자리를 처음에 이론이 아니라 논쟁이 차지한 것으로 독
자 대중의 눈에 비쳤다는 것은 징후적 의미가 있다." 니클라스 루만, 《사
회의 사회》 1, 21쪽. 루만은 결코 동의할 수 없었던 논쟁이 이론의 자
리를 대체하는 징후적인 현상은 (네오)마르크스주의가 대문자 학문 또
는 사회학으로 대표되던 1960년대 후반 특유의 현상이기도 했다. 또한
1992~1993년의 마지막 강의에서도 그는 '사회'가 이데올로기적인 부
담을 가졌던 1960년대 후반에 전개된 이 논쟁을 회고하면서 이런 측면
을 확인한다. "예를 들어 제가 1960년대 말, 1970년대 초 위르겐 하버
마스와 벌인 논쟁은 《사회이론인가, 사회공학인가? 체계 이론은 무엇을
수행하는가?》라는 제목으로 출간되었는데, 하버마스는 [우리 둘의 입장
을 그 구별로 표현하여 자신이 사회이론 편에, 내가 사회공학 편에 서는
것이 적당하다고 생각해서] 제목을 그렇게 제안했고, 저는 [기술 개념이
사회 현상에도 적용될 수 있는 것으로 이해했기 때문에] 그러한 구별이
큰 의미가 없다고 생각해서 수용하였습니다. 사람들은 특정하게 이데올
로기적인 영향을 받은 상태에서 사회이론을 떠올렸습니다. 그러한 이론
은 모든 기술적인 것, 체계와 같은 것과 그 비슷한 것들을 배제해야 한다
고 생각했다는 것입니다. 그러한 생각들은 자신을 성찰할 수 없는 선입
견들입니다." 니클라스 루만, 《사회이론 입문》, 39~40쪽.

20 이런 점에서 하버마스와 루만의 논쟁집 《사회이론인가, 사회공학인가?
체계이론은 무엇을 수행하는가?》의 제목을 검토할 필요가 있다. 하버마
스가 루만의 체계이론에 대해서 의도적으로 기존 질서를 비판하는가 옹
호하는가 하고 물을 때, 루만의 답은 '사회이론의 불확실성'이었다. 이
불확실성은 "사회는 너무 빨리 바뀌어서 보수 세력들은 기회주의자들
로만 유지될 수 있는 반면, 좌파들은 여전히 실현되지 못한 이상들을 보
전하며 보수적이 된다"라는 현실, 즉 우파인가 좌파인가, 보수적인가 사
회혁명적인가, 옹호인가 비판인가 같은 지향의 표시들이 무질서하게 뒤
섞여 있는 현실의 불확실성이기도 하다. 이런 맥락에서 루만은 "나는 이

책의 제목인 《사회이론인가, 사회공학인가? 체계이론은 무엇을 수행하는가?》를 둘 가운데 어느 한쪽을 결정하여야 하는 문제로 보지 않는다. 나는 "또는"을 "또는aut"의 의미로 읽지 않고 "그리고 또한vel"의 의미로 읽으며 물음표를 불확실성의 상징으로 읽는다"라고 말한다. 루만은 '사회이론의 불확실성'을 너무 단순하게 해체하는 것을 우려한다. 위르겐 하버마스·니클라스 루만, 《사회이론인가, 사회공학인가? 체계이론은 무엇을 수행하는가?》, 436쪽. 이와 동일한 인식은 이 논쟁 직후에 저술된 작업에서 보다 명확하게 정리된다. "오직 보수적으로만 생각하는 사람도 유지되어야 할 것을 선택적으로 결정해야 하는 점에서는 아주 혁명적으로 행동하게 될 것이고 혁명가도 과거 한 시대에 통용하던 가치이지만 아직까지 실현되지 않은 것을 역시 일방적으로 고수하게 된다." 니클라스 루만, 《법사회학》, 강희원 옮김(한길사, 2015), 501쪽.

21 하버마스를 직접 겨냥한 것은 아니지만, 이와 관련해서 다음을 참고할 수 있다. "중요한 것은 다만 우리가 특정한 수단들을 갖고 무엇을 구성할 수 있는지를, 그리고 (다른 방식이 아니라) 이런 식으로 접근할 경우 감수성이 어디까지 펼쳐질 수 있을지를 보여주는 것이다. 이런 식으로 높은 요구 수준을 내세우는 과업의 의미는 비판을 수월하게 하면서 동시에 어렵게 한다는 데 있다. 요구는 이렇다. 달리 해보아라. 하지만 최소한 마찬가지로 잘 해야 한다." 니클라스 루만, 《사회의 사회》 2, 1251~1252쪽. 얼마든지 체계이론과 다르게 할 수 있지만, 최소한 체계이론이 하는 만큼 잘 해야 한다는 이론적인 요구는 다른 이론 역시 체계이론을 자신의 이론 안에서 '독해'할 수 있고, 그렇게 체계이론의 자리를 특정할 수 있어야 하는 이론적인 역량을 갖출 것을 요구한다. 이론을 위한 이론 때문이 아니라 대상을 깊고, 예리하게 관찰하고 이론화할 수 있는 가능성과 역량이 문제이기 때문이다. 하지만 성찰적인 루만의 체계이론은 이런 요구를 하버마스의 이론보다도 자기 자신에게 귀속시킨다. 또한 그것은 그때 무엇이 새롭게 구성되는지, 다른 방식이 아니라 체계이론적인 방식으로 파악할 경우 감수성이 어디까지 펼쳐질지 보여줄 수 있는 이론적인 기대 때문이기도 하다. 이와 같은 이론의 성찰 역량은 하버마스처럼 체계이론을 비판하면서 활용하는 경우에 획득할 수 없다. 인명 색인이 풍부한 하버마스의 저작과 달리, 루만의 저작에서는 인명 색인이 없고, 항목 색인만 있는 것 역시 이런 이유 때문이다.

22 루만에게 더 나아질 수 있는 희망이나 가능성보다 중요한 것은 근대사회가 우연성과 갖는 관계에 있다. 더 나아질 수 있는 희망이나 가능성은

완전히 실현되는 희망과 가능성이 아니라, '다르게도 가능한' 희망이고, '다르게도 현실화될 수 있는' 가능성이기 때문이다. 이런 전환은 기능적으로 분화된 체계의 '구조적인 깊이Tiefenstrukturen'를 따른다. 따라서 체계이론이 관심을 갖는 우연성은 '모든 것이 가능한' 자의적인 우연성이 아니라, 상이한 것을 비교할 수 있는 가능성이 사회적 체계를 통해서 조건화될 때 산출되는 구조화된 우연성이다. 다음을 참고하라. 니클라스 루만, 《근대의 관찰들》, 83쪽.

23 정치에 예외적인 지위를 부과하면서 사회의 중심으로 간주하는 전통적인 사고 방식을 지적할 수 있다. 이는 사회를 정치적이고 윤리적인 입장과 그에 따른 제한적인 관점에서 파악하는 것으로 기능적으로 분화된 근대사회의 동적인 다이내믹과 자기대체적인 질서라는 현실을 파악하는 데 한계를 갖는다. 그렇다고 이런 전통적인 입장이 시대의 몰락과 타락에 반하는 '반시대적인' 성격으로, 사회에 새로운 가치를 창출하는 데 기여하는가 하면 그렇지 않고, 그럴 수 없다는 데 문제가 있다. 정치나 윤리를 사회의 중심으로 고수하는 관점은 과거에 통용되던 가치가 아직 실현되지 않았다는 이유로 여전히 정치적이고 윤리적인 가치를 고수한다는 점에서 체계이론의 이론적인 급진성을 전혀 담보하지 않으며 보수적이다. 이는 정치와 윤리의 기능을 기각하는 것이 아니다. 경제나 정치, 윤리처럼 근대사회를 특정한 '중심'으로 설명하는 입장을 사회학적으로 판단 중지하기를 요청하는 것이기도 하다. 이에 대해서는 다음을 참고하라. "신체에 비유하면 머리나 영혼과 동일시되었다. 다르게 비유하면 체계의 정점이나 중심의 위치를 차지했다. 오늘날에도 여전히 사회적 통합이나 모든 다른 곳에서 해결할 수 없는 문제의 해결은 중앙 집권적 정치로부터 기대할 수 있다. 한 가지 예만 들자면, 장 바슐레르Jean Baechler는 정치를 예나 지금이나 사회의 중심에 있다고 본다. 하지만 이미 이 중심에 대한 그 자신의 정의는 이런 가정을 의심하기에 충분하다. "사회적 체계의 중심은 최대의 권력을 최대의 감정에 결합하는 행위이다." 니클라스 루만, 《생태적 커뮤니케이션》, 129쪽. 하지만 이는 사회학만이 발견한 진리도 아니며, 루만의 체계이론만 독창적으로 제시한 시대에 대한 증언도 아니다. 이미 사회학이 출현하기 전 노발리스Novalis 역시 "일반적으로 타당한 형식들의 시대는 지나갔다"라고 지적한다. 가령 정치적인 시간이 시간을 대표할 수 있는가 하고 물을 때 그 답은 이미 분명하다. 니클라스 루만, 《근대의 관찰들》, 34쪽.

24 "구유럽적 정신성, 구유럽적 의미론을 분명하게 이해하는 것이 쉽지 않

을 것입니다. 그때는 아직 통일성이 주도했기 때문입니다. 그것은 18세기까지 유효합니다. 비록 도덕은 더 일찍은 아니더라도 이미 17세기에 아름다운 가상, 아름다운 모습을 꾸며서 나타나는 것으로서 간주되었음에도, 도덕은 언제나 행실의 문제입니다. 좋은 도덕, 즉 좋은 행실 말입니다. 사람들은 착한 것처럼 행동하도록 끊임없이 강요받을 때 결국 착하게 되기도 한다는 생각을 적어도 가졌습니다. 착하게 되는 것이 인지 부조화를 다루어내는 가장 간단한 해결책이고, 그래서 교육이 처음에는 훈련시켜야 했고 올바른 행동과 그다음에 생각이 결국 스스로 만들어진다고 생각했습니다. 그것들은 17세기와 18세기에 상당한 역할을 하는 생각들입니다. 도덕과 행실과 '자기분수 알기Seinen-Platz-Kennen'와 '스스로를 잘 드러낼 수 있음Sichgut-verkaufen-Können'과 '미학적 자질들도 작용하도록 함Auchäethetische-Qualitäten-einspielen-Lassen'은 18세기에 처음으로 분리됩니다. 그다음에 우리는 윤리를 더 이상 에토스, 즉 삶의 형식이 아니라 도덕적 판단의 근거 이론으로 규정하는 거대한 성찰 이론을 갖게 됩니다." 니클라스 루만,《사회이론 입문》, 420~421쪽.

25 대담 진행자가 묻는 텍스트는《생태적 커뮤니케이션》18장〈대표와 자기관찰: '새로운 사회운동'〉이다. 사회운동은 지금의 모습이 아닌 더 완전한 모습으로 실현되어야 하는 어떤 상태로 사회를 이데올로기화한다. 그 목적은 국가를 완성하는 것이 아니라, 이런 유토피아적인 전망을 사회로 실현하는 데 있다. 진보를 목적으로 하는 운동은 필연적으로 미래 지향성을 갖는다. 사회운동의 운명은 현재가 아니라 현재의 부정으로서 미래에 있다. 이런 조건 때문에 사회운동은 현재의 사회에 대한 부정과 저항을 위한 자신의 관찰을 규제할 수 없다. 사회운동을 위해 필요한 관찰에서 하나의 대상에 대한 부정은 그 대상에 대응하는 다른 하나를 지칭하는 것이 아니라, 그 대상을 제외한 모든 것을 지칭하기 때문이다. 따라서 사회운동이 사회를 관찰할 때마다 이전의 부정에서 제외된 것이 이번 관찰에는 포함된다는 점에서 '새로운' 사회운동이 될 수는 있지만, 찬성/반대 또는 저항 구별의 동일성을 구성할 수 있는 사회운동 고유의 자기기술이 부재한다. 이런 점에서 사회운동은 사회에 대한 이론을 가질 수 없지만, 동시에 이런 무능력은 운동을 새롭게 할 수 있는 동력이 된다. 계속해서 사회운동이 자신의 위치를 사회 바깥에 무규정적으로 특정할 수밖에 없는 것이다. 이렇게 사회를 관찰하는 사회운동은 "지지자와 반대자의 구분을 그리고 이에 상응하는 도덕적 판단을 우선적으로 찾게 된다". 그렇게 사회운동의 관찰이 자신이 저항하는 대상 바깥에

서 이루어지기 때문에 운동이 반대하고 저항하는 대상을 운동 고유의 개념에 포함할 수 없다는 난점을 초래한다. 이런 이유에서 사회운동은 새로운 사회의 구성을 이론화할 수 없고, 끝없이 거절된 가치 규정 그러나 복원되어야 할 가치 규정에 따라 저항할 수 있을 뿐이다. 이런 운동의 위치 때문에 운동의 "둔감해진 도덕적 독선은 언제나 체념으로 도로 떨어질 수 있다". 니클라스 루만, 《생태적 커뮤니케이션》, 185~186쪽. 더불어 이러한 "둔감한 도덕적 독선"은 자기 자신에 대해 항의하지 않는다는 것과 연관된다. "항의 커뮤니케이션은 자기 자신을 (좋은) 사회로 여기는데, 하지만 이것이 자기 자신에 항의하는 데로 이어지지는 않는다." 이를 사회의 분화 형식과 연관해서 보면 "주변이 항의한다. 하지만 자기 자신에 대해 항의하지는 않는다. 중심이 주변의 말을 들어야 하고 항의를 고려해야 한다는 것이다. 하지만 근대사회에서 사회 전체의 중심은 더 이상 없기 때문에, 항의운동들은 중심들을 형성하는 기능 체계들 안에서만 발견된다. 특히 정치 체계에서 발견되고, 좀 약하기는 하지만, 중앙 집중적으로 조직된 종교 체계의 종교들 안에서 발견된다. 이런 중심/주변 차이가 없다면 항의도 형식으로서 의미를 잃게 된다. 그 경우 절실한 바람과 충족 사이에 (겨우 사태적 혹은 시간적 경제가 성립할 뿐) 사회적 경계가 성립하지 않기 때문이다." 더 상세한 설명은 다음을 참고하라. 니클라스 루만, 《사회의 사회》 2, 968~988쪽(인용문은 974~975쪽).

26 루만은 전통적인 위험/안전의 대립항을 위험Risiko/위해Gefahr의 대립항으로 대체한다. 이는 위해와 구별되는 위험을 어디로 지칭할 수 있는지, 반대로 위험이 아닌 위해는 어디로 지칭할 수 있는가 하는 관찰의 문제를 수반한다. 즉 위험과 위해의 구별이 체계로 귀속될 때 위험이 되며, 그 구별이 환경으로 귀속될 때 위해가 된다. 이때 위험은 결정의 산물이다. 이런 점에서 모든 위해는 관찰자인 사회적 체계를 포함하여 자기 자신을 보호할 것인가 아닌가 하는 결정에 따라 위험으로 전환된다. 이때, 결정은 현재에서만 일어날 수 있다는 점에서 위험의 문제는 시간의 문제와 연관된다. 즉 위험은 사건, 사고의 수준에서 사회학의 대상이 되는 것이 아니라, 시간의 수준에서 사회학의 대상이 된다. 울리히 베크Ulrich Beck의 위험사회론과 루만의 위험의 사회학이 이론적으로 다른 층위에 있는 지점들 중 하나다. 위험은 더 이상 존재하지 않는 현재의 과거나 아직 현행화하지 않은 현재의 미래가 아니다. 위험은 과거에 했던 결정들에 따른 과거의 현재들 또는 미래에 있을 결정에 따른 미래의 현재들과 연관된다. 지금의 위험은 미래의 현재에는 위해가 될 수도 있고 또 다른

미래의 현재에는 또 다른 위험이 될 수도 있다. 지금의 위해 역시 마찬가지다. 위험은 결정과 피해 사이에서 결정을 통해 피할 수도 있을/있었을, 또는 피해를 입을 수도 있을/있었을 체계 고유의 작동에 따른 인과 귀속의 산물이다. 안전이 부재할 때 위험한 것이 아니라 체계 고유의 결정으로 산출되는 가능한 피해가 위험이다. 이제 위험은 미래를 관찰하고 기술하는 사회적 체계의 구성물이 된다. 이런 점에서 위험은 "위험을 고려하면서 어떤 대안 또는 그와 다른 대안에 대해 결정할 수 있다는 관점을 따르는 현재의 미래 기술을 위한 형식"이다. 구성주의적인 관점에 따라 위험을 이론화하는 루만의 작업은 근대사회의 미래는 테크놀로지에 의해 규정되는 것이 아니라, 체계의 결정이 산출하는 현실에 따른다는 사회학적인 전망을 확보하게 된다. 이러한 위험 개념화와 더불어 "더 이상 우리는 자기 자신이 자신의 운명을 준비했다는 것을 사후적으로 어떻게든 경험하는 비극적인 영웅의 계통에 속하지 않는다. 그것이 이미 지나갔다는 것을 알고 있는 것이다." 위험과 미래의 기술과의 사회학적인 연관은 다음을 참고하라. 니클라스 루만, 《근대의 관찰들》, 97쪽·100쪽. 더불어 루만의 위험 개념에 기반한 다음 연구 역시 참고할 수 있다. 노진철, 《환경과 사회: 환경문제에 대한 현대사회의 적응》(한울, 2001).

27 흥미롭게도 피에르 부르디외 역시 이론이 갖는 정치적 효과를 '트로이의 목마'로 표현한다. 그는 페르디낭 드 소쉬르Ferdinand de Saussure의 언어학에 대한 사회학적 논평에서 "사회적인 것을 괄호 안에 넣음으로써 언어를, 나아가 모든 상징적 대상을 목적 없는 목적성finalité sans fin으로 취급하는 것이 가능해지는데, 구조언어학의 성공은 이것과 무관하지 않다. 이러한 괄호 치기를 통해 구조언어학은 순수하게 내적이고 형식적인 분석의 '순수한' 연습에 결과 없는 게임의 매력을 부여한다"라고 말한다. 사회학을 포함한 사회과학의 대상은 역사적 산물로서 상징적 대상들임에도 구조언어학은 "언어적 도구를 그 생산과 사용의 사회적 조건들로부터 분리"하면서 그 역사성을 '자연화'하는 이데올로기적 효과를 산출한다는 것이다. 이처럼 구조언어학은 '행동 양식modus operandi'를 소거해 버리는 중립성을 이론화하면서 사회과학에 영향력을 행사하고, 20세기 이후의 지성사에서 새로운 지배적인 패러다임으로 등장한다. 구조언어학이 다른 학문에 대해 갖는 파괴적인 효과를 지칭하기 위해 부르디외는 구조언어학에 '트로이의 목마'라는 명칭을 붙인다. 피에르 부르디외, 《언어와 상징권력》, 김현경 옮김(나남, 2014), 21~23쪽.

9장 · 전기, 태도, 메모 카드

1 이 대담은 1985년 4월 27일 프랑크푸르트의 일간지 《프랑크푸르트 룬트샤우*Frankfurt Rundschau am Samstag*》에 〈저는 책 쓸 때보다 메모 상자에 더 많은 시간이 듭니다Der Zettelkasten kostet mich mehr Zeit als das Bücherschreiben〉라는 제목으로 축약되어 게재되었다.

2 루만은 생전에 여러 대담을 나누었고, 대담집 대부분은 이 책 《아르키메데스와 우리》가 출간된 1987년 이후에 나왔다. 그런 점에서 이 책은 이후 루만의 대담을 기획하고 정리한 대담집의 토대가 된다. 루만은 구체적인 개인으로서 자신의 인격을 드러내는 방식으로 질문에 답변한다. 그는 어떠한 질문도 기꺼이 받아들였으며, 건조하지만 언제나 정직하고 철저하게 답했다. 이는 그의 사후에 출간된 다른 대담에서도 확인할 수 있다. '전기Biographie'와 관련해 볼프강 하겐Wolfgang Hagen과 진행한 흥미롭고도 중요한 대담이 있다. 〈어떠한 전기도 없다Es gibt keine Biographie〉라는 제목의 대담은 루만의 생애를 연도별로 일괄하면서도 그의 학문적인 관심사를 주제뿐 아니라, 이론가들에 대한 평가를 통해 구체적으로 설명한다. Wolfgang Hagen(Hrsg.), 《루만 선생님, 왜 선생님께서는 텔레비전이 없나요?》, 13~47쪽.

3 독일의 법학자. 정보와 데이터 보호법을 연구한다.

4 독일의 철학자이자 사회학자. 여성학과 여성이론을 연구한다.

5 하버마스의 평판, 특히 미국의 진보적인 사회과학계에서 그에게 보이는 기대에 관해 루만은 직접 겪은 흥미로운 경험을 말한 바 있다. 루만은 하버마스와 함께 뉴욕의 사회연구뉴스쿨에 초대받았다. 그곳의 대학원 학장인 앨런 울프Alan Wolfe는 하버마스를 이렇게 소개했다고 한다. "어느 누구도 더 이상 사회학에 주목하지 않습니다. 누구도 더 이상 사회학을 읽지 않습니다. 어떤 사람도 우리를 인지하지 않습니다. 하지만 이제 하버마스가 있습니다. 그래서 우리는 이제 희망을 갖게 되었습니다. 원래 사회학이 존중받은 영역들에 사회학을 다시 도입하는 이론적 자극을 우리는 다시 볼 수 있게 될 것입니다. 그리고 그것은 모든 가능한 학제적 연구의 맥락에서 상당한 효과를 불러일으킬 것입니다." 니클라스 루만, 《사회이론 입문》, 45쪽.

6 실제로 루만의 체계이론을 좁은 의미의 사회학이 아니라, 사회학 외부의 학문 영역에서 어떻게 수용되었는지 살피는 연구가 있다. 그리고 성찰이론이라는 이론적인 역량을 갖는 루만의 사회학이 법학, 정치학, 경제학, 철학, 문학, 교육학, 신학, 매체이론, 가족 연구, 사회운동 등의 영

246

역에서 어떻게 기여하는지 확인하는 연구가 있다. 다음을 참고하라. Henk de Berg·Johannes Schmidt(Hrsg.), 《수용과 성찰: 사회학 외부에서 니클라스 루만의 체계이론 공명Rezeption und Reflexion: Zur Resonanz der Systemtheorie Niklas Luhmanns außerhalb der Soziologie》(Frankfurt: Suhrkamp, 2000). 루만의 60세 기념 논문집에서도 그의 사회학이 근대에 대한 일반이론뿐 아니라 다양한 분과 학문에 끼친 영향을 검토한 바 있다. 이는 1951년부터 1996년까지 작성된 9만여 장의 메모에 기반한다. 사고와 개념의 우주Denk-und Begriffskosmos라는 루만의 사회학적인 유산을 근대에 관한 학적이고 지적인 사유의 전위로 확인한 것이다. 이런 이유에서 이 기념 논문집의 제목은 루만의 이론적 '파토스'를 가장 명확하게 보여주는 《열정으로서의 이론》으로 채택되었다. Dirk Baecker·Jürgen Markowitz·Rudolf Stichweh·Hartmann Tyrell·Helmut Willke(Hrsg.), 《열정으로서 이론: 니클라스 루만 60세 기념 논문집》. 23편의 논문이 실린 이 논문집 서문에서 헬무트 빌케Helmut Willke는 다음과 같이 말한다. "루만은 자신의 고유한 이론으로 매번 놀라움을 선사하는 학자다. 이 때문에 새로 출간되는 그의 모든 책은 예측 가능하지 않다. 그럼에도 당연히 그의 분화된 이론 작업을 결합하는 주요 이념들이 작용한다. 비개연적인 것의 개연성 증가는 바로 그 본보기다." "구체적인 것으로의 길은 추상화를 경유한 우회로를 요구한다. 루만은 언제나 구체적인 것을 시야에 두면서, 열정을 통해 이런 우회로로 향했다." 루만의 이런 '이론적 태도'는 대담집 《아르키메데스와 우리》를 관통한다.

7 루만은 다른 대담에서 1960년대 독일에서 사회학은 '대문자 학문die Wissenschaft'으로 불렸다고 회고한다. 한국의 1980년대와 마찬가지로 마르크스주의가 사회과학과 사회학에서 시민권을 획득하고자 한 이론적이고 실천적인 경향 때문이었다. 그러나 이 시절에도 미국 사회학의 지배적인 조류인 경험 연구가 사회학의 표준이었다. 이 경험 연구는 1945년 이후 서독 사회학에 결정적인 영향력을 행사했다. 그러나 루만은 그런 경험 연구가 축적되고, 과학적인 통계 방법이 발달한다고 해서 사회가 어떻게 가능한지 답을 제공할 수 없다고 지적한다. 루만에게 사회학은 사회적 체험과 행위의 지속적인 구조를 성찰하는 일반이론을 필요로 하는 것이다. 〈니클라스 루만Niklas Luhmann〉, 《쿤스트포럼 인터내셔널Kunstforum International》, Bd. 108(1990), 102~103쪽. '사랑'에 대한 다른 대담에서 확인한 것처럼 1969년 여름 학기에 루만은 〈열정으로서의 사랑: 연습〉이라는 강의를 진행한다. 우리말로는 《사랑 연습》으로 번

역해 출간되었다. 프랑크푸르트학파에 대한 루만의 입장과 태도는 다음
을 참고하라. 발터 리제 쉐퍼, 《니클라스 루만의 사회사상》, 이남복 옮김
(백의, 2002), 155~160쪽.

8 《사회적 체계들》의 모든 개별 장들에 대한 비판적인 주석과 해설 모음
집 역시 참고할 수 있다. Detlef Horster(Hrsg.), 《니클라스 루만: 사회적
체계들Niklas Luhmann: Soziale Systeme》(Berlin: Akademie Verlag, 2013).

9 "문제는 비판적이냐 옹호적이냐의 질문에만 있는 것이 아닙니다. 그것
은 프랑크푸르트의 사유 방식입니다. 내 말의 뜻은 모든 종류의 개념들,
세심하게 분류된 모든 종류의 구별들이 새로운 비판을 자극할 것이라는
것입니다. 우리는 유토피아적이거나 원칙들을 지향하는 기술 방식보다
는 오직 가능성만을 분명하게 현실에 고정시켜야 합니다." 루만은 프랑
크푸르트학파, 특히 하버마스 특유의 '규범적인 합리성 관념'에 대해서
'존재하지 않는 것을 이상화'하는 것이라고 평가한다. "그런 것들은 원
래 말하기만 쉬운 것이기 때문입니다. 우리는 인간적인 사회를 갖고 싶
어 하고 그러한 사회를 만들어내기 위해, 단순히 어떤 희망 사항들을 목
록으로 만들거나 부정적인 경험들을 삭제하기만 하면 될 것이라고 생각
합니다." 루만은 체계이론이 이론적인 성찰성을 획득하면서도 더 비판
적이라고 본다. 체계이론은 이상화하는 관념과 규범적인 태도가 없으며,
우리가 관찰하고 기술하는 것의 또 다른 가능성, 즉 새로워질 수 있는 가
능성의 제약과 조건을 계속 '주제화'할 수 있기 때문이다. 니클라스 루
만, 《사회이론 입문》, 26쪽·115쪽.

10 이에 대한 설명으로는 다음을 참고하라. 니클라스 루만, 《법사회학》,
13쪽; 이남복, 〈니클라스 루만: 나는 하버마스로부터 얻은 것이 별로 없
다〉, 강봉균 외, 《월경越境하는 지식의 모험자들: 혁명적 발상으로 세상
을 바꾸는 프런티어들》(한길사, 2003), 474쪽. 루만은 1945년 9월까지
미군 포로였는데, 미군이 포로 취급에 대한 국제 조약을 준수하지 않았
을 뿐 아니라, 계획된 석방 프로그램을 지연했던 부정적인 경험을 말한
바 있다. 이는 나치의 경험과 차이가 없다는 것이 아니라, 나치의 몰락
이후 더 좋아질 것이라는 기대와 현실의 질서 간의 괴리에 대한 증언으
로 읽을 수 있다. 다음을 참고하라. Detlef Horster, 《니클라스 루만Niklas
Luhmann》(München: C.H.Beck Verlag, 1997), 28쪽.

11 나치 시대의 일상사에 대한 고전적인 연구에서 데틀레프 포이케르트
Detlev Peukert는 '작은 사람들kleine Leute'의 모순된 분위기에 주목한다.
나치 체제가 지속될수록 나치가 선전하고 계획하는 목표들과 사람들의

일상은 간극이 더 벌어지게 된다. 체제에 대한 의구심과 반감이 증가하면서도 아돌프 히틀러Adolf Hitler에 대한 비판은 면제되는 상황에서 '작은 사람들'은 개인적인 차원에서 비非순응적인 태도를 보인다. 하지만 정치적으로 공개적으로 비판하거나 저항운동을 조직하지는 못한다. 이렇게 확보된 일상적인 비순응의 장에서 작은 사람들은 불복종하고 저항하는 것도 아니었지만, 그렇다고 철저하게 예속되어 있지도 않았다. 포이케르트는 이를 "중간 계층의 인지 방식과 행위 형식에는 비판과 동의가 중첩되어 있었다. …… 나치즘의 압력에 맞서서 자신의 전통적인 신념과 가치와 생활 방식을 수호하려는 노력과, 독일 사회 전반에서 벌어지고 있던 전통과 근대 사이의 장기적 갈등이 교차되고 있었던 것이다. …… 그 때문에 나치의 기획은 곧장 관철되지 못했고, 나치 체제는 때로 후퇴하거나 아니면 적어도 여러 가지를 배려해야 했다"라고 평가한다. 물론 "이러한 일상적 갈등이 나치 체제에 대한 심각한 저항 잠재력으로 결집되지 못했던 것 또한 사실"이라는 점도 함께 지적되어야 한다. 데틀레프 포이케르트, 《나치 시대의 일상사: 순응, 저항, 인종주의》, 김학이 옮김 (개마고원, 2003), 144쪽

12 사회학사에서 이와 관련해서 흥미로운 대목이 있다. 레몽 아롱Raymond Aron은 《법의 정신De l'esprit des lois》을 쓴 몽테스키외를 정치이론가이자 사회학자로 보면서 그의 정부 '유형'이론과 '원인'이론 간의 양립성 문제에 주목했다. 비록 몽테스키외는 오귀스트 콩트Auguste Comte와 달리 '근대사회'에 관심이 없었지만, 비교에 대한 역사적인 관심에서 정치적인 레짐과 자유의 문제라는 고전적인 정치 철학의 문제를 사회에 대한 총체적인 개념의 관점에서 재해석했다. 아롱은 몽테스키외가 한 집합체의 모든 측면을 사회학적인 방식으로 설명하고자 했다고 보는 것이다. 레이몽 아롱, 《사회사상의 흐름》, 이종수 옮김(홍성사, 1980), 21~69쪽.

13 1966년 사회학 박사 논문과 교수 자격 논문을 한 해에 취득하기 전 루만이 쓴 모든 저술과 논문은 행정학 분야였다. 그가 쓴 최초의 논문은 다음과 같다. 〈행정학에서의 기능 개념Der Funktionsbegriff in der Verwaltungswissenschaft〉(1958)과 〈행정은 경제적으로 행위할 수 있는가?Kann die Verwaltung wirtschaftlich handeln?〉(1960). 더불어 그의 첫 책 역시 공저이긴 하지만 '행정 오류와 신뢰 보호'에 관한 작업이다. 서문과 5개의 장으로 구성된 이 저작에서 당시 '고등 사무관Oberregierungsrat'이었던 루만은 2장을 제외한 모든 장을 쓴다. Franz Becker·Niklas Luhmann, 《행정 오류와 신뢰 보호: 행정 행위 철회에 대한 법적 규제 가능성

Verwaltungsfehler und Vertrauensschutz: Möglichkeiten gesetzlicher Regelung der
Rücknehmbarkeit von Verwaltungsakten》(Berlin: Duncker & Humblot, 1963).

14   1955년 니더작센주 의회의 권력이 CDU Christlich Demokratische Union(기독교민주연합, 약칭 기민당)와 GVP Gesamtdeutsche Volkspartei(전독일인민당)에서 SPD Sozialdemokratische Partei Deutschlands(독일사회민주당, 약칭 사민당)로 교체된다. 새로 집권한 SPD는 이전의 결정들을 검토해야 하는 행정 판사를 뤼네부르크에 요구했다. 하지만 당시 뤼네부르크에는 판사가 없어서는 안 되었기 때문에 그 대신 행정 조수인 루만을 파견한다. 그렇게 루만은 하노버로 가서 SPD가 반대 결정을 내린 무수한 배상 과정에 합류하게 된다.

15   루만은 다른 대담에서도 "저는 횔덜린을 읽습니다"라는 에피소드를 상기한다. Wolfgang Hagen(Hrsg.),《루만 선생님, 왜 선생님께서는 텔레비전이 없나요?》, 31쪽. 이와 관련해서 루만은 매우 흥미로운 일화를 들려준다. 니더작센주 문화교육부에서 사무관으로 있을 때 신참이었던 그는 주의회 위원회를 철저하게 준비하고, 생각했던 내용 모두를 빠짐없이 보고했다. 그러자 루만의 보고를 들은 장관이 "더 배워야 할 것 같군. 당신이 준비한 건 돈 카를로스 Don Carlos인데, 여기서 상영되는 건 찰리 아줌마 Charly's Tante란 말일세"라고 말했다는 것이다. 횔덜린과 법률 공문서의 차이, 돈 카를로스와 찰리 아줌마의 차이는 루만이 직업적인 소명의식을 사회학에서 찾게 하는 차이였다. 니클라스 루만,《체계이론 입문》, 447쪽.

16   루만은 법학을 공부하던 시절에 르네 데카르트 René Descartes를 사숙했다. 당시 루만을 사로잡았던 문제는 확실성에 도달하는 방법을 탐구하는 것이었다. 이는 주체 철학의 근간이기도 한데, 루만은 이를 '사회는 어디에 있는가? Wo bleibt die Gesellschaft?'라는 사회학적인 질문으로 변형할 수 있다고 보았다. 질문에 대한 답을 찾기 위해 루만은 오스트리아의 마르크스주의자인 막스 아들러 Max Adler의《사회라는 수수께끼 Das Rätsel der Gesellschaft》(Vienna: Saturn-Verlag, 1936)를 읽기도 했다. 이마누엘 칸트의 방법으로는 사회를 이론화할 수 없다고 생각하던 루만은 사회를 '아프리오리'한 것으로 파악하는 아들러의 이론적인 시도 역시 사회를 이론화하는 데 충분하지 못하다고 판단한다. 데카르트의 철학이 제기한 확실성에 도달하기 위한 근대적인 방법은 칸트와 마르크스주의 저작을 거쳐 사회를 확실성의 토대 위에서 이론적으로 정초하려는 기획으로 전환되었다. 아직 사회에 대한 명료한 인식 기반을 확보하지 못한 상태이

지만, 그는 사회를 절대화하거나 신비화하지 않는 방식으로 사회를 이론화할 수 있는 사회학을 구상하게 된다. 이후 그의 작업은 '사회는 어디에 있는가?'라는 질문에 대한 다양한 방식의 답변이라고 할 수 있다. 그에 대한 증언은 1993년 2월 9일 루만의 빌레펠트 대학교 사회학과 퇴임 강연에서 확인할 수 있다. 퇴임 강연, 즉 학자로서 공식적인 마지막 자리에서 루만은 그를 처음 사로잡았던 질문 '사회는 어디에 있는가?'로 회귀한다. 이 강연에서 우리는 자신의 연구를 결산하고 있는 '백조의 노래'를 듣는다. 니클라스 루만, 《사회이론 입문》, 461~502쪽.

17　Niklas Luhmann, 《공식 조직의 기능들과 후속 결과들*Funktionen und Folgen formaler Organisation*》(Berlin: Duncker & Humblot), 1964. 이 저작은 1966년 '교수 자격 논문Habilitation'으로 인정받는다. 루만은 1960년에 결혼하고 1960년부터 1961년까지 하버드 대학교 사회학과에서 연구 생활을 한다. 그러나 세간에 알려진 것과 달리 루만은 탤컷 파슨스에게 지도받기 위해 하버드행을 결정하지 않았다. 루만이 파슨스를 만나게 된 것도 파슨스가 하버드 대학교 사회학과에 재직하고 있었다는 점에서 우연이라고 할 수 있었다. 더불어 루만은 다른 학자에 대한 논평에서와 달리 이 대목에서 파슨스와 자신을 묶어 '우리'라고 하는데, 루만이 파슨스에게 갖는 예외적인 감정을 확인할 수 있다. 하지만 이 대담에서 밝힌 것처럼 그는 파슨스를 만나기 전에 이미 기능 개념에 대한 자신만의 이론을 정초하고 있었다. 이후 루만은 파슨스와 직접 대화하면서 파슨스 사회학의 이론적 불충분함을 확인하면서 체계이론적으로 지향된 자신의 기능 개념에 확신을 갖게 된다. 루만은 공식적인 사회학자가 아닌 상황에서 '조직사회학'을 매개로 독자적인 작업과 연구를 진행하고 있었다. 이런 점에서 파슨스와 함께한 시간은 그간 독일에서 해왔던 것처럼 많이 읽고 끊임없이 메모를 작성하는 것으로 충분한지, 그리고 스스로 만족할 수 있는지를 이론적으로 확인했던 1년이었다. 또한 그동안 축적한 사회학적 훈련이 사회학이론이 될 수 있는지 가능성을 전체적으로 검토하는 1년이기도 했다. 그렇게 루만은 파슨스와의 대화와 토론을 통해 스스로 진행했던 사회학 도제 생활을 결산할 수 있었다.

18　루만은 파슨스이론이 미국인이 만든 유일하고 진정한 단 하나의 이론일 뿐 아니라, 미국의 학문 전통에서 보자면 완전히 낯선 방식으로 구축되었지만 매우 높게 평가되었다고 본다. 루만은 탤컷 파슨스의 죽음으로 그 이론적인 유산이 모두 사라졌다고 회한한다. 파슨스를 추억하면서 루만이 남긴 증언이 있다. "그는 작았으며, 옷을 매우 잘 입었고, 영국

인처럼 보였을 뿐 아니라 영국식 악센트를 사용하는 미국인이었다. 언제나 완전한 절제력을 보였으며, 유머는 거의 없었고, 매사에 진지하고 모든 가능한 주제들에 대해 매우 개방적이었다. 항상 자극을 받고자 했고, 자신의 이론을 변형해야 한다는 감각 역시 언제나 갖고 있었다. 이런 점에서 그는 이론 제작에 있어서 매우 편집증적이었다." 루만은 지금까지 자신이 겪어온 사람 중 그런 모습을 보여준 유일한 사람이 바로 파슨스였다는 말로 그에 대한 깊은 그리움을 표현한다. Wolfgang Hagen(Hrsg.), 《루만 선생님, 왜 선생님께서는 텔레비전이 없나요?》, 62~63쪽. 파슨스는 1929년 4월 12일 하이델베르크에서 박사 학위를 취득한다. 그 50주년 기념 컬로퀴엄이 같은 대학에서 1979년 5월 2일부터 5월 4일까지 진행되었다. 이 컬로퀴엄에 참석한 파슨스는 매우 열성적으로 또 지칠 줄 모르는 생동감을 갖고 참석한 학자들과 토론했다고 한다. 이때 함께 토론한 학자들 중에는 루만, 하버마스, 카를 그라우만Carl Graumann, 《막스 베버 전집Max Weber-Gesamtausgabe》의 편집인 마리오 라이너 렙시우스Mario Rainer Lepsius와 볼프강 슐루흐터Wolfgang Schluchter가 있다. 이 컬로퀴엄 직후 파슨스는 뮌헨 대학교 초청으로 세미나를 진행하고는 5월 8일 급작스럽게 타계한다. 파슨스 박사 취득 50주년 기념 컬로퀴엄에 대한 학문적인 기록은 다음을 참고하라. Wolfgang Schluchter, 《행동, 행위 그리고 체계: 사회과학의 발전에 있어 탤컷 파슨스의 기여Verhalten, Handeln und System: Talcott Parsons' Beitrage zur Entwicklung der Sozialwissenschaften》(Frankfurt: Suhrkamp, 1980).

19   이런 점에서 루만은 파슨스의 이른바 '구조-기능주의'를 '기능-구조주의'로 대체한다. 이 사회학적인 전도는 루만 체계이론의 지속적인 기반이 된다. 마지막으로 그의 교수 취임 강연 논문이기도 한 〈사회학적 계몽〉에서는 이런 '기능-구조주의'의 이론적인 일반성을 '사회학의 사회학'으로 정립한다. 전통적인 기능주의를 전도하고 급진화하는 이런 사회학적인 문제의식은 1960년대 루만의 체계이론을 구성하게 되는 이론적인 주도 개념이라고 할 수 있다. 이에 대해서는 다음 번역본들을 참고하라. 니클라스 루만, 《체계이론 입문》, 23~52쪽; 게오르그 크네어·아민 낫세이, 《니클라스 루만으로의 초대: 니클라스 루만의 사회적 체계이론》, 정성훈 옮김(갈무리, 2008), 64~76쪽.

20   루만은 "실제로 저에게 중요한 독서는 에드문트 후설Edmund Husserl이었다"라고 하면서 그 관심이 알프레트 쉬츠Alfred Schütz로, 그리고 나서 사회학으로, 결국 파슨스와 고전적인 문화인류학으로 이어졌다고 회고

252

한다. Wolfgang Hagen(Hrsg.), 《루만 선생님, 왜 선생님께서는 텔레비전이 없나요?》, 29쪽.

21 이런 비판을 하는 가장 대표적인 인물이 하버마스이다. 그는 루만과 사회이론에 대해 논쟁하던 당시, 루만의 체계이론을 '반反계몽이론'으로 규정하고 "존재의 유지는 최고의 체계 문제이다"라는 정식으로 일반화한다. 루만의 이론은 해방적인 지향에 대한 이해 관심 없이 존재하는 것을 비판하지 않고 존재를 무비판적으로 이론화하면서 지배를 정당화한다는 것이다. 여기서 이성적이고 합리적인 사회를 이론화하기 위해 이데올로기 비판이 얼마나 중요한 기능을 하는지 확인하게 된다. 이런 전략과 시도와 비판은 애초에 루만의 이론을 정확하게 규명하기 위한 것이 아니었다. 하버마스의 비판은 합리적인 사회에 대한 계몽적인 기획에 따라 나치 이후 정치적으로 위험한 또 다른 보수주의 이론인 카를 슈미트의 이론을 사회학으로 급진적이라고 고발하며 폭로하는 것이었다. 이런 맥락에서 하버마스가 보기에 루만의 체계이론은 규범적이고 비판을 이념으로 하는 사회이론이라기보다 존재의 현재 질서를 정당화하는 보수적이고 기술-공학적인 이론일 뿐이다. "루만의 체계이론은 오늘날 실천적인 질문들을 처음부터 기술적인 질문들로 정의함으로써 자유로운 공적 토론을 벗어날 수 있는, 이른바 테크노크라트 의식의 최선의 상태를 제공한다." 루만은 하버마스의 비판을 '기술-혐오Technologie-Aversion'로 보면서 다음과 같이 정리한다. "하버마스가 나의 체계이론에 가한 비판에서 이 상황은 이미 특정한 방식으로 처리되어 있다. 하버마스는 이런 종류의 체계이론이 지배 안정화 기능을 넘겨받고, 그래서 정당화하는 이데올로기가 된다는 '정치적' 비판을 암시하면서 표현한다. 하버마스는 '기능-환원-존속-안정성-지배'의 선을 따르는 느슨한 연상을 이 전제의 토대로 삼는다." 루만은 하버마스의 비판에 대해 이렇게 대답한다. "하버마스의 비판은 내가 원래 생각하는 것과는 무관하다. 하버마스의 비판은 정당화될 수 없기도 하지만, 그 비판을 초월하는 질문이 충분히 표현될 수 없다는 점에서 입증도 쉽지 않다." 루만이 볼 때 하버마스의 비판은 이데올로기적이며 일면적이다. 무엇보다도 비판이 사회 바깥에서 사회를 계몽할 수 없는 것처럼, 기술과 공학 역시 사회 내부에서 사회의 현실을 구성하기 때문이다. 또한 비판은 비판 그 자체로 정당한 것이 아니라, 기술적인 문제와 그에 수반하는 파생 결과들, 그 해결을 위한 테크노크라트적인 양상 모두 사회 안에서 가능하기 때문에 비판의 기능을 사회가 작동하는 층위에서 성찰할 수 있어야 하기 때문이다. 체계이

론은 비판을 부정하거나 거부하는 이론이 아니라, 비판의 기능과 자기 자신에 대한 사회의 부정 가능성이 어떻게 현실화될 수 있는지에 관심을 갖는다. 위르겐 하버마스·니클라스 루만, 《사회이론인가, 사회공학인가? 체계이론은 무엇을 수행하는가?》, 320쪽·440쪽.

22 이와 관련해서 완전하게 합리적인 최선의 결정을 관철할 수 있는 조직이 정치 체계의 영역에서 가능하다는 생각을 '유토피아적'이라고 할 수 있다. 상세한 설명은 다음을 참고하라. Niklas Luhmann, 《절차를 통한 정당화Legitimation durch Verfahren》(Frankfurt: Suhrkamp, 1983), 207쪽 이하. 더불어 19세기적 맥락에서 자본과 노동의 차이에 대한 의미론은 오늘날 현실과의 구조적인 연관성을 상실했다는 점에서 유토피아가 되었지만, 그럼에도 언제든 다시 소환될 수 있는 유토피아이기도 하다. 이에 대해서는 다음을 참고하라. Niklas Luhmann, 〈자본과 노동: 구별의 문제Kapital und Arbeit: Probleme einer Unterscheidung〉, Johannes Berger(Hrsg.), 《근대-연속성과 단면, 사회적 체계Die Moderne-Kontinuität und Zäsuren, Sozialeedf Welt》, Sbd. 4(Verlag Otto Schwartz & Co, Göttingen, 1986), 69쪽; Niklas Luhmann, 〈자본주의와 유토피아Kapitalismus und Utopie〉, 《메르큐어: 유럽의 사유를 위한 독일 저널Merkur: Deutsche Zeitschrift für europäisches Denken》, Bd. 48(1994), 189~198쪽.

23 이에 대한 간명한 정리는 다음을 참고할 수 있다. "1965년 헬무트 셸스키가 루만을 도르트문트사회연구소에 데려왔고, 1966년 루만은 뮌스터 대학교에서 셸스키와 디터 클레센스Dieter Claessens의 지도로 박사 학위를 받고 교수 자격을 획득한다. 그 후 1968년 루만은 셸스키의 새로운 구상이 결정적 역할을 했던 빌레펠트 대학교의 교수가 되었다." 게오르그 크네어·아민 낫세이, 《니클라스 루만으로의 초대》, 32쪽. 이에 대해 부연하면 루만의 저서 《공공 행정에서의 법과 자동화Recht und Automation in der öffentlichen Verwaltung》(Duncker & Humblot, Berlin)가 1966년 2월 23일 셸스키와 클레센스의 지도로 뮌스터 대학교 법학 및 국가과학부에서 박사 논문으로 인정받고 1964년에 출간된 루만의 첫 단독 저서 《공식 조직의 기능들과 후속 결과들》이 같은 해 뮌스터 대학교 사회학부에서 클레센스와 하인츠 하르트만Heinz Hartmann의 지도로 교수 자격 논문으로 인정받는다. 루만은 셸스키가 제안한 빌레펠트 대학교 교수직에 바로 확답하지 않고, 여러 상황을 고려한 다음 제안을 수락한다. 이후 루만은 1967년 1월 25일 뮌스터 대학교에서 〈사회학적 계몽〉이라는 제목으로 교수 취임 강연을 하며, 1968년 10월 1일 빌레펠트 대학교 사회학

254

과 일반사회학 담당 교수로 부임한다. 그는 빌레펠트 대학교의 첫 번째 교수였다. 그리고 철학 교수가 사회학 교수까지 함께 담당했던 서독의 첫 번째 공식적인 사회학 교수였다. 널리 알려진 "대상: 사회이론, 기간: 30년, 비용: 없음"이라는 연구 계획은 이때 대학에 제출된 것이다. 그는 1993년 2월 9일 빌레펠트 대학교 사회학과 정교수로 정년 퇴임한다.

24 루만은 프라이부르크 대학교에서 법학을 공부하고 1953년 국가 사법 시험을 통과한 이후, 1955년까지 고향인 뤼네부르크의 고등 행정 법원에서 법원장의 조수인 행정 공무원으로 재직했다. 그 후에는 하노버의 니더작센주 문화교육부에서 주의회 담당자로 있으면서 나치 시대의 보상 문제를 법적으로 처리하는 실무 경험을 하게 된다. 이때의 직위 '고등 사무관'은 1962년까지 행정 공무원으로 재직했던 가운데 최종 직위였다. 이 시절부터 널리 알려진 메모 카드를 작성하기 시작했다. 이 대담에서는 1952~1953년 즈음부터 메모 상자를 썼다고 증언하지만, 다른 대담에서는 1951년이라고 특정하기도 했다.

25 테오도어 아도르노는 사회학의 대상, 방법, 중심 분야가 무엇인지 확정된 규범과 학문의 정상성을 확보하기 위한 단계가 없다고 본다. 사회학은 수학을 학습하는 것 같은 완전히 투명한 진전을 이룰 수 없기 때문에, 아도르노는 1968년 4월 23일 강의에서 "사회학에 이르는 왕도는 없다"라고 말한다. 이런 이유에서 아도르노는 "약간은 산만한 형체를 갖고 있는 사회학에 들어와서 공부하는 방식을 공부하는 사람 자신이 스스로 찾아야 한다고 생각"한다는 것이다. 테오도르 아도르노,《사회학 강의》, 문병호 옮김(세창출판사, 2014), 9~12쪽. 사회학의 방법에 대한 아도르노의 발언은 정치적인 의미뿐 아니라 학문적인 의미에서 '실험적인 행동'이 근본이라고 보는 루만이 사회학의 새로운 길을 계속해서 이어가는 것에 대한 증언처럼 보이기도 한다. 루만이 앞서 수학이나 경제학을 공부해보고 싶다고 답한 것 역시 이 두 학문은 과정과 단계에 따라 '학문에 이르는 길'이 대체로 규범화되어 있다는 측면, 즉 사회학에서는 경험할 수 없는 그 특성 때문이라고 추정할 수 있다. 하지만 만약 루만이 수학이나 경제학을 했다면 '실험적인 사고'로 학문을 했을 것이다.

26 《사회적 체계들》의 이론적 한계 또는 이 대담에서 언급한 것처럼 다르게 다룰 수 있었던 이론적 작업이 무엇인지 추측해볼 수 있는 증언이 있다. "(사회적 체계들에서는) 체계 분화가 너무 추상적으로 다루어졌지만, 분절적인 사회에서 계층화된 사회를 거쳐 기능적인 사회로 발전하는 역사에 대해서는 기술하지 않았습니다. 또한 전체 진화 개념이 부재

하지요. 사회 안에서 어떤 이론이 가능한지에 대한 자기기술도 없습니다. 커뮤니케이션 개념이 '사회적 체계들' 위에 구축되었지만 커뮤니케이션 매체는 다루지 않았습니다. 또한 그 저작의 문제는 커뮤니케이션 기술 역시 다루지 않았다는 데 있습니다." Herfried Münkler·Dirk Baecker·Wolfgang Hagen(Hrsg.), 《루만 선생님, 무엇을 하시나요?》, 101~102쪽. 루만의 이런 지적이 구체적으로 실현되기 시작한 것은 《사회적 체계들》 이후 4년 뒤인 1988년 출간된 《사회의 경제Die Wirtschaft der Gesellschaft》부터이다. 이후 1990년에 《사회의 학문Die Wissenschaft der Gesellschaft》, 1993년 《사회의 법Das Recht der Gesellschaft》, 1995년 《사회의 예술》이 출간되고, 타계 1년 전인 1997년 그의 마지막 대작인 《사회의 사회Die Gesellschaft der Gesellschaft》가 출간된다. 그리고 이 시리즈는 루만 사후 2000년 《사회의 정치Die Politik der Gesellschaft》, 2000년 《사회의 종교 Die Religion der Gesellschaft》로 계속 진행된다. 이 시리즈는 루만의 자기비판을 이론적으로 수렴하는 목적도 있다. 그래서 공통적으로 각각의 사회적 체계들의 '진화', '성찰', '자기기술'에 관한 독립된 장을 포함하고 있다는 점 역시 주목하게 된다. 이런 면에서 《사회의 사회》는 《사회적 체계들》의 이론적 추상성이라는 성과 위에, 루만 스스로 부족하다고 느낀 것들을 모두 포함시킨 그의 사회학이론의 집대성이라고 보아도 무방하다. 체계이론의 이론적인 추상성과 역사성의 사회 구조적인 연관을 커뮤니케이션이론, 분화이론, 진화이론의 차원에서 사회 전체 수준으로 포괄한 작업인 것이다. 1980년부터 시작된 일련의 《사회 구조와 의미론》 시리즈는 이런 목표를 실현한 결과물이다. "근대사회의 지식사회학 연구"라는 부제가 붙은 이 시리즈는 1권이 1980년, 2권이 1981년, 3권이 1989년, 4권이 1995년 출간되었다. 《사회적 체계들》이 출간된 1984년과 《사회의 사회》가 출간된 1997년 사이에 위치하는 것이다. 실제로 루만 역시 《사회적 체계들》에서 보충되어야 할 이론적 프로그램이 역사적인 차원을 강조한 《사회 구조와 의미론》을 상기시킨다는 지적에 동의한다. 그러나 그 작업은 주제에 특화된 연구인 반면, 하나의 체계적인 조망이 이론적으로 필요하다고 지적한다. 그 '체계적인 조망'이 《사회의 사회》에서 종합된 것이다.

27 "이론은 개념 파악과 진술이 내용과 관련된 곳에서는 거의 저절로 쓰인 반면, 나는 배열 문제에 많은 시간을 들였고 많은 숙고를 했다. 독일연구 재단이 지원해준 덕분에, 나는 1년간 이 과제에 집중할 수 있었다." 니클라스 루만, 《사회적 체계들》, 73쪽.

28   다르게도 가능한 순서와 조합을 허락하지 않는 선형적인 사고 대신에
      체계이론은 이론의 비선형성을 정당화하면서 독자에게 상당한 자유를
      부과한다. 우리는 일상에서 어떤 인간도 선형적이지 않고 복잡하다고
      말하지만, 유독 이론이 추상적일수록 그만큼 반인간적이라고 평가하는
      인간적인 반응을 보인다. 이는 인간이나 행위라는 '언어'의 유혹이기도
      하다. 체계이론적인 작업이나 근대사회를 이론적으로 파악하려는 일은
      이런 '언어의 유혹'을 극복하는 것을 포함한다. 이성과 감정 그리고 신
      체의 복합체로서 인간을 선형적으로 이해할 수 없는 만큼, 그런 인간관
      계가 펼쳐지는 장인사회는 더욱 복잡하며, 그런 사회를 이론화하는 것
      은 더욱 복잡하고 추상적일 수밖에 없다. 체계이론이 독자에게 자유의
      공간을 제공할 뿐 아니라, 독자 스스로도 그런 자유를 향유할 수 있는 것
      처럼, 인간이 부재한 체계이론이라는 통념은 하나의 호소일지는 모르지
      만 이론적인 설득력을 가질 수는 없다. 이제 체계이론에서 인간이 얼마
      나 부재한지 확인하는 데 관심을 두는 대신, 체계이론이 인간을 얼마나
      풍부하게 설명하는 데 기여할 수 있는지 주목할 필요가 있다. 즉 인간을
      다르고도 깊게 관찰하며 기술하는 사회학적인 가능성을 체계이론이 어
      떻게 현실화하는지 관심을 가져야 한다. 루만의 사회학은 이런 이론적인
      기획에 기반한다.

29   이에 대해서는 루만이 직접 저작에서 확인하고 있다. "이 책은 물론 이
      어지는 대로 읽혀야 할 것인데, 그 유일한 이유는 이 책이 순서대로 집필
      되었다는 데 있다. 책의 이론 자체는 다른 순서로도 서술될 수 있을 것이
      다. 그리고 독자는 충분한 인내, 상상, 요령, 호기심을 발휘해 책의 이론
      을 순서를 바꾸어 쓰고자 시도할 수 있을 것이다. 그 경우에 어떤 일이
      발생할지 시험해보기를 내심 바란다. 이론 장치는 즐거운 목적지로 향
      하는 직선 도로가 아니라 미로와 비슷하다. 이 책을 위해 선택된 장은 유
      일하게 가능한 순서가 아니다. 그런 사정은 장의 주제로서 강조된 개념
      들을 선택하는 데서도 마찬가지이다. …… 나는 달리 결정할 수도 있었을
      것이다." 니클라스 루만, 《사회적 체계들》, 72~73쪽.

30   "(이 책에 개진된) 이론은 개념 파악과 진술이 내용과 관련된 곳에서는
      거의 저절로 쓰인 반면, 나는 배열 문제에 많은 시간을 들였고 많은 숙고
      를 했다. 독일연구재단이 지원해준 덕분에, 나는 1년간 이 과제에 집중
      할 수 있었다. 이 해결안이 만족스럽기를 바란다." 니클라스 루만, 《사회
      적 체계들》, 73쪽. "이 1년은 독일연구재단의 지원으로 루만이 평생 처
      음이자 마지막으로 연구에만 전념했던 연구년이었다." 노진철, 〈서구 중

심의 패러다임을 버려라! 그리고 대상 영역을 사회 전체로 확장하라!),
노진철 외, 《내가 만난 루만》(한울아카데미, 2021), 23쪽.

31 루만은 어머니와 마찬가지로 호텔을 운영하는 스위스계 여성 우르줄라
폰 발터와 1960년 그의 고향 뤼네부르크에서 결혼했다. 미국으로 가기
직전이었다. 그리고 보스턴에서 큰딸 베로니카 루만Veronika Luhmann이
태어난다. 루만의 아내는 1977년 사망하고 루만은 같은 해에 출간된 저
서 《종교의 기능》을 그녀에게 헌정한다.

32 이에 대해서는 디르크 베커의 흥미로운 증언이 있다. "루만이 어떤 규
칙을 평생 지침으로 삼았는지를 질문받는다면 어차피 해야 할 일이라면
잘하라고 가르친 어머니 이야기를 할 것이다." 니클라스 루만, 《사회이
론 입문》, 10쪽. 또한 루만 스스로도 생전 최후의 저작인 《사회의 사회》
에서 다음의 기록을 남겼다. "이런 식으로 높은 요구 수준을 내세우는
과업의 의미는 비판을 수월하게 하면서 동시에 어렵게 한다는 데 있다.
요구는 이렇게 달리 해보아라. 하지만 최소한 마찬가지로 잘 해야 한다."
니클라스 루만, 《사회의 사회》 2, 1252쪽 · 1294쪽.

33 이 대담집의 편집자 서문 〈조형적인 비대칭〉에서 디르크 베커와 게오르
크 슈타니체크가 인용한 표현이다. 이에 대해서는 다음의 평가를 참고
하라. "루만은 서로 다른 맥락에서 혹은 서로 다른 분야에서 동시에 여
러 편의 논문을 작성했으며, 여러 권의 책을 동시에 저술했다. 메모 상자
에 기반을 둔 그의 순환적 개념 구성은 항상 나중에야 설명할 어떤 것을
특정 논문에서는 전제로 글을 쓸 수밖에 없도록 했고, 그 설명할 어떤 것
을 동시에 다른 논문에서 쓰도록 만들었다. 이러한 텍스트들 간 상호 교
류는 과학적 논의의 완성도를 극도로 높였다." 노진철 외, 《내가 만난 루
만》, 33쪽.

34 루만의 체계이론은 자기 자신을 반복하고 강화하는 과정에 따르는 '제
한'을 통해서 스스로를 정당화한다. 이는 다른 한편으로 사회학이론에
요구되는 매우 높은 복잡성의 상태에 도달할 것을 요구한다. 복잡성 문
제를 감당할 수 있는 것은 단순함이 아니라 또 다른 복잡성, 이론적인 복
잡성이기 때문이다. '문턱 문제Schwellenproblem'는 복잡성을 감당하면서
새로운 복잡성을 구축하는 이론적인 구성의 문제로 제기된다. "문턱 문
제는 자기 자신을 성찰하는 훨씬 높은 정도의 개념적 복잡성에 있다. 문
턱 문제는 변이 가능성들을 제한하며 모든 종류의 임의적 결정들을 배
제한다. 모든 단계는 맞아 들어가야 한다. 그리고 시작의 자의성에서도
헤겔의 체계에서처럼 이론 구축의 발전에서 자의성이 배제되어야 한다.

스스로를 지탱하는 구성은 그런 식으로 생성된다." 니클라스 루만, 《사회적 체계들》, 69쪽.

35 체계이론은 전통적인 의미에서처럼 진리를 소유의 관점에서 파악하면서 그 확실성과 투명성을 강조하는 대신 우연성을 정식화하고 의미론적 자료에 변이를 유발하는 진화론적 변화에 주목할 것을 강조한다. '더 높은 우연성을 주제화할 수 있는 능력'이 사회학의 문제가 되는 것이다. "중요한 것은 대안들 가운데에서 생각할 능력, 해체 능력과 재조합 능력 그리고 장기적으로 가능한 이 상승의 귀결들이다." 니클라스 루만, 〈사회구조와 의미론적 구조〉, 《언어와 소통》, 382쪽. 이런 문제의식은 이른바 전기 루만과 후기 루만의 구별 없이 전반적이고 포괄적으로 확인할 수 있다. 이는 다른 한편으로 루만이 복잡성을 어떻게 파악하는지와 관련된다. 사회학적으로 보면 17세기에 학문 체계의 분화가 시작되었지만, 이전에 통일성과 속성으로 간주되었던 것이 관계 개념으로 전환되었다. 이 근대적인 현상이 "해체 능력과 재조합 능력의 상승"이다. Niklas Luhmann, 《사회학적 계몽》, Bd. 3, 174쪽.

36 "오직 보수적으로만 생각하는 사람도 유지되어야 할 것을 선택적으로 결정해야 하는 점에서는 아주 혁명적으로 행동하게 될 것이고 혁명가도 과거 한 시대에 통용되던 가치이지만 아직까지 실현되지 않은 것을 역시 일방적으로 고수하게 된다." 니클라스 루만, 《법사회학》, 501쪽. 또한 다음을 참고하라. "사회는 너무 빨리 바뀌어서, 보수 세력들은 기회주의자들로서만 유지될 수 있는 반면, 좌파들은 여전히 실현되지 못한 이상들을 보전하며 보수적이 된다." 위르겐 하버마스·니클라스 루만, 《사회이론인가, 사회공학인가? 체계이론은 무엇을 수행하는가?》, 436쪽.

37 사회학의 고전적인 용어로 표현하면, 근대사회에 대한 루만의 이런 '세계상Weltanschauung'은 고트프리트 빌헬름 라이프니츠Gottfried Wilhelm Leibniz에 대한 신학적인 논의 가운데 우연성과 가능성 문제를 사회학적으로 재해석한 것에 기인한다. 이는 '현실' 개념의 변화를 수반하는 것으로 다른 세계들의 가능성에서 이 세계의 다른 가능성으로 전환하는 세계 개념에 대한 사회학적인 이론화를 요구하는 것이다. 루만은 "우리는 리스본 지진 이래, 가능한 세계들 가운데 최선의 세계에 살고 있는 것이 아니라, 더 나은 가능성들로 가득 채워진 세계에서 살고 있는 것이다"라고 정리한다. 위르겐 하버마스·니클라스 루만, 《사회이론인가, 사회공학인가? 체계이론은 무엇을 수행하는가?》, 322쪽. 이에 대한 사회학적인 이론화는 같은 책 340쪽 이하를 참고하라.

38 "비개연성들로 구축된 근대사회에서는 모든 사람들이 원래라면 거부할 경우에도 특정한 제도적인 방식으로 수용할 때가 많을 것입니다. 근대 사회는 이러한 방식으로 얼마나 오랫동안 유지될 수 있을까요? 우리는 이러한 불편한 생각을 하게 됩니다. 근대사회는 잘 되어나갈 수 있을까 요? 여러분들이 생각하듯이 이 질문은 비판적인 생각이나 옹호적인 생 각과는 아무런 관계가 없습니다. 그러한 생각은 프랑크푸르트학파가 보 는 방식일 것입니다. 아니요가 점점 더 발생하기 쉽도록 만드는 이론은 지금 기능하는 것과 관련해서도 비판적일 수 있습니다." 니클라스 루만, 《사회이론 입문》, 147~148쪽. 더불어 루만은 빌레펠트 대학교 퇴임 강 연 〈"무슨 일이 일어났는가?" 그리고 "무엇이 그 뒤에 있는가?": 두 사 회학과 사회이론Die zwei Soziologien und die Gesellschaftstheorie〉에서 유물론 적인 비판이 성과가 있다고 하더라도 그것은 자본주의가 어떻게 기능하 는지에 대해서는 설명하지 못했으며, 그런 질문에 대한 관심 자체가 '옹 호적인 것'으로 비판받았다고 회고한다. 니클라스 루만, 《사회이론 입 문》, 468쪽.

39 대담 진행자는 위르겐 하버마스를 암시하고 있다. 이 대담이 있었던 1985년은 이미 하버마스의 정치 관련 논문집 시리즈가 4권까지 출판 된 상태였기 때문이다. Jürgen Habermas, 《정치 논문집Kleine Politische Schriften》, Bd. 1~4(Frankfurt: Suhrkamp, 1957~1985). 이후 이 시리즈는 2013년 출간된 《기술에의 매혹Sog der Technologie》까지 모두 12권으로 확 장되었다. 하버마스의 이 시리즈 가운데 우리말로 번역된 저작은 다음 과 같다. 위르겐 하버마스, 《새로운 불투명성》, 이진우·박미애 옮김(문 예출판사, 1995); 《분열된 서구: 열 번째 정치적 소저작 모음》, 장은주·하 주영 옮김(나남출판, 2009); 《아, 유럽: 정치저작집 제11권》, 윤형식 옮 김(나남출판, 2011).

10장 · 아르키메데스와 우리

1 [원주] 이 대담은 1987년 4월에 이루어진 것으로 그 해 5월에 잡지 《수 플레멘토 알파베타Supplemento ad Alfabeta》 95호에 〈니클라스 루만과 함께 Con Niklas Luhmann〉라는 제목으로 발표되었다.

2 이탈리아의 철학자이자 철학사가. 그가 엮은 다음 책이 우리말로 소개 되었다. 아르투어 쇼펜하우어, 《회의주의자 쇼펜하우어, 모욕의 기술》, 프랑코 볼피 엮음, 문정희 옮김(위즈덤하우스, 2020).

260

3   루만은 사회학의 위기라는 통상적인 진단을 하지 않고 사회학이론의 위기라고 진단한다. 이에 대한 포괄적인 진술은 "사회학은 이론의 위기에 갇혀 있다"라는 문장으로 시작하는 《사회적 체계들》의 〈서문〉을 참고하라. 니클라스 루만, 《사회적 체계들》, 63~73쪽.

4   "탤컷 파슨스와 동시대를 살았던 어떠한 사회학자도 파슨스만큼 비사회학적 이론들을 자신의 사회학이론에 통합시키지는 못했다. 예를 들어 경제학이론이나 지크문트 프로이트Sigmund Freud의 정신 분석 또는 투입-산출Input-Output과 관련된 체계이론의 용어, 언어학, 사이버네틱스 등등 여러 비사회학적 이론들이 파슨스이론에 통합되었다. 그렇지만 체계이론이 자기준거로 전환될수록 파슨스이론은 더 이상 수용할 수 없다는 사실이 드러났다. 나는 바로 그 때문에 하나의 사회학적 이론이 독자적으로 발전하는 과정이 종말을 고하지 않을 수 없었다고 생각한다. 따라서 우리는 파슨스이론이 아니라 학제적인 범위 내에서 문제를 더 자세히 살펴봐야 할 충분한 근거를 갖게 된다." 니클라스 루만, 《체계이론 입문》, 51~52쪽. 이와 관련해서는 다음의 평가 또한 참고할 수 있다. "탤컷 파슨스의 체계이론은 거의 신칸트주의라고 할 수 있는 그의 이론적 출발점으로 인해 얼마나 많은 물음이 삭제되었는지를 관찰할 수 있는 대표적인 보기에 해당한다. 파슨스는 행위 체계에 관한 자신의 일반 이론에 대응하는 것이 '분석적 체계'라고 확인하는 데 머물러 있을 뿐이다." 니클라스 루만, 《사회의 체계이론》, 23쪽 각주 5.

5   사회학은 사회 안에서 사회를 관찰하고 기술하는 사회의 성찰 학문이다. 루만이 말하는 장場의 특수성은 피에르 부르디외의 장이론과 달리, 부분과 전체의 논리 속에서 전체보다 높은 성찰 잠재력이 있는 부분들의 자기생산에 따른다. 다시 말해서 부분을 전체보다 큰 세계로 이해하며, 전체의 질서로 대표되거나 환원될 수 없는 다른 층위의 질서를 구성한다고 이해한다. 이런 이유에서 기능적으로 분화된 체계를 각각의 '장'이라고 할 때 탈중심화 또는 다중심화된 근대사회를 이론화하는 것이다. 이는 정치와 같은 특정한 장이 모빌의 형상을 띠는—부르디외에게는 모빌의 균형을 잡기 위해 '중앙'에서 규제하는 것이 국가이다—즉 전체 장의 질서를 규제하고 대표하는 것으로 사회를 파악하는 방식과 이론적으로 단절하는 것이기도 하다. 다시 말해 사회를 여전히 정치와 지배 및 해방의 언어로 파악하는 전통적인 방식과의 단절이다. 이는 실체 개념을 관계들 간의 관계라고 사회학적으로 파악되는 기능 개념으로 대체하는 것이며, 그에 따라 근대사회는 기능적 질서를 재생산한다. 이처럼 루

만의 체계이론은 유럽의 오랜 의미론에 따르는 윤리적이고 정치적인 부분-전체 도식을 체계-환경의 차이 도식으로 대체한다.

6   막스 베버, 에밀 뒤르켐, 게오르크 지멜 외에 루만이 '사회학이론의 미래'를 위해 가장 중요하게 검토하는 사회학자로 파슨스를 언급할 수 있다. 1940년대와 1950년대 파슨스의 작업이 있었기에 사회학적으로 '역할' 개념이 중요하게 된 것이다. 파슨스는 역할 개념을 통해서 사회, 사회적인 것, 행위를 포괄적으로 이론화했다. "개인과 사회 사이의 이음쇠"로서 역할 개념은 "사회학적 개념을 갖고 개인과 사회의 관계를 밝히려는 훌륭한 시도 가운데 하나"였고, "개인을 단순히 배제하지 않고 일종의 선택 기제로서 기술"했다. "즉 그 개념은 문제를 고려하는 일종의 기대의 제도화로서 개인을 기술"했다고 할 수 있지만 "오늘날에는 소리가 멈춘 음악"이라고 지적한다. 이런 맥락에서 루만은 오늘날 사회학이론이 도달한 정점을 파슨스의 행위이론으로 검토한다. 니클라스 루만, 《사회이론 입문》, 50~51쪽. 이런 점에서 보면 사회학이론의 미래는 파슨스가 도달한 지점을 넘어서야 가능한데, 그 작업 역시 파슨스이론에 대한 상세한 주석 작업을 하거나 파슨스 이전의 고전 사회학자들과의 연관을 모색하는 데 있지 않다. 사회학 외부의 지적인 자원들을 이론적이고 개념적으로 재배치하면서 '사회적인 것'을 개념화하는 일이 필요한 것이다. 루만의 체계이론이 갖는 위치가 여기에 있다.

7   루만은 1992/1993년 겨울 학기 〈사회이론 입문〉 첫 번째 강연에서 같은 표현을 같은 맥락에서 반복한다. "사회학은 분명하게도 자신의 고유한 방법론과 고유한 자료 분석, 그 자신이 늘 새롭게 이야기하는 고유한 이론사에 붙들려 있습니다. 고전학자들의 편지가 발견되어 그가 쓴 것을 새롭게 조명할 수 있게 되었다고 말합니다. 그에 관해 논문들이 출간되고 그 논문들은 다른 편지들에 의해 반증된다는 이유로 다시 비판받습니다. 이 모든 것은 오랫동안 갖고 있는 뼈다귀의 마지막 고기를 핥는 것과 같은 일입니다. 그러는 사이 현실은 가볍게 달아나버립니다." 니클라스 루만, 《사회이론 입문》, 46쪽. 이 대담집 2장 〈저는 카를 마르크스를 택하겠습니다〉에도 "재탕은 물론이고, 대가의 뼈를 알겨먹습니다"라는 대목이 있다.

8   루만은 모든 '사회적인 것'을 포괄하고, 사회학의 안과 밖의 이론적 자원을 통일적으로 구축한 '슈퍼이론Supertheorie'으로서 체계이론과 그런 체계이론으로의 패러다임 전환이 필요하다고 본다. 이는 체계 개념의 적용을 정당화하는 "체계들이 있다"라는 진술에 대한 이론화 작업이

기도 하다. 《사회적 체계들》의 서문 〈체계이론에서의 패러다임 전환〉은 이런 문제의식을 가장 명료하게 표명하는 증언이다. 그러나 사회학은 이런 패러다임 전환의 이중성, 즉 체계이론으로의 전환과 체계이론 내에서 자기지시적 체계이론으로의 전환이라는 이중의 의미가 있다는 점 역시 확인할 필요가 있다. 니클라스 루만, 《사회적 체계들》, 75~92쪽.

9 루만의 첫 단독 저서는 1964년에 출간된 《공식 조직의 기능들과 후속 결과들》이다. 이 작업은 1966년 그의 교수 자격 논문으로 인정받게 된다. 니더작센주 고등 행정 공무원의 신분으로 루만은 연구 휴가차 1960~1961년 하버드 대학교 사회학과 펠로십 장학생으로 미국에 체류한다. 루만은 공무원 생활을 하면서부터 메모로 작성하고 검토해왔던 조직이론, 특히 조직사회학 작업을 계속 진행하며 하버드 대학교 사회학과에 재직 중이었던 파슨스와 함께 베버, 조직사회학, 사회학이론에 걸친 폭넓은 대화를 나눈다. 평생동안 이어진 둘의 우정이 시작되던 이 시절에 대해서는 이 대담집 9장 〈전기, 태도, 메모 카드〉를 참고할 수 있다. 하버드 대학교에서의 사회학 연구를 통해 루만은 자신의 진로를 사회학으로 최종 결정한다. 《공식 조직의 기능들과 후속 결과들》은 이때의 조직사회학 연구에 대한 사회학적인 결산이라고 할 수 있다. 이처럼 조직사회학은 루만 사회학의 중요한 토대가 된다.

10 이런 물음이 가능한 것은, 베버의 주요 저서 《경제와 사회 Wirtschaft und Gesellschaft》의 부제가 "이해사회학의 개요 Grundriß der verstehenden Soziologie"이기 때문이고, 루만의 《사회적 체계들》이 베버와 파슨스의 행위이론적 개념과 범주들을 체계이론적으로 전환하고 재구성했기 때문이다. 이에 대해서는 《사회적 체계들》 4장 〈소통과 행위〉를 참고할 수 있다. 가령 다음과 같은 식이다. "행위들은 귀속 과정을 통해 구성된다. 행위들은 어떤 이유에서든 어떤 맥락에서든 어떤 의미론('의도', '동기', '관심')에 의존해서든, 선택들이 체계들에 귀속되면서 성립한다. 이 행위 개념은 심리적인 것을 고려하지 않기 때문에 행위의 충분한 인과 설명을 해주지 않는다는 점은 분명하다. 이로써 우리는 이론사적으로 자연스럽게 의도들을 이해해 행위를 설명하려는 막스 베버의 의도가 담긴 문제 상황에 반응한다." 니클라스 루만, 《사회적 체계들》, 350쪽·각주 56.

11 부대현재화는 에드문트 후설의 현상학에서 루만이 가져온 'Appräsentation'의 역어다. "현재성과 잠재성의 차이를 갖고 작업하는 매체"로서 그 의미는 "현재성과 가능성이 서로 의존하는 상태, 즉 현재성은 가능성 속에 그리고 가능성은 현재성 속에 담겨 있는 상태"이다. 다시 말

하면 "내 생각으로는 매체와 형식의 구별이야말로 의미가 언제나 부대
현재화 — 이 역시 후설의 용어이다 — , 즉 구체적 활동을 통해 다른 가
능성들을 함께 현재화하는 것을 필요로 한다는 사실을 파악할 수 있는
가능성을 담은 것처럼 보인다. 이 점에서 현실적인 것과 가능한 것은 별
개의 영역이 아니다"라고 할 수 있다. 니클라스 루만, 《체계이론 입문》,
302~303쪽. 부대현재화는 이 저작에서의 번역을 따랐다. 이처럼 의미
는 매체와 형식의 구별에 따라 산출되기도 하고 — 구별에 대해서는 이
대담집 6장 〈중단의 어려움〉 참고 — 양상이론적으로 파악할 수도 있다.
이때 의미는 잠재성의 지속적인 현재화/현행화가 된다. 그리고 의미를
자기생산하는 근대사회에서 의미는 사회적 체계의 절대적인 매체이며,
그런 한에서 의미의 자기생산은 근대사회의 코나투스라고 할 수 있다.
다음을 참고하라. 김건우, 〈도달 (불)가능한 사회와 열정으로서의 이론〉,
김영욱 외, 《지식의 사회, 사회의 지식: 교차 1호》(읻다, 2021), 171쪽.

12   "적절한 학문적 분석을 방해하고 충족될 수 없는 기대를 산출하지만, 그
     러나 이렇게 약점을 알면서도 대체할 수 없는 전통의 부담"이 된다. 이
     런 점에서 '구유럽적인 전통'은 장 바슐레르의 개념을 빌리면 근대 세
     계와 근대사회의 복잡성을 파악하는 데 '인식론적 장애물obstacles épisté-
     mologiques'이라고 할 수 있다. 니클라스 루만, 《사회의 사회》 1, 38쪽
     이하.

13   루만은 복잡한 상황을 추상화해서 볼 수 있는 이론이 필요하다고 본다.
     루만이 보기에 마르크스주의는 복잡한 현실을 급진적으로 파악할 만큼
     충분히 복잡한 이론이 아닌 것이다. 이는 마르크스주의에 대한 비판 그
     자체라기보다 오늘날의 상황이 그런 이론을 강제하기 때문이다. 현실과
     사회는 마르크스주의와 그 재해석을 초과한다. 현실의 불투명성과 불확
     실성, 더 정확하게는 사회적 체계가 스스로 산출한 미규정성이 다시 사
     회의 조건이 되는 상황에서 이론은 '해소 불가능한 불확정성'의 문제를
     대면한다. 사회적 체계로서 사회가 사건을 더 많이 산출할수록 이 문제
     는 더욱 강화된다. 사회와 그 현실에 대면한 이론 모두 복잡성의 문제를
     벗어날 수 없다. 루만은 복잡성이라는 상황을 가리켜 상당히 두터운 구
     름층 위에서 비행한다고 빗대 말한다. 흥미롭게도 이때도 "마르크스주
     의라는 꺼져버린 화산"이라는 같은 표현을 사용한다. 대담 진행자의 질
     문 역시 이 구절을 염두에 둔 것이다. 즉 "우리는 구름 위에서 비행을 시
     작해야 하며, 상당히 두터운 구름층을 감안해야 한다. 우리는 우리의 계
     기관을 신뢰해야만 한다. 가끔씩 구름 아래를 내려다볼 수 있을 것이다.

도로, 지역, 주택, 하천, 해변이 있는 지역, 친숙한 것이 생각나게 하는 지역을 볼 수 있을 것이다. 그렇지 않으면 '마르크스주의라는 꺼져버린 화산들'이 있는 대지의 풍경을 볼 수 있을지도 모른다. 그러나 어떤 누구도 이 몇몇 단서가 비행 조종에 충분하다는 착각에 빠져 비행기 추락의 희생자가 되어서는 안 될 것이다." 여기서 작은따옴표는 옮긴이가 강조한 것이다. 니클라스 루만, 《사회적 체계들》, 71쪽.

14 마르크스주의와 사회학, 그리고 사회과학을 동일시하던 한때의 지적 헤게모니 속에서 '모순'은 핵심 개념이자 범주였다. 모순은 제거되어야 하는 논리적이면서 역사적인 범주로 파악되었다. 이론과 실천이 변증법적으로 통일되는 '이론적인' 계기가 모순에 있었다. 반면 체계이론은 모순을 한순간에 질서를 파괴하고 미규정된 복잡성을 산출하면서 모든 것을 가능하게 하지만, 동시에 커뮤니케이션에 따른 의미의 연결 능력을 보장하기 위한 형식을 갖는다고 본다. 곧 모순은 사회적 체계가 중지할 수 있다는 가능성, 행위와 행위를 연결할 수 없는 가능성을 환기시키는 기능을 한다. 이때 연결하기 위해서는 대립하는 것이 무엇인지, 본질이 무엇인지 인식할 필요가 없다. 이런 점에서 모순은 "'인지 없는 반응'을 허용하는 형식"이며, 불안정성의 재생산을 통해서 체계의 재생산에 기여한다. 사회에서 모순은 제거될 수 있거나 제거되어야 하는 것이 아니라, 그 기능이 문제가 된다. 이는 체계 내부에서 가능한 부정을 모순이라는 이름으로 부정하는 것이 아니라, 부정에 따라서 체계의 자기구성이 끊어질 수 있다고 신호를 보내는 데 있다. 이렇게 모순은 모순 때문에 관찰을 중단하기도 하면서 그런 중단에 자기지시적으로 관계하면서 의미 있는 연결 작동들을 유발하는 이중 기능을 한다. 이런 기능 때문에 모순은 미규정적인 연결 가치를 갖는 사건이 된다. 진화는 결정 불가능성을 넘어 진행한다는 점에서 모순은 자기지시적인 진화를 위한 기회이기도 하다. 모순의 기능을 통해서 체계의 재생산이 보장될 뿐 아니라, 자신에 대해 고도로 민감해지고, 미래에 있을 일을 현재화하는 시간의 관점을 도입하게 한다는 점에서 미래를 현재화하기 때문이다. 이때 불안정성들의 재생산을 통해서 체계의 재생산에 기여하는 모순은 변화하는 조건 속에서 자기재생산과 양립 가능해야 하기에 '면역 체계'의 발전을 촉진한다. 면역학에서 볼 수 있는 것처럼 면역 체계 역시 환경에 대한 인지 없는 반응에 따라 작동하기 때문이다. 모순과 면역 체계에 대한 상세한 설명은 다음을 참고하라. 니클라스 루만, 〈모순과 갈등〉, 《사회적 체계들》, 681~759쪽.

15   루만에게 '세계Welt' 개념은 사실들의 총체나 사물들의 총체universitas rerum가 아니다. 세계는 '이것이 아닌 모든 것'이 아니다. '공空'이나 '무無', '혼돈Chaos' 등을 세계의 반대 개념으로 전제하지도 않는다. 세계에 대한 사회학적인 이론화를 시도하는 현상학적 사회학처럼 '상호 주관적인 구성'으로 세계를 설명하는 대신, 체계이론은 '체계와 환경의 차이의 통일성'으로 개념화한다. 세계는 저기 바깥에 있는 것이 아니다. 체계와 환경의 차이를 통해 의미를 산출하면서 세계를 구성한다. 이때 세계를 '잠재적 정보'로서 놀라움을 야기하는 무한한 잠재력으로 파악할 수 있고, 그런 정보와 잠재력을 새로운 의미 창출을 위한 조건으로 할 수 있다. 또한 세계에 대한 부정까지도 세계에 의미를 부여한다는 점에서 세계는 세계에 대한 반대 개념을 갖지 않는 예외적인 개념이기도 하다. 이처럼 자기부정을 자기 안에 포함하는 자기포함적인 전개에 따라 세계는 역설적인 동일성을 구성하면서 확장한다. 이런 점에서 세계는 '필연적인 우연성notwendige Kontingenz'이다. 세계는 이런 역설이며 동시에 역설이 전개되면서 확장하기 때문에 사물들의 총체가 될 수 없다. 체계이론은 이런 세계 개념을 통해서 어떻게 새로운 질서가 창출되는지, 그리고 그 과정에서 사건화되지 않은 풍부한 부정 가능성을 어떻게 구조적으로 조건화할 수 있는지 관심을 갖는다.

16   하인츠 폰 푀르스터는 과학과 체계학을 구분한다. 분리하다, 떼어내다, 구분하다 등을 뜻하는 인도유럽어족상의 'ski'에서 기원하는 과학은 환원에의 의지를 갖는다. 반면 체계학에서는 앎Wissen을 창조하는 활동으로 과학Wissenschaft을 이해하면서 연관, 특히 자기연관을 중요하게 다룬다고 설명한다. 즉 모든 활동을 가능하게 하는 본원적인 문제에서 자기순환과 자기지시, 자기관계라는 역설이 핵심적이라고 본다. 하인츠 폰 푀르스터·베른하르트 푀르크센, 《진리는 거짓말쟁이의 발명품이다: 회의론자들을 위한 대담》, 백성만 옮김(늘봄, 2009), 237쪽.

옮긴이 해제

아르키메데스의 점과
자기관찰의 변형적 능력

"타인은 영원한 수수께끼로서 매력적이다. 단지 그 이
유 때문에 다른 인간과 함께하는 경험이 자연에서의
다른 모든 경험보다 더 풍요롭다."[1]

'이념 요새' 루만과 인간 루만

이 대담집 《아르키메데스와 우리》가 출간된 1987년에는 이
미 사회학계에서 사회학의 위기가 거론되며, 사회학이론 역
시 위기에 처했다는 진단이 일반적이었다. 이 책을 읽어나가
면서 사회학 위기에 대응할 수 있는 것은 오직 사회학뿐이
며, 그런 위기에 대항하는 메커니즘 역시 사회학일 수밖에
없다는 점을 확인하게 된다. 지속적인 논의를 새롭게 산출

---

1 니클라스 루만, 《예술체계이론》, 60쪽.

하며, 새로운 커뮤니케이션으로 의미를 생산하는 대항메커
니즘은 사회학에 있어서 사회학이다. 모든 지시는 외부 사
태에 대한 내부의 지시라는 체계이론의 기본 관점 안에 루
만의 사회학이 기반하기 때문에 더욱 그렇다. 이때 사회학
자와 사회학은 현자의 말씀이 아니라 지성적으로 되는 것,
그래서 '올바르게 기술'할 수 있는지가 문제시된다. 이 책
《아르키메데스와 우리》의 답변을 빌리면, '적어도 올바르게
잘못된' 기술을 사회학적인 현실 관찰의 결과로 제시할 수
있어야 한다. 그럴 때 현실에서 행사되는 저항을 통해 현실
을 인식할 수 있다. 체계이론이 사회학에 갖는 이론적인 책
임감은 체계이론 스스로가 사회학의 대항메커니즘이 된다
는 이 지점에 있을 것이다.

　　　　이런 책임감을 염두에 두더라도 대담은 쓰는 것
과 또 달라서 쓸 때는 생각할 수 없었던 것, 쓸 때는 연결할
수 없던 것이 말하는 순간의 예측 불가능하고 약동하는 힘
에 따라 사건으로 등장한다. 그러나 우리는 이 책에서 우연
한 사건들이 자의적이지 않고, 언제나 체계이론에 기반한 이
론적인 규제 속에서 자유롭게 펼쳐지고 의미를 획득하는 광
경을 목도할 수 있다. 이 책은 이론적인 지평 안에서 사건으
로 쏟아지는 발화들, 다른 순간에는 다르게도 말할 수 있는
우연한 발화들이 흘러넘친다. 하지만 이질적인 것들은 흩어
지기만 하는 것이 아니라 개념적이고 이론적인 사고의 규제
속에 고유한 가치를 부여받는다. 이런 이유에서 이 책은 이

론적인 텍스트라고 해도 손색이 없다.

　　　루만의 이론과 생각에 익숙한 것과 이를 정확하게 전달하는 것, 심지어 나와 루만 사이를 자유롭게 오가며 내 안에서 말할 수 있는 것은 완전히 다르다. 감탄하는 것과 대화를 나누는 것은 다르지만 감탄하지 못하면 좌절에서 배울 수 없다. 정도의 차이가 있더라도 루만의 이론을 접하는 독자는 이 이론이 가장 복잡한 사회학이론이라는 것을 직감한다. 우리는 그 점에 감탄하면서도 바로 그 감탄 때문에 좌절한다. 이론의 난해함과 복잡함에서 기인하는, 서로를 구속하는 감탄과 좌절의 이중 구조는 루만의 말과 사유를 따라가는 길에 방해가 된다. 대신 이렇게까지 난해할 필요가 있을까 하는 호기심을 유발한다. 일단 계속 따라가보게 하는 추가적인 동인이 되는 것이다. 그 과정에서 다시 '인간적인' 의문을 품는다. 이토록 평생을 일관적으로 사고하고, 높고 깊게 작업하는 이 사람은 대체 누구인가! 일례로 이 대담집 9장 〈전기, 태도, 메모 카드〉에서 설명하는 것처럼 루만이 25세 즈음부터 작성하기 시작한 메모 카드 작업은 영면하기 전까지 45년 동안 지속되었다. 1968년 빌레펠트 대학교 교수 임용 당시 연구 계획으로 제출한 "대상: 사회이론, 기간: 30년, 비용: 없음" 역시 1997년 출간된 《사회의 사회》로 이어지며 유명해졌다. 이런 학적인 철저함과 성실성은 차치하고서라도 작업이 힘들지 않다는 그의 태도에서 어떤 초인적인 것이 엿보인다. 이런 점을 고려하면 루만의 또 다른 대담집 제목이 《루만 선생님, 무엇을 하시나요?》,《루만 선생님, 외계 생명체와는 어떻게 지내나요?》인 것은 우연이 아니다.

　　　루만은 '이념 요새'로 불린다. 하지만 루만은 세미나나 강연과 같은 외부 일정이 있을 때 아이들이 걱정되어 오래 머무르지 못하고 일찍 귀가하는 아버지였고, 사별한 아내와 옛 친구를 한없이 그리워하는 고독한 시간을 보냈다. 이 책의 매력은 사회학이론에서 난공불락의 요새를 쌓은 사회학자의 다층적인 면모는 물론이고, 인간적인 감정에 솔직한 인간 루만의 모습을 가감 없이 보여주는 데 있다. 이 책을 읽는 우리는 어느새 그의 저작 가운데 가장 많이 읽힌 《열정으로서의 사랑》과 60세 기념 논문집 《열정으로서의 이론》 사이에서 그를 관찰하고 그와 만나게 된다.

　　　이제 사회학의 위기를 돌파할 수 있는 사회학은 특정하고 예외적인 인물을 통해 가능한 것이 아니라, 새로운 가능성을 일반화할 수 있는 사회학이다. 유일한 길은 아니어도 그 길을 통해 새로운 기회를 모색할 수 있다. 이념 요새의 비인격성과 인간의 인격성 사이의 그 다층성, 다가치성을 구체적인 상황에서 다른 가능성과 비교할 수 있는 추상성의 구조가 요구된다. 그 구조는 서로가 서로의 조건이자 전제가 되면서 함께 확장하는 새로운 길을 조건화된 가능성의 길로 제시할 것이다. 물론 우리는 이 책을 통해 그 추상성의 구조적 생산성뿐 아니라, 사회적 체험과 행위의 지속적인 구조를 성찰하는 체계이론의 사회학적 이념을 확인할 수 있다.

아르키메데스와 우리: 아르키메데스의 점

이 책을 접하는 독자는 제목 속 '아르키메데스Archimedes'라는 단어가 주는 고전적이고 고풍스러운 정취와 '우리wir'가 위치한 현재성의 결합에 묘한 매력을 느낄 것이다. 서로 어울릴 것 같지 않은 둘이 나란히 함께하고 있는 이 모습, 그리고 그 의미의 방향이 과거가 아니라 오늘의 우리를 향하고 있다는 점. 우리는 그 방향을 지금 시대 안에서 우리가 설정할 수 있다고 생각해 안도하기도 한다. 이처럼 상반되는 것들이 서로를 구속하면서 서로의 조건이 된다. 직감적으로 이제 직선적이고, 투명하고, 단순한 인과 관계를 따르는 목적론은 불가능하며, 그러한 목적론에 따른 방향 설정 역시 불가능하다는 것을 알 수 있다. 발터 벤야민Walter Benjamin의 프란츠 카프카Franz Kafka 해석처럼 우리는 "서로 다르고 모순되며 심지어 서로를 배제하기도 하지만 서로를 보완하는" 상보적 세계에 살고 있다.[2] 폴 발레리Paul Valéry는 이렇게 말했다. "서로 다른 관념들, 완전히 대립되는 삶과 지식의 원칙들에 의해 교화된 모든 정신들의 자유스러운 공존이다. 바로 그것이 '현대적인' 시대를 특징짓는 것이다." 우리는 여기서 말하는 그 시대와 그 세계에 살고 있다.[3] '아르키메데스

---

2 게르하르트 노이만, 《실패한 시작과 열린 결말/프란츠 카프카의 시적 인류학》, 신동화 옮김(에디투스, 2017), 65쪽.

와 우리'라는 정식定式은 '상보적 세계와 우리'로 바꿔 읽을
수 있다. "'위기'와 '모순'이 아니라 '역설'이 우리 시대의 정
통"이다.[4] 따라서 이 정식은 '역설적인 세계에 살고 있는 우
리'라고 읽을 수도 있다.

　　　　상보적인 세계, 역설적인 세계에서의 관계 양상은
제로섬이 아니다. 게오르크 지멜이 분화를 가리켜 '비극적
인 것만큼이나 세련된 것'이라고 말하듯 사회학적으로 보면
이러한 양가성이야말로 근대적이다.[5] 체계이론은 제로섬 대
신 '해체와 재조합 능력의 증가'가 근대적인 양가성의 양상
이라고 파악한다. 근대사회는 세계의 복잡성과 우연성을 구
조적으로 산출한다. 근대사회는 구조적으로 기능적 등가물
들을 생산하기 때문에, 관계 양상이 문제가 된다. 우리는 이
런 근대적인 기능의 기대 지평 속에서 체험하고 행위한다.

　　　　하지만 막스 베버 이래 사회학은 근대적인 기대
지평이 인식과 행위의 척도를 제공해줄 수 없다는 것을 안
다. "이 세상에서 벌어지는 일들에 대해 제아무리 철저히 연
구하고 그 결과가 제아무리 완벽하더라도 이 일들의 의미를

---

3 폴 발레리, 《정신의 위기: 폴 발레리 비평선 — 문명비평》, 임재
철 옮김(이모션북스, 2021), 77쪽.

4 니클라스 루만, 《사회의 사회》 2, 1307쪽.

5 Georg Simmel, 《근대의 본질에 대하여: 철학과 미학 에세이
Vom Wesen der Moderne: Essays zur Philosophie und Ästhetik》(Hamburg:
Sammlung Junius, 1990), 273쪽.

읽어낼 수 없고 우리 스스로가 그것을 창출할 수 있어야 한다는 사실"[6]이 선악과를 먹은 문화 시대에서 근대인의 숙명이기 때문이다. 이 점은 "가장 극단적인 회의는 인식의 아버지"[7]라는 인식론적인 회의를 통해 새로운 인식과 의미를 모색할 계기가 된다. 그 회의는 무엇이든 가능한 회의, 그래서 인식 자체를 회의하는 허무주의가 아니라, 새로운 인식의 기준에 대해 묻는 것이어야 한다. 이런 점에서 베버에게 아르키메데스의 점은 의미와 가치의 화해 불가능한 간극과 가치 간의 투쟁에서 요구되는 인식의 척도를 상징하기도 한다. 더 정확하게는, 베버 이래 사회학에서 아르키메데스의 점은 의미 요청의 상징이다. 이는 에드문트 후설이 르네 데카르트가 자아를 발견한 것[8]을 가리켜 모든 수수께끼 가운데 최대의 수수께끼, 철학의 모든 혼란을 일소하는 아르키메데스의 점이라고 한 것을 상기시킨다. "모든 진정한 철학의 '아르키메데스의 점'으로서 언젠가 한 번은 분명하게 드러나야만 할 참으로 위대하며 가장 위대한 것이 나타났던 것을 알려

6 막스 베버, 《문화과학 및 사회과학의 논리와 방법론》, 김덕영 옮김(길, 2021), 254쪽.

7 막스 베버, 《가치자유와 가치판단》, 김덕영 옮김(길, 2021), 25쪽·141쪽.

8 이런 철학적인 문제를 루만이 어떻게 사회학적으로 재구성했는지에 대해서는 249쪽 각주 17참고. 에드문트 후설, 《유럽학문의 위기와 선험적 현상학》, 이종훈 옮김(한길사, 1997), 164~165쪽.

274

주는 사실로서 중요하다." 후설의 이 아름다운 지적에서 우리는 아르키메데스적인 발견의 감동을 느끼게 된다.

실제로 아르키메데스는 '무게 중심'에 대한 작품을 쓰기도 했는데, "'kentron(뾰족한 점)'에서 'center(중심)'라는 말이 나왔고, 'bares(무게)'에서 'bareos(척도)'라는 말이 나왔다"⁹라고 한다. 무엇이든 계측할 수 있는 특정한 중심을 보편적인 원리로 삼게 되는 것이다. 눈에 보이지 않는 자연의 질서와 원리를 최소한의 수식으로 눈앞에 표현할 수 있다는 그 지적인 환희는 후설의 그것과 다르지 않다.¹⁰ 자

9 셔먼 스타인, 《아르키메데스》, 이우영 옮김(경문사, 2006), 43~44쪽. 프랑스의 소설가 귀스타브 플로베르는 《통상 관념 사전 Dictionnaire des idées reçues》의 '아르키메데스' 항목에서 다음처럼 말한다. "유레카", "지레의 받침점을 내게 주세요. 그럼 내가 세상을 들어 올리지요", "'아르키메데스 양수기'도 있다", "그에 대해서는 더 많이 알 필요가 없다". 귀스타브 플로베르, 《통상 관념 사전》, 진인혜 옮김(책세상, 2007), 65쪽.
10 이에 대해서 블레즈 파스칼 Blaise Pascal은 고대 그리스 수학자 아르키메데스를 가리켜 "그가 비록 왕족이었다 할지라도 그의 기하학 책 속에서는 왕족이 될 필요가 없었다"라고 말하며 그 환희의 성격이 정신적인 이해 관심에 있었다는 점에 주목한다. 블레즈 파스칼, 《팡세》, 김형길 옮김(서울대학교출판문화원, 2019), 210쪽. 이런 점 때문에 아르키메데스의 점은 고대 그리스에 국한되는 것이 아니라 파스칼의 17세기를 거쳐 오늘에 이른다. 그 현재성 덕분에 아르키메데스의 점은 루카치 죄르지 Lukács György에게 "어느 한 지점에 섰을 때 이 모든 현상들이 한눈에 이해될 수 있는 바로 그러한 지점"이다. 또한 단순히 인식론적인 점을 넘어서 사회적 관계를 급진적으로 전환할 수 있는 실천적인 활동에 대한 프롤레타리아적인 요청의 성격을 갖는다. 즉, 비판의 척도이자 실천적인 점

연과 우주의 질서를 발견하는 간명한 기하학과 수학에 놀라면서도 그 우아한 형식에 미적인 아름다움까지 느끼게 하는 아르키메데스의 점은 환희의 상징이다. 하지만 사회학은 이런 환희 앞에서 다시 한번 베버처럼 "가장 극단적인 회의는 인식의 아버지"라고 말한다. 사회학은 아르키메데스의 점의 위치마저 다시 회의하는 것이다.

이렇게 보면 아르키메데스의 점은 "가장 심오한

이 된다. 게오르크 루카치, 《역사와 계급의식: 마르크스주의 변증법 연구》, 박정호·조만영 옮김(거름, 1999), 406쪽. 브루노 라투르 Bruno Latour 역시 아르키메데스의 정신적인 순수성을 강조하면서도 번역 과정을 통해 순수한 정치와 순수한 과학이 혼종되어 하나의 집합적인 전체를 구성하는 사례로 아르키메데스의 점을 설명한다. 즉, 아르키메데스가 지렛대의 원리를 이용한 기계 장치를 통해 왕이 사회에 대해 우위에 오르게 되었다고 지적한다. 당시의 왕이 다중에 대해 열세에 있던 정치적인 관계를 역전시킨 것이다. 이 사례를 통해서 정신적인 고결함의 상징이기도 한 아르키메데스가 정치의 새로운 수단이 되어 작용하는 현실을 '아르키메데스의 쿠데타'라고 규정한다. 힘 관계가 전복되면서 새로운 리바이어던의 구성 원리를 창출한 아르키메데스의 점은 '과학은 바로 다른 수단에 의한 정치'를 가능하게 하면서 이전에 분리되었던 것을 결합하고, 통약 불가능했던 것을 통약 가능하게 하면서 미지의 잡종, 하이브리드들을 산출한다. 이처럼 특정한 환원을 부정하는 새로운 집합 행위는 이제 인간과 비인간의 새로운 결합에 따라 수많은 이질적인 연결망을 구성한다. 이런 점에서 아르키메데스의 점은 라투르의 '과학 인문학'을 설명하는 첫 관문처럼 중요한 위상을 갖는다. 브뤼노 라투르, 《우리는 결코 근대인이었던 적이 없다: 대칭적 인류학을 위하여》, 홍철기 옮김(갈무리, 2009), 273~278쪽; 《브뤼노 라투르의 과학인문학 편지》, 이세진 옮김(사월의책, 2012), 15~45쪽.

자기의심 그리고 가장 고결한 희망을 담는 낱말들"로서 '마지막 어휘final vocabulary'라고 할 수 있을지 모른다.[11] 리처드 로티Richard Rorty의 문법을 빌리면 아이러니스트는 자신의 마지막 어휘가 최종적인 어휘라는 확신을 갖지 않는다. 아르키메데스의 점은 마지막 어휘가 마지막인지 또는 다른 어휘가 가능한지 관찰할 수 있다. 이처럼 아르키메데스의 점은 근대 세계의 불투명성 앞에 놓여 있다. 세계에 대한 경험적인 지식과 인식이 누적된다고 세계관이 완성될 수 없다는 사실, 그 의미와 가치에 대한 최종 판결이 불가능하다는 사실, 성스러운 것의 독점과 집중이 불가능하다는 사실 앞에 아르키메데스의 점이 놓여 있다.

아르키메데스의 점의 사회학적 기능화

루만은 위르겐 하버마스와 논쟁하며 '사회이론인가, 사회공학인가?'라는 질문 형식을 비판한 바 있다. 체계이론은 해방적인 이해 관심을 갖는 사회이론이 아닌 자연과학과 생물학,

---

11 리처드 로티, 《우연성, 아이러니, 연대》, 김동식·이유선 옮김 (사월의책, 2020), 163쪽. "나는 '아이러니스트'란 말로써, 자신의 가장 핵심적인 신념과 욕망의 우연성을 직시하는 사람, 그와 같은 핵심적인 신념과 욕망이 시간과 우연을 넘어선 무엇을 가리킨다는 관념을 포기해버릴 만큼 충분히 역사주의자이며 유명론자인 사람을 지칭한다." 같은 책, 25쪽.

사이버네틱스의 언어로 침식된 사회공학이며, 기존 사회 질
서를 비판하지 않고 옹호하기 때문에 진보적이지 않고 보수
적이라는 혐의는 이론에 대한 정확한 비판일 수 없다는 것
이다. 이 책에서도 하버마스의 이론에 대한 루만의 평가뿐
아니라, 대담에 대한 기억과 평을 다양한 관점에서 확인할
수 있다. 루만이 보기에 사회이론인지 또는 사회공학인지 묻
는 도식에서 '또는'은 둘 가운데 어느 한쪽을 정해야 한다는
의미의 '또는aut'이 아니라, '그리고 또한vel'으로 읽어야 한
다고 지적한다. 우리 현실에서는 단적으로 우파나 좌파, 보
수적이거나 진보적인 것, 옹호나 비판 같은 지향과 전제들이
무질서하게 뒤섞여 있기 때문이다. "사회는 너무 빨리 바뀌
어서 보수 세력들은 기회주의자들로만 유지될 수 있는 반면,
좌파들은 여전히 실현되지 못한 이상들을 보전하며 보수적
이 된다"라는 상황이다.[12] 근대 세계에서 기능이 실체를 대
신한 것처럼, 역설적인 불투명한 관계가 제로섬의 투명한 관
계를 대체한다. 더불어 루만은 '사회이론인가, 사회공학인

---

[12] 위르겐 하버마스·니클라스 루만, 《사회이론인가, 사회공학인
가? 체계이론은 무엇을 수행하는가?》, 436쪽. 같은 문제의식으로
다음 역시 참고할 수 있다. "오직 보수적으로만 생각하는 사람도
유지되어야 할 것을 선택적으로 결정해야 하는 점에서는 아주 혁
명적으로 행동하게 될 것이고 혁명가도 과거 한 시대에 통용하던
가치이지만 아직까지 실현되지 않은 것을 역시 일방적으로 고수하
게 된다." 니클라스 루만, 《법사회학》, 501쪽.

278

가?'에 포함된 물음표는 불확실성의 상징이라고 덧붙인다.
이 질문이 문제로 성립하는지 물을 뿐 아니라 이렇게 제기된
문제는 비록 잘못되었더라도 현실의 이율배반과 비합리성
을 마주하게 된다. 이때 아르키메데스의 점은 그런 불확실성
을 인식의 조건으로 하면서, 오히려 그 근거를 다시 묻는 것
이어야 한다.

　　　이는 최종적인 점, 형이상학적인 척도로서 아르
키메데스의 점을 포기하는 것이 아니라, 기능적 분화에 따
르는 다중심, 다중 우주Multiverse 속 복수의 점들로 대신한다.
제로섬이 아닌 상보적인 관계 양상, 그리고 세계의 복잡성
과 불투명성은 목적과 수단의 단선적인 인과성 대신 목적과
수단의 다가치적인 인과성, 즉 기능적 질서에 따른다. 그때
아르키메데스의 점이 그리는 좌표는 자기포함적인 순환의
형상을 띤다. 아르키메데스의 점은 양적으로 미규정적인 불
확실성을 구조화된 불확실성으로 전환할 수 있는 계기가 된
다. 또 비개연성을 개연성으로, 불가능성을 가능성으로, 이
전의 가능성을 새로운 가능성으로 전환할 수 있는 '기능적
인 관점'이 될 것이다.

　　　최후의 근거는 언제나 최후의 근거 바로 이전의
근거이다. 이런 의미에서 아르키메데스의 점은 세계에 대
한 초월적인 척도와 가치의 준거점이 아니다. 다른 가능성
을 비교하고 다의적인 관점들을 관찰할 수 있는 관점이며,
그렇게 관찰을 관찰하는 점이다. 그런 관점들의 관계를 실

체적이고 초월적으로 규정하는 관점이 아니라 기능적으로 관찰하는 관점이다. 아르키메데스의 점은 이러한 관점으로 근대 세계의 복잡성에서 '내적으로 연관된 의미 복합체 Sinnzusammenhang'를 관찰하는 관점이다. 이를 통해 양적인 복잡성을 질적인 복잡성으로 전환할 수 있다. 이는 아르키메데스의 점의 '사회학적 기능화'이다. 사회학은 역설적인 근대 세계에서 체험하고 행위하는 우리가 마주하는 불투명성의 가능성의 조건과 전제를 성찰한다. 그러한 불투명성이 새로운 가능성의 조건이 될 수 있는 구조를 묻는다. 사회학을 근거 삼는 '사회적인 것'의 환원 불가능성 역시 '근대적인 것'의 기능이 갖는 규제적인 의미 도식에 따라 새로운 다의성을 획득할 것이다. 모든 가능성을 허용하는 대신, 확정된 가능성에 따라 불확정된 가능성을 구조적으로 제한하는 것이다.

이 책 《아르키메데스와 우리》의 제목은 아르키메데스의 점의 가능성과 새로운 형식을 묻는 하나의 상징이다. 아르키메데스의 점은 새로운 인식과 그 인식의 기준을 매번 새롭게 묻는 점으로 재기술된다. 그래서 기본적으로 근대사회에서 아르키메데스의 점의 (불)가능성과 새로운 가능성에 대해 묻고 답하는 이 대담집을 읽다 보면, 근대사회가 자기 자신을 어떻게 주제화하는지, '자기주제화Selbstthematisierung'의 구조와 그 작동을 다양한 관점에서 확인하게 된다. 동시에 독자인 우리 역시 사회의 자기주제화를 관찰하는 루만을 관찰할 수 있다. 사회를 관찰하는 루만을 우리가 다시 관찰

하는 셈이다. 아르키메데스의 점을 점유하는 사회이론가라
는 특권을 부정하지만, 그런 위치의 불가능성을 이론화하면
서 새로운 관찰과 새로운 자기주제화의 가능성 역시 이론화
하는 그 역설적인 시도를 관찰할 수 있는 것이다.

이런 관찰의 관찰 체험은 오히려 독자의 특권일
수 있다. 그런 특권 아닌 특권을 향유하면서 우리의 지평 역
시 루만과 나란히 근대사회를 향해 열린다. 새로운 언어와
사고가 연쇄적으로 펼쳐진다. 이제 아르키메데스의 점은 사
회에서 우리에게, 다시 말해 사회뿐 아니라 사회를 관찰하
는 관찰자를 관찰하는 우리에게로 이동한다. 사회를 관찰
하는 것에서 결국 우리를, 독자인 나를 관찰하는 것으로 이
동한다. 루만이 종종 인용하는 에밀 뒤르켐의 구절을 보자.
"실제 도덕이 표현되는 것이 아니라 단지 도덕주의자들이
도덕에 대해 어떻게 생각하는지가 표현될 뿐이다."[13] 여기서

---

13 니클라스 루만, 《절차를 통한 정당화》, 379쪽. 뒤르켐의 실제
문장은 다음과 같다. "이 연구들은 특정한 사회 유형의 도덕적 규
칙들이 실제로 제시하는 기본적 특징들을 간략한 형태로 보여주
지는 않는다. 오히려 도덕주의자가 도덕을 생각하는 방식을 표현
하고 있을 뿐이다." 에밀 뒤르케임, 《사회분업론》, 민문홍 옮김(아
카넷, 2012), 79쪽. 독일어로 번역된 이 저작에서 해제 〈노동분업과
도덕〉을 쓴 루만은 다른 저작에서도 뒤르켐의 이 구절을 언급한 바
있다. "이미 에밀 뒤르켐이 거의 냉소적으로 언급하였듯이 사회
학이 인식하고자 하는 것은 특정 사회의 도덕 실체가 아니라 도덕
주의자들이 도덕을 생각하는 양식이기 때문이다." 니클라스 루만,
《법사회학》, 90쪽.

문제의식을 탈도덕화하면 독자로서 우리는 사회 그 자체를 관찰하는 것이 아니라, 관찰자인 우리가 사회를 어떻게 관찰하는지 알 수 있을 뿐이라고 일반화할 수 있다. 도덕 자체의 근거를 정초하는 대신, 도덕에 대해 어떤 표상을 갖고 있는지를 표현한다. 그렇게 사회를 관찰하는 방식에 따라 우리는 우리를 '자기표현Selbstdarstellung'하며 자기주제화한다. 사회를 읽는 것은 결국 자기를 표현하는 것이고 자기를 읽는 것이다.

'자기'를 특정한 주체로, 특정한 위치로 환원하지 않는 태도와 자신과의 거리를 확보하면서 자신과의 차이를 만들어내는 시도와 관점은, 세계 그리고 사회와의 관계를 통해 다양한 관점으로 자신을 구성한다. 내적인 거리를 통해 자신의 관찰을 스스로 비교할 수 있는 테크닉, 그 과정에서 자기를 표현하고 주제화하는 이런 테크닉은 '사회학적'이다. 이 책은 루만, 사회이론, 근대사회, 독자인 우리, 그리고 나 자신과 깊고 예리하게 만나는 테크닉을 제안한다. 이러한 만남 속에서 각자 '마지막 어휘'를 발견할 수 있을까? 우리는 자신의 아르키메데스의 점을 확인하면서 마지막 어휘를 발견하고 그 의미를 요청할 수 있다. 또는 그 마지막 어휘의 가능성과 불가능성을 다른 기반에서 다르게 관찰할 수 있는지 묻고 확인할 수 있다. 이전과는 다른 근거를 찾기 위해 모색하는 것이다. 이런 시도를 통해 이 책은 특정하고 사회학적인 '체험장Erlebnisfeld'을 제공한다.

소재탐색가와 의미탐색가로서 관찰자

체험장 안에서 우리는 이념 요새 루만'이냐' 인간 루만'이
냐' 묻는 질문이 아니라, 이념 요새 루만 '그리고 또한' 인간
루만을 다층적으로 관찰할 수 있다. 사회학적인 체험장은 이
러한 사회학적인 기대 지평 안에서 다르게 관찰하고, 읽고,
생각하고, 비판하고, 이름을 부여할 자유를 제공하는 것이
다. 마지막으로 '부정'할 자유까지 가능하다. 이러한 체험장
의 복잡성은 우리의 자유를 보장한다. 루만의 말을 원용하
면 "적어도 올바르게 잘못" 읽고 사고할 수 있는 자유이기
도 할 것이다. 이 대담집 2장 〈저는 카를 마르크스를 택하겠
습니다〉에서 루만이 '지성'을 강조하고 있음을 고려하면 사
실 이 자유는 '지성적인 자유'일 것이다. 그런 점에서 무엇
이든 하고, 아무렇게나 읽고, 모든 것이 다 가능하다고 생각
하는 자유는 아니다.

      독자로서 우리의 자유는 우리가 자신의 아르키메
데스의 점을 의미화할 수 있는 능력Macht/potentia만큼 현실
화한다. 여기서 베버의 '소재탐색가Stoffhuber'와 '의미탐색
가Sinnhuber'의 구별을 생각해볼 수 있다. 소재탐색가는 각종
자료와 통계, 서류가 말하는 사실에 굶주릴 뿐 '새로운 사고
의 섬세함'에 무감각하며, 의미탐색가는 미적인 감각으로
새로운 사상적 증류물에 탐닉할 뿐이어서 '사실에 대한 미
각'을 모른다. 그러나 사회과학에 요구되는 진정한 예술가

적 창조성은 이 두 탐색가가 서로를 배격하는 것이 아니라 서로를 구속하면서, 즉 서로의 조건이 되면서 "이미 알려진 사실들을 이미 알려진 관점들에 연관시키면서도 새로운 것을 창출할 줄 아는 능력"에서 나타난다.[14] 그러나 이는 사회과학자뿐 아니라, 지성적인 자유에 대한 권리를 갖는 우리에게도 요구되는 능력이다. 소재탐색가와 의미탐색가 모두 관찰자이기 때문이다. 이 책을 읽는 우리는 각자의 아르키메데스의 점에 따라서 내적으로 연관된 의미 복합체를 구성한다. 이런 점에서 새로운 자료들을 접하며 사실에 대한 미각을 탐지하는 소재탐색가로서 관찰자인 동시에 새로운 것에 대한 갈망을 새로운 사고의 섬세함으로 모색하는 의미탐색가로서 관찰자다. 우리는 소재탐색가로서 다양한 관점에 따라 루만과 사회이론, 근대사회에 대한 사실과 다양한 정보를 수집하면서 견고한 감각을 키울 수도 있고, 의미탐색가로서 새로운 관점과 비교의 척도를 모색하면서 세련된 감각을 키울 수도 있다.

하지만 역설적이고 상보적인 세계를 체험장으로 하는 우리는 이 두 유형의 관찰자 모두를 자기 안에서 재구성할 때, 세계를 읽는 고유한 테크닉을 획득할 수 있다. 그 테크닉은 외부 세계를 내부에서 지시할 능력을 요구하며, 정

14 막스 베버, 《문화과학 및 사회과학의 논리와 방법론》, 338쪽.

보를 프로그램으로, 즉 정보를 조직적인 제약으로 전환할
장치를 필요로 한다. 세계는 복잡성의 관점으로 출현한다.
복잡성은 선택을 강제하며, 상황에 따라 달라질 수 있고, 선
택을 다르게 조건화할 수 있는 '자기제한'을 요구한다. 지성
적인 자유는 자기제한을 할 수 있는 자유다. 체계이론이 이
론화하는 자유는 결합가능성을 제한하는 자유다. 또, 제한된
결합가능성을 현실에서 확장하는 자유다. 자유가 현실화되
는 만큼 새로운 질서가 창출된다. 체계이론이 말하는 관찰
자는 결합가능성을 제한하는 테크닉으로 자유를 확장하면
서 새로운 복잡성을 구성한다. 소재탐색가 '그리고 또한' 의
미탐색가로서 관찰자이다. 그렇게 자신의 마지막 어휘, 즉
자신이 관찰한 어휘를 다시 관찰할 수 있는지 성찰한다. 이
런 자기관찰을 통해 관찰자는 세계의 복잡성을 '주관화'할
수 있다.

문법적 만남, 변형적 만남, 그리고 신화적 만남: 조형적인 비대칭성의 전도

세계의 복잡성을 주관화할 수 있는 능력은 다양한 형식을
갖는다. 독일의 시인 노발리스Novalis는 번역을 세 가지로 구
별한 바 있다. 문법적 번역, 변형적 번역, 그리고 마지막이 신
화적 번역이다.[15] 문법적 번역은 우리가 일상적으로 쓰는 의
미, 즉 원문의 내용을 정확하게 파악하고 장악해서 번역가

가 가능한 한 지은이의 원문을 왜곡하지 않고 전달한다. 이런 번역에는 아주 많은 학문적 소양이 요구되지만 담론적 능력만으로도 충분하다. 반면 변형적 번역은 최고 수준의 예술적인 정신이 필요하다. 이를 감당할 수 있는 번역가는 자신의 작업과 원저자의 사상 모두를 자유롭게 오가면서 자기 안에서 말할 수 있어야 한다. 마지막으로 신화적 번역은 최고의 번역으로 '작품의 순수하고 완벽한 성향을 재현'한다. 그런 점에서 신화적 번역은 실제 작품이 아니라 그 이상형을 제시한다.

이와 같은 세 가지 유형의 번역은 세계를 주관화할 수 있는 능력이기도 할 것이다. 세계를 있는 그대로 읽고자 하는 능력, 세계를 감당하면서 세계를 자기 안으로 끌고 들어와서 자기 안에서 말하는 능력, 순수하고 완벽한 세계라는 유토피아적인 이상형을 끝없이 지향하는 능력이 그것이다. 이들은 모두 내부와 외부, 안팎으로 대칭성과 비대칭성의 문제를 갖는다. 가령 문법적 능력은 내부와 외부의 일대일 대응을 시도하며, 변형적 능력은 외부를 내부에서 비대칭화하는 작동을 하고, 신화적 능력은 비대칭성을 다시 무한한 지평에서 대칭화한다. 세계를 관찰하면서 세계와의 차이를 대칭성과 비대칭성의 관계 양상으로 구조화한다. 달

---

15 노발리스, 《밤의 찬가/철학 파편집》, 박술 옮김(읻다, 2018), 58~59쪽.

리 말하면 자기관찰을 통해 세계와의 차이를 어떻게 양상화할 것인가의 문제라고도 할 수 있다. 노발리스는 세 유형 중 문법적 번역에 높은 현실적인 가치를 부과했다. 체계이론적으로 보면 이것이야말로 세계를 주관화할 수 있는 유형이고, 우리 식으로 말하면 자신의 지성적인 자유를 현실화하고 확장하는 유형이다. 자기관찰을 통해 세계와의 차이를 자기 안에서 재현하기도 하고, 자기 안에서 또 다른 차이와 사건과 의미를 구성하기도 하고, 자기 외부의 지평, 즉 환경에 대한 새로운 가능성을 모색할 수도 있기 때문이다. 이 변형적 능력이야말로 세계의 양적인 복잡성을 질적인 복잡성으로 전환하며, 미규정적인 우연성을 구조화된 우연성으로 구조화할 수 있다. 변형은 이처럼 전환하고 구조적으로 제약하는 기능의 양태다. 이런 변형적 능력을 통해 문법적 능력이나 신화적 능력 역시 불가능성을 가능성으로 변형시킬 수 있고, 비대칭성을 대칭성으로 전환하고, 반대로 대칭성을 비대칭성으로 제약할 수 있다. 단적으로 말해 문법적 능력과 신화적 능력를 자기포함할 수 있다. 비대칭성을 대칭성으로 변형하는 신화적인 힘을 갖는다고도 할 수 있다. 그 능력만큼 세계를 읽어내는 다양한 가능성이 확장하고, 그러한 기대 지평 속에서 새로운 의미로 현실화한다. 즉 세계의 복잡성을 주관화할 수 있는 지성적인 자유가 확장한다.

　　이 대담집의 편집자 서문 〈조형적인 비대칭〉에서는 참된 지식으로 표상되는 '에피스테메'와 그에 방해가 되

는 '독사'의 차이라는 비대칭성에 주목한다. 하지만 대담을
통해 비대칭성이 전도된다. 대담은 매번 새롭고 우연한 질문
을 가능하게 할 뿐 아니라, 답변 역시 참된 지식을 전수하거
나 보장하는 대신, 이미 주어진 형식을 새로운 형식이 될 수
있도록 자극하는 '조형적인 질료'를 제공하기 때문이다. 비
대칭성이 대칭성으로 전도되고, 전도된 대칭성은 다시 새로
운 형식이 되어 비대칭화되는 자기지시적인 순환 관계에 놓
인다. 여기서 지식의 비대칭성, 질문자와 답변자 간의 비대
칭성은 곧 루만과 우리 사이의 비대칭성이다. 대담의 가능성
이기도 한 '조형적인 비대칭의 전도'는 루만과 우리 사이의
비대칭성의 전도에도 예외가 아니다. 변형적 능력을 갖고 있
는 관찰자인 우리는 비대칭성을 대칭성으로 변형하면서 루
만이라는 수수께끼 같은 인물, 그런 사회학자가 구축한 난
공불락의 사회학적인 이념 요새를 우리 안으로 끌고 들어와
자기관찰한다. 루만이 "근대적인 의미에서 개인은 자신의
고유한 관찰을 관찰할 수 있는 자"[16]라고 말한 것은 자기포
함적인 양상에서, 즉 조형적인 비대칭성 속에서 대칭성과 비
대칭성의 전도를 할 수 있기 때문이다. 이제 문제는 루만과
그의 체계이론이 얼마나 복잡한가가 아니다. 지성적인 자유
에 대한 권리를 갖는 우리가 그 복합성을 어떻게 주관화하는

---

[16]   니클라스 루만, 《근대의 관찰들》, 17쪽.

가에 문제가 있다. 비대칭성을 대칭성으로 전도하는 능력만큼 우리는 자유롭게 이 책과 만나게 된다. 전도의 자유는 지성적인 자유의 또 다른 양상이다.

다시 아르키메데스의 점과
자기변형하는 근대인으로서 우리

이 대담집의 가장 큰 특징은 각 장마다 주제가 다르다는 점이다. 대담 순서대로 읽을 필요가 없을 뿐 아니라, 어느 대담을 읽더라도 루만의 고유한 문제의식을 주제별로 만날 수 있다. 근대사회의 구조를 파악하는 체계이론적인 접근 때문에 답변이 반복되기도 하지만, 언제나 그렇듯이 그보다 더 많은 차이들이 있다. 기능적으로 분화된 다중심의 사회라는 지평 속에서 정치, 지식인, 학문, 예술, 사랑, 위험, 생태학적 문제, 근대성, 사회학이론, 인간의 삶과 이력, 인간과 사회, 매체와 형식, 커뮤니케이션에 대한 여러 생각이 각각의 사회학적인 세계가 되어 펼쳐진다. 사회학자 한 사람이 정치, 경제, 사랑, 종교, 교육, 법, 학문, 위험, 생태학, 도덕, 윤리 등을 일관되게 다룰 수 있는 경우는 예외적이다. 더구나 다양한 학문에서의 성취를 적극적으로 재구성하면서 사회학 전통을 새롭게 구축하는 방식은 더욱 일반적이지 않다. 대담의 질문자들은 저마다 관심과 수준, 성격 등이 다양하지만, 이 모든 상황에 차분하고 솔직하게 대응하고, 깊은 내용을 알기 쉽게 대답하는 루만의 철저한 일관성에 새삼 놀란다. 이런 경험은 그의 저작과 마주할 때 발견하는 이론적인 철저함과는 또 다른 성격의 것이다.[17]

옮긴이 주에서는 루만과의 깊고 다층적인 만남을 위해 이론을 해설하기보다 주로 루만의 저작을 직접 인용하는 방법을 택했다. 대담 진행자와 직접 상호 작용하며 말하는 루만과 저작을 통해 텍스트로 자신을 표현하는 루만의 이중적인 만남은 우리를 더 깊은 곳으로 끌고 들어갈 것이기 때문이다. 더불어 루만 연보를 덧붙여 그의 생애와 작업을 개괄할 수 있도록 했다. 루만을 가까이 두고 마주하고자 한 선택이 보다 자연스럽고 충실한 만남을 가능하게 하는 초대이기를 바란다. 그와 어떻게 만나든 우리는 그 만남을 새로운 의미로 구성하는 아르키메데스의 점을 갖고 있어야 한다. 이 책은 그에 대한 사회학적 요청일지 모른다.

[17] 경북대학교 사회학과 노진철 명예 교수는 루만의 작업을 가리켜 "그의 책 읽기는 많은 참을성과 상상력, 학자적 숙련성, 그리고 호기심을 요구하는 힘든 작업"이며 《사회적 체계들》에서 "제시하는 이론의 구조화는 '과학적 산문'에 비견할 만한 예술 작품"이라고 평가한다. 노진철, 〈사회 체계들〉, 김진균·임현진·전성우 외, 《사회학의 명저 20》(새길, 1994), 255쪽·261쪽. 노진철 교수는 석사 학위부터 박사 학위를 취득하기까지 루만의 지도를 받았다. 두 사람의 학문적이고 개인적인 인연에 대해서는 다음을 참고하라. 노진철 외, 《내가 만난 루만》(한울아카데미, 2021), 21~68쪽. 특히 21~38쪽을 참고하라.

　　이제 다시 아르키메데스의 점으로 돌아오자. 척도 아닌 척도인 이 점으로 구성되는 새로운 가능성과 의미는 그 자체로 '근대적인 것'이다. 또 그런 만큼 루만이 말하는 것처럼 근대사회의 자기변형, 구조적인 위험과 진화적인 비개연성에 대해 더 나은 이해를 모색할 수 있다. 동시에 우리는 우리가 얼마나 근대적인지, '전前'근대적인지, 얼마나 '반反'근대적인지, 얼마나 '초超'근대적인지 알지 못한다. 우리 자신이 어느 정도로 근대적인지 알지 못하면서 우리는 근대적이다. "모든 것은 더 근대적이거나 혹은 덜 근대적이다."[18] "우리는 결코 근대인이었던 적이 없다"라고 했던 브뤼노 라투르Bruno Latour의 '비근대주의'에 대한 문제의식 역시 역설적으로 우리가 근대인이기 때문에 가능하며, 자신을 그렇게 기술하고 주제화할 수 있는 것이다. 아직 근대적이라는 것의 의미를 알지 못하지만 이미 근대적이라는 점이야말로 '근대적인 것'이다. 더 근대적이기도 하고, 덜 근대적이기도 하고, 반근대적이기도 하고, 초근대적이기도 한, 이미 근대적이기도 하고, 아직 근대적이지 않기도 한 세계에서 우리는 여전히 근대인이다.

　　체계이론은 인간을 "타인은 영원한 수수께끼로서 매력적이다. 단지 그 이유 때문에 다른 인간과 함께하는

18　니클라스 루만, 《사회의 사회》 1, 191쪽.

경험이 자연에서의 다른 모든 경험보다 더 풍요롭다"[19]라고 관찰한다. 체계이론에는 인간이 없다는 통념이 아니라, 거꾸로 근대인을, 다른 인간과 다른 사물, 그리고 다른 관계들과 관계하는 그 결합을 '근대적인 것'의 구조에 따라 풍부하게 이론화하고자 한다. 영원히 풀지 못할 수수께끼에서 새로운 가능성을 읽어내는, 필연적이지도 않고 불가능하지도 않은 우연성을 읽어내는 체계이론이 우리와의 만남을 기대하고 있다. 근대인인 우리와 문법적으로도 만나고, 변형적으로도 만나며, 신화적으로도 만나기를 기대하고 있다. 그 만남을 통해 독자 스스로 자유롭게 자기 말을 찾고 자기 말을 할 수 있기를 바란다. 그렇게 자기관찰하면서 관계를 변형할 때, 루만과의 비대칭성을 대칭성으로 전도하는 신화적인 만남을 이룰 수 있다. 이는 곧 자신과 더 깊게 만나는 일이기도 하다.

《아르키메데스와 우리》는 루만 생전에 출간된 유일한 대담집으로 1996년 일본에서 번역된 이후 두 번째로 번역 출간되는 것이다. 오랜 번역 작업에 대해 꼼꼼하게 검토하여 세심하게 제안해주신 세 분의 편집자께 감사의 인사를 전한다.

---

19 니클라스 루만, 《예술체계이론》, 60쪽.

외를링하우젠에 있는 루만의 생가, 집 뒤로 이어지는 산책길, 근교 공동묘지에 아내와 함께 잠든 루만. 그 소박하고 아름다운 풍경이 눈에 밟힌다. 아무쪼록 독자들이 수수께끼같은 매력을 지닌 인간 루만을 만나고, 사회학이론에서 경험할 수 있는 가장 풍요로운 관점을 지닌 이념 요새 루만의 체계이론을 만날 수 있기를 바란다. "그래서 우리는 어떤 아르키메데스의 점을 가지고 있나요?"라고 묻는 루만의 목소리가 귓가에 울린다.

2022년 11월
김건우

니클라스 루만 연보

1927년	12월 8일 니클라스 루만 출생. 아버지 빌헬름 루만Wilhelm Luhmann과 어머니 도라 구르트너 루만Dora Gurtner Luhmann 의 세 아들 중 첫째로 태어난다. 아버지는 가문 사업인 양조 장과 맥아 제조소를 운영했으며, 어머니는 스위스의 호텔 가 문 출신이었다. 도라 구르트너 루만은 북독일 도시 여행 도중 기차에서 빌헬름 루만을 만난다. 1928년 둘째 하인리히 루만 Heinrich Luhmann이, 1933년 막내 디이터 루만Dieter Luhmann이 태어난다. 훗날 둘째는 양조장을 넘겨받고, 셋째는 수출업자가 된다. 루만은 신교 세례를 받는다.
1933~ 1934년	초등학교에 입학한다. 1년을 월반한다.
1937년	뤼네부르크의 요한노움 김나지움으로 전학한다.
1943년	4월 1일 15세에 대공무기 고사포대 부사수로 징집되어 1944년 9월 30일까지 복무한다.
1944년	16세에 NSDAP National-Sozialistische Deutsche Arbeiter-Partei(국가 사회주의 독일노동자당), 즉 나치당에 가입했던 사실이 2007년 7월 독일의 주간지 《슈피겔Der Spiegel》에 공개된다. 당의 정책 에 따라 학업을 중단한다.

1945년	9월 미군의 전쟁 포로가 되어 포로수용소에서 생활한다.
1945~ **1946년**	'전쟁 참가자를 위한 월반 과정'으로 아비투어Abitur 자격을 회복한다. 1945년 10월부터 1946년 4월까지 뤼네부르크의 요한노움 김나지움에서 아비투어를 통과한다. 독일어, 라틴어, 그리스어 시험을 치른다.
1946~ **1949년**	에드문트 후설과 마르틴 하이데거가 학문을 연구했던 프라이부르크 대학교에서 법학을 공부한다. 나치 시대 및 미군의 전쟁 포로 시절 다양한 방식의 법 위반을 경험한 뒤 질서 요소로서 법에 관심을 갖게 된다. 1949년 1차 국가 사법 시험을 통과하고 뤼네부르크로 귀환한다.
1949~ **1953년**	뤼네부르크의 변호사 사무실과 행정 법원, 첼레의 고등 행정 법원에서 법률 시보로 직업 교육을 받는다. 1952년 즈음부터 메모 카드를 작성한다. 철학, 문학, 사회학, 문화인류학, 민속학 문헌에 몰두한다. 이 시절 메모 카드에 대해 "가능한 한 명료하게 방법과 개념을 설명하는 것을 추구했으며, 이를 통해서 부족한 것과 완성되지 않은 것이 명확해졌다"라고 회고한다. 1953년 2차 국가 사법 시험을 통과한다.
1954~ **1955년**	뤼네부르크 고등 행정 법원에서 행정 공무원으로 재직한다. 법원장 밑에서 조수로 일했으며 행정 재판 결정의 비공식적인 결정 추천 체계의 구축 작업을 한다. 시참 사회에서 활발히 활동한다.
1955~ **1962년**	하노버의 니더작센주 문화교육부에서 주의회 담당자로 재직한다. 나치 시대의 보상 문제에 몰두한다. 정치적으로 처리할 일을 많이 맡으면서 고등 사무관 직위를 담당한다. 정치적 영향력에서 가능한 한 자유로운 자리를 모색하기 시작하고, 학문을 자유의 장소로 인식한다. 르네 데카르트, 에드문트 후설, 기능주의에 대한 강의와 독자적인 연구에 열중한다. 1958년 첫 논문 〈행정학에서의 기능 개념〉이 잡지 《행정학보Verwaltungsarchiv》에 실린다. 1960년대에 이 잡지를 통해 여러 서평과

논평을 발표한다.

1960~
1961년 1년간 연구 휴가로 미국 하버드 대학교 사회학과에서 사회학 이론을 연구한다. 니더작센주 문화교육부의 하버드 대학교 펠로십 장학금 공고를 보고 지원한 것이다. 루만은 이런 점에서 연구 휴가가 우연이었다고 설명한 바 있다. 이전부터 메모로 작성하고 검토하던 조직이론, 특히 조직사회학 작업을 계속 진행한다. 기능과 조직 개념, 그리고 그를 둘러싼 사회학의 이론적 쟁점에 대해 탤컷 파슨스와 활기찬 대화를 나누고 논쟁을 지속한다. 파슨스와 영향을 주고받으며 루만은 체계이론을 이론적으로 구축하는 데 매료되었을 뿐 아니라 더 복잡한 이론 구성이 필요하다고 정리하게 된다. 당시 34세였던 루만은 학문 경력을 시작하기에 상대적으로 늦은 나이였지만, 하버드 대학교에서의 사회학 연구를 통해 진로를 학문의 길로 정한다.

1960년 미국으로 가기 전 우르줄라 폰 발터와 결혼한다. 루만의 어머니와 마찬가지로 호텔을 운영하는 스위스계 여성이었다. 둘은 뤼네부르크에서 결혼한 뒤 보스턴으로 이동한다.

1961년 미국에서 돌아오는 과정에서 메모 카드를 분실한다. 이를 상쇄하려고 1년간 조직에 관한 저작을 쓰기 위한 자료를 수집하고 정리한다. 1964년 출간된 《공식 조직의 기능들과 후속 결과들》이 그 결과이다. 즉 이 저작은 하버드 대학교에서 준비하던 작업이다. 큰딸 베로니카 루만이 태어난다.

1962년 니더작센주 공공 행정의 행정 재판관으로 복귀한다. 그러나 이는 학문적인 경력을 시작하기 위함이었다. 곧 슈파이어에 있는 독일 행정학 단과 대학교에서 담당관으로 행정 구조와 헌법을 연구하고, 관련 총서 발행 계획을 공표한다. 행정가로서 경험을 쌓는 동시에 사회과학자로서의 연구를 조직이론으로 정립하려 한다.

1963년 첫 저작이자 프란츠 베커Franz Becker와의 공저 《행정 오류와 신뢰 보호》 출간. 조직사회학, 특히 미국의 조직사회학 연구에 대하여 4편의 서평을 쓴다. 아들 외르크 루만Jörg Luhmann과 클레멘스 루만이 태어난다.

1964년 첫 단독 저서 《공식 조직의 기능들과 후속 결과들》 출간. 1966년 7월 이 연구서는 뮌스터 대학교 사회학부에서 교수 자격 논문으로 인정받는다. 디터 클레센스와 하인츠 하르트만이 연구를 지도했다. 이 시점까지 체계이론을 사회학이론으로 정립하는 7편의 논문을 쓴다.

1965년 1964/1965년 겨울 세미나에 도르트문트사회연구소의 한 강연에 초대받아 〈기능과 인과성Funktion und Kausalität〉에 대해 발표한다. 프랑크푸르트의 테어도어 아도르노, 쾰른의 레네 쾨니히René König와 더불어 당시 서독 사회학을 대표하던 헬무트 셸스키가 도르트문트사회연구소의 소장으로 있었다. 셸스키의 요청으로 루만은 1965년부터 1968년까지 연구소 부소장으로 재직한다. 셸스키는 연구 중심 개혁 대학을 목표로 하는 빌레펠트 대학교 사회학 교수로 루만을 초빙한다. 루만은 대학이 실제로 설립되면 생각해보겠다고, 확답하지 않은 채 제안을 수락한다. 첫 정치 사회학 저서 《제도로서 기본권Grundrechte als Institution》 출간.

1966년 빌헬름 보르트만Wilhelm Wortmann과의 공저 《공공 행정에서의 자동화Automation in der öffentlichen Verwaltung》 출간. 단독 저서 《공공 행정에서의 법과 자동화》가 출간되고 2월 23일 뮌스터 대학교 법학 및 국가과학부에서 박사 논문으로 인정받는다. 디터 클레센스와 헬무트 셸스키가 논문을 지도했다. 그 밖에 《행정학 이론Theorie der Verwaltungswissenschaft》 출간. 박사 학위와 교수 자격 논문을 동시에 취득한 해이다.

1967년 5편의 논문과 9편의 서평 및 논평을 발표한다. 1월 25일 뮌스터 대학교 법학 및 국가과학부에서 〈사회학적 계몽〉이라는 제목으로 교수 취임 강연을 한다. 같은 해에 같은 제목의 논문을 발표하며 이 제목은 훗날 논문집 제목이 된다. 1970년부터 1995년까지 주제별로 루만의 논문 90편을 편집 및 수록한《사회학적 계몽》이 그것이다.

1968년   10월 1일 빌레펠트 대학교 사회학과 교수로 부임한다. 빌레
펠트 대학교의 첫 번째 교수로서, 담당은 일반사회학, 연구 계
획은 "대상: 사회이론, 기간: 30년, 비용: 없음"으로 제출한
다. 이후 1993년 2월 9일까지 빌레펠트 대학교 사회학과 정
교수로 재직한다. 《신뢰Vertrauen》, 《목적 개념과 체계 합리성
Zweckbegriff und Systemrationalität》 출간. 1968년부터 1969년까지
비판이론의 중심지 프랑크푸르트 대학교에서 테오도어 아도
르노의 교수직을 대행한다. 1969년 여름 학기, 아도르노의 강
좌를 맡았던 루만의 미출간 강연 원고 〈열정으로서의 사랑〉이
2008년 《사랑: 연습Liebe: Eine Übung》이라는 제목으로 출간된
다[니클라스 루만, 《사랑 연습》, 이철 옮김(이론출판, 2017)].

1969년   《절차를 통한 정당화》 출간[니클라스 루만, 《절차를 통한 정당
화》, 윤재왕 옮김(새물결, 2022)].

1970년   이전의 논문을 선별해 《사회학적 계몽》 출간. 재판부터는 시
리즈 번호를 달아 출간된다.

1971년   위르겐 하버마스와의 논쟁을 편집한 《사회이론인가, 사회공
학인가? 체계이론은 무엇을 수행하는가?》 출간[위르겐 하버
마스·니클라스 루만, 《사회이론인가, 사회공학인가? 체계이론
은 무엇을 수행하는가?》, 이철 옮김(이론출판, 2018)]. 정치이론
논문 모음집 《정치적 계획Politische Planung》 출간. 이 시기부터
주어캄프Suhrkamp 출판사와의 관계가 시작되는데 대표적으
로 다음 책들이 있다. 1969년 출간된 《절차를 통한 정당화》가
1975년 새로 쓴 서문과 함께 재출간. 1968년 출간된 《목적 개
념과 체계 합리성》도 1973년 신판 서문 없이 재출간.

1972년   《법사회학Rechtssoziologie》 출간[니클라스 루만, 《법사회학》, 강
희원 옮김(한길사, 2015)]. 그 밖에 《법학의 기본학으로서 법이
론Rechtstheorie als Grundlagenwissenschaft der Rechtswissenschaft》, 《종
교-체계와 사회화Religion- System und Sozialisation》 출간.

1973년	레나테 마인츠Renate Mayntz와의 공저 《공공 서비스에서 직원: 취업과 경력Personal im öffentlichen Dienst: Eintritt und Karrieren》 출간. 《사회학 용어사전Lexikon zur Soziologie》에 14개 항목을 집필한다. 루만의 저작이 처음으로 번역 출간된다. 《사회학적 계몽》 1권의 일부가 아르헨티나에서 《사회학적인 설명과 그 밖의 연습》으로, 《사회이론인가, 사회공학인가? 체계이론은 무엇을 수행하는가?》가 이탈리아에서 완역 출간된다.
1974년	《법체계와 법도그마틱Rechtssystem und Rechtsdogmatik》 출간.
1975년	《권력Macht》,《사회학적 계몽》 2권 출간.
1977년	아내 우르줄라 폰 발터가 사망한다. 세상을 떠난 아내에게 헌정한 《종교의 기능》 출간. 에밀 뒤르켐의 《사회분업론Über soziale Arbeitsteilung》 독일어 판본 해제 〈노동분업과 도덕Arbeitsteilung und Moral〉을 작성한다. 1976년부터 주어캄프 출판사의 '이론Theorie' 시리즈에 관여한다. 이 시리즈는 1966년 위르겐 하버마스, 디터 헨리히Dieter Henrich, 한스 블루멘베르크 Hans Blumenberg, 야콥 타우베스Jacob Taubes가 기획한 것으로 1986년까지 지속된다. 이 시리즈는 각 주제별로 해당 분야 전문가들의 연구와 이론적 논의를 전 17권으로 출간했으며, 루만도 몇 편의 논문을 기고한다. 루만은 1963년부터 1994년까지 지속된 역사학, 동유럽학, 미학, 영문학, 독문학, 라틴문학, 고전 문헌학, 예술사, 언어학, 철학, 교육학, 사회학, 신학 등을 포괄하는 정신과학 연구자 동인 '시학과 해석학'의 사회학 분야 구성원이었다. '이론' 시리즈의 기획자였던 하버마스, 헨리히, 블루멘베르크, 타우베스 모두 '시학과 해석학'의 철학 분야 구성원이었다.
1978년	《조직과 결정Organisation und Entscheidung》,《이론기술과 도덕 Theorietechnik und Moral》 출간. 1973년에 출간된 《사회학 용어사전》 확장판에 수록할 19개 항목을 집필한다.
1979년	칼 에버하르트 쇼어Karl Eberhard Schorr와의 공저 《교육체계에

서의 성찰문제들*Reflexionsprobleme im Erziehungssystem*》 출간. 5월 2일부터 4일까지 하이델베르크에서 개최된 탤컷 파슨스의 박사 학위 취득 50주년 기념 세미나에 참가한다. 이 행사는 20세기 막스 베버 연구의 최고 권위자 볼프강 슐루히터가 주관한다. 5월 4일 파슨스는 〈행위이론과 막스 베버의 '이해사회학'과의 관계에 대하여On the Relation of the Theory of Action to Max Weber's 'Verstehende Soziologie'〉라는 강연을 했으며, 루만은 〈행위체계의 시간구조-행위이론과 체계이론 간의 연관에 대하여 Temporalstrukturen des Handlungssystems- Zum Zusammenhang von Handlungs- und Systemtheorie〉를 발표한다. 세미나에서는 슐루히터, 카를 그라우만, 그리고 위르겐 하버마스도 발표한다. 세미나 이후 뮌헨 대학교에서 베버 기념 강연을 한 파슨스는 5월 7일에서 8일로 넘어가는 새벽에 타계한다. 파슨스에 대한 슐르히터와 마리오 라이너 렙시우스의 장례식 추모 연설문이 발표문과 묶여 《행동, 행위 그리고 체계》로 출간된다.

1980년   《사회 구조와 의미론》 1권 출간. 이 저작의 첫 번째 논문이자 '사회 구조와 의미론'이라는 사회학적 문제의식의 이론적 강령과도 같은 논문이 번역되어 있다. 훗날 4권까지 출판되는 《사회 구조와 의미론》의 논문 19편은 모두 이 논문의 문제의식을 지식사회학과 역사사회학의 차원에서 구체화한 것이다 [니클라스 루만, 〈사회 구조와 의미론적 구조〉, 니클라스 루만 외, 《언어와 소통》, 이철 옮김(소화, 2016), 320~401쪽].

1981년   《사회학적 계몽》 3권, 《사회 구조와 의미론》 2권, 《법의 독립 분화: 법사회학과 법이론 논문집*Ausdifferenzierung des Rechts: Beiträge zur Rechtssoziologie und Rechtstheorie*》, 《복지국가의 정치이론*Politische Theorie im Wohlfahrtsstaat*》 출간[니클라스 루만, 《복지국가의 정치이론》, 김종길 옮김(일신사, 2001)].

1982년   《열정으로서의 사랑》, 칼 에버하르트 쇼어와의 공저 《기술과 자기지시 사이: 교육학의 질문들*Zwichen Technologie und Selbstreferenz: Fragen an die Pädagogik*》 출간[니클라스 루만, 《열정으로서의 사랑》, 정성훈·권기돈·조형준 옮김(새물결, 2009)].

300

1983년   분리 출간된 《법사회학》이 하나의 단행본으로 재출간. 많은
          논문이 일본어, 이탈리아어, 스페인어로 소개된다.

1984년   《사회적 체계들》 출간[니클라스 루만, 《사회체계이론》 1·2, 박
          여성 옮김(한길사, 2007); 《사회적 체계들》, 이철·박여성 옮김
          (한길사, 2020)].

1985년   3월 15일 라인베스트팔렌 학술원에서 강연한 자료로 《근대
          사회는 생태학적 위협들을 다룰 수 있는가?*Kann die moderne
          Gesellschaft sich auf ökologische Gefährdungen einstellen?*》 출간. 1983년
          10월 빌레펠트 대학교 학제간연구소ZiF에서 열린 학술 대회
          내용이 《사회적 분화》로 출간. 〈사회적 계급 개념에 대하여〉를
          발표한다.

1986년   《생태적 커뮤니케이션: 근대 사회는 생태학적 위협들을 다룰
          수 있는가?*Ökologische Kommunikation: Kann die moderne Gesellschaft
          sich auf ökologische Gefährdungen einstellen?*》 출간[니클라스 루만, 《현
          대 사회는 생태학적 위협에 대처할 수 있는가》, 이남복 옮김(백
          의, 2002); 《생태적 커뮤니케이션》, 서영조 옮김(에코리브르,
          2014)]. 그 밖에 《법의 사회학적 관찰*Die soziologische Beobachtung
          des Rechts*》, 칼 에버하르트 쇼어와 공동 편집한 《불투명성과
          이해 사이: 교육학의 질문들*Zwischen Intransparenz und Verstehen:
          Fragen an die Pädagogik*》 출간.

1987년   《사회학적 계몽》 4권, 60세 기념 논문집 《열정으로서의 이
          론》, 대담집 《아르키메데스와 우리》 출간[《아르키메데스와 우
          리: 니클라스 루만 대담집》, 김건우 옮김(인다, 2022)].

1988년   《사회의 경제》, 《구성으로서 인식*Erkenntnis als Konstruktion*》,
          칼 에버하르트 쇼어와의 공저 《교육체계에서의 성찰문제들
          Reflexionsprobleme im Erziehungssystem》 출간. 슈투트가르트에서
          제정한 '헤겔상'을 수상한다. 수상 기념으로 진행한 강연 〈패
          러다임 상실: 도덕에 대한 윤리적 성찰Paradigm lost: Über die
          ethische Reflexion der Moral〉은 훗날 단행본으로 출간된다.

1989년 《사회 구조와 의미론》 3권, 《위험과 위해Risiko und Gefahr》, 페터 푹스와의 공저 《말하기와 침묵Reden und Schweigen》 출간[니클라스 루만, 〈말하기와 침묵하기〉, 《문학과 사회》 27권 1호, 박술 옮김(문학과지성사, 2014), 636~657쪽].

1990년 《사회학적 계몽》 5권, 《사회의 학문》, 《패러다임 상실》, 칼 에버하르트 쇼어와 공동 편집한 《시작과 끝 사이: 교육학의 질문들Zwischen Anfang und Ende: Fragen an die Pädagogik》, 미술과 건축에 관한 논문 모음집 《관찰할 수 없는 세계: 미술과 건축에 대하여Unbeobachtbare Welt: Über Kunst und Architektur》 출간[우리말로 번역된 책은 다음과 같다. 니클라스 루만, 《사회의 학문》, 이철 옮김(이론출판, 2019)].

1991년 《위험 사회학Die Soziologie des Risikos》 출간.

1992년 《근대의 관찰들Beobachtungen der Moderne》 출간[니클라스 루만, 《근대의 관찰들》, 김건우 옮김(문학동네, 2021)]. 그 밖에 《환경으로서 대학Universität als Milieu》, 칼 에버하르트 쇼어와 공동 편집한 《의도와 인격 사이: 교육학의 질문들Zwischen Absicht und Person: Fragen an die Pädagogik》 출간.

1993년 2월 9일 빌레펠트 대학교 사회학과에서 정년 퇴임한다. 퇴임 강연으로 진행된 《"무슨 일이 일어났는가?" 그리고 "무엇이 그 뒤에 있는가?" 두 사회학과 사회이론》 출간[우리말로는 다음 책에 번역 수록되었다. 니클라스 루만, 《사회이론 입문》, 이철 옮김(이론출판, 2015), 459~502쪽]. 그 밖에 《우리 사회에 여전히 필수불가결한 규범들이 있는가?Gibt es in unserer Gesellschaft noch unverzichtbare Normen?》, 《사회의 법》 출간[니클라스 루만, 《사회의 법》, 윤재왕 옮김(새물결, 2014)].

1994년 《예술체계의 독립 분화Die Ausdifferenzierung des Kunstsystems》 출간. 학술지 《뉴저먼크리티크New German Critique》 겨울호에 니클라스 루만 특집이 실린다.

1995년 《사회학적 계몽》6권, 《사회구조와 의미론》4권, 《사회의 예술》, 《대중매체의 현실*Die Realität der Massenmedien*》출간[《사회구조와 의미론》4권에 수록된 〈야만을 넘어서〉는 우리말로 번역해 다음 책에 수록된다. 니클라스 루만, 〈야만을 넘어서〉, 《사회와 역사》127호, 김건우 옮김(한국사회사학회, 2020), 299~317쪽; 그 밖에 우리말로 번역된 책은 다음과 같다. 《예술체계이론》, 박여성·이철 옮김(한길사, 2014); 《대중매체의 현실》, 김성재 옮김(커뮤니케이션북스, 2006)]. 《공식 조직의 기능들과 후속 결과들》은 에필로그와 함께 재출간된다.

1996년 1935년 5월 7일과 10일에 빈에서 에드문트 후설이 강연을 했는데, 이를 기념하는 강연이 1995년 5월 25일 빈에서 열린다. 해당 강연집 《근대 학문들과 현상학*Die neuzeitlichen Wissenschaften und die Phänomenologie*》출간. 《저항》, 칼 에버하르트 쇼어와 공동 편집한 《체계와 환경 사이: 교육학의 질문들*Zwischen System und Umwelt: Fragen an die Pädagogik*》출간.

1997년 《사회의 사회》출간[니클라스 루만, 《사회의 사회》1·2, 장춘익 옮김(새물결, 2012[초판]·2014[개정판])].

1998년 11월 6일 71세 생일을 몇 주 남겨두고, 1977년부터 거주하던 빌레펠트 근교 외를링하우젠에서 타계한다.

2000년 《사회의 종교》, 《사회의 정치》, 《조직과 결정*Organisation und Entscheidung*》, 《지름길*Short Cuts*》출간[니클라스 루만, 《사회의 정치》, 서영조 옮김(이론출판, 2018)].

2001년 논문집 《논문들과 말하기*Aufsätze und Reden*》출간.

2002년 《사회의 교육체계*Das Erziehungssystem der Gesellschaft*》, 《체계이론 입문》출간[니클라스 루만, 《사회의 교육체계》, 박여성·이철 옮김(이론출판, 2015); 《체계이론 입문》, 윤재왕 옮김(새물결, 2014)].

2004년   《교육학 논문들*Schriften zur Pädagogik*》, 대담집 《루만 선생님, 왜 선생님께서는 텔레비전이 없나요?》 출간.

2005년   《사회이론 입문》 출간[니클라스 루만, 《사회이론 입문》, 이철 옮김(이론출판, 2015)].

2006년   《교육의 매체로서 아이*Das Kind als Medium der Erziehung*》 출간.

2008년   《이념진화*Ideenevolugion*》, 《사랑: 연습》[니클라스 루만, 《사랑 연습》, 이철 옮김(이론출판, 2017)], 《예술과 문학 논문집》, 《사회의 도덕*Die Moral der Gesellschaft*》 출간.

2009년   대담집 《루만 선생님, 무엇을 하시나요?》 출간.

2010년   《정치 사회학*Politische Soziologie*》 출간.

2012년   《체계 내 권력*Macht im System*》 출간[니클라스 루만, 《체계 내 권력》, 김건우 옮김(길, 근간)].

2013년   《우연성과 법*Kontingenz und Recht*》 출간.

2014년   대담집 《루만 선생님, 외계 생명체와는 어떻게 지내나요?》 출간.

2016년   《신임 보스*Der neue Chef*》 출간[니클라스 루만, 《신임 보스》, 이철 옮김(이론출판, 2018)].

2017년   니클라스 루만 탄생 90주년 기념으로 1975년의 미출판 원고를 편집하여 《사회의 체계이론*Systemtheorie der Gesellschaft*》[니클라스 루만, 《사회의 체계이론》, 윤재왕 옮김(새물결, 2022)], 《불투명성의 통제》 출간.

2018년   발표된 논문들과 미발표된 조직사회학 논문집을 3권으로 나눈 《조직에 관한 논문들*Schriften zur Organisation*》 출간. 2022

현재 계획한 6권까지 출간 완료되었다.

2021년   미출판 원고를 편집한 《행정의 경계들 *Die Grenzen der Verwaltung*》
출간.